文鞭影

校注本 索引

[明] 萧良有等 编撰

索引：济南虞山书院特约

韩冬冰 李霞 李姣 罗海员 编

中国石化出版社

HTTP://WWW.SINOPEC-PRESS.COM

内容提要

本索引为配合《龙文鞭影校注》使用而编写，分为篇目索引、人名索引和故事梗概索引。篇目索引（平水韵）以《龙文鞭影校注》正文四字韵文为序，方便按原文查检。篇目索引（汉语拼音）按照正文四字韵文的首字汉语拼音顺序排序。人名索引将正文涉及的主要人物姓名，按朝代排序。故事梗概索引将正文所有典故的梗概，按朝代分类，每一朝代先按照人物名字汉语拼音排序，无明确朝代的传说故事，一律归入“神仙怪异传说故事”一类。

本索引适用于查检《龙文鞭影校注》的故事、传说，语言通俗精炼，方便读者检索。

图书在版编目（CIP）数据

龙文鞭影校注本索引 / 韩冬冰等编. — 北京：中国石化出版社，2021.9

ISBN 978-7-5114-6444-6

Ⅰ. ①龙… Ⅱ. ①韩… Ⅲ. ①古汉语—启蒙读物 ②《龙文鞭影》—注释 Ⅳ. ① H194.1

中国版本图书馆 CIP 数据核字（2021）第 175227 号

中国石化出版社出版发行

地址：北京市东城区安定门外大街 58 号
邮编：100011　电话：（010）57512500
发行部电话：（010）57512575
http：//www. sinopec-press. com
E-mail：press@ sinopec. com
北京富泰印刷有限责任公司印刷
全国各地新华书店经销
*
710×1000 毫米　16 开本　13 印张　207 千字
2021 年 9 月第 1 版　2021 年 9 月第 1 次印刷
定价：36.00 元

前言

本书名为《龙文鞭影校注本索引》，所以毋须多言，这就是一个帮助读者翻检阅读《龙文鞭影》的指引。而《龙文鞭影》是什么？这个问题，在同样由“索引”的编著者们所作的《龙文鞭影校注》（中国石化出版社出版）中，已有寒石（韩冬冰别署）先生撰写的“前言”做了详细解答，同样毋须多言。

《龙文鞭影校注》（下简称《校注》）是寒石先生携弟子共同完成的一部著作，也是先生一系列有关传统文化著作中的重要一部。《校注》问世以来，受到了广大读者的喜爱。经调查，很多读者除了自己阅读之外，还会陪伴子女一起研读这本“蒙学”书，帮助孩子积累传统文化知识，把它作为开启传统文化学习的门户。济南虞山书院特以此书为教材，开设“经典诵读”课程，吸引了众多学员。该书亦受到淄博宝鑫新经典学校的青睐，成为该校学生必读课外书之一。这些读者的反馈，也正反映出了先生最初编写《校注》的初衷。

但为什么先生又会不遗余力地编写《校注》的索引呢？这也源自当时读者的反馈和需求。

《校注》出版后，寒石先生的一位大学同学对该书甚是喜爱，赞不绝口，时常翻阅。有一次在和先生交流沟通时提到，读此书总感觉还缺少个目录，书里头有两三千个典故，读者们不是对每个故事都非常熟悉，能进行背诵者，更是寥寥。这样一来，书看过了又记不住，本来还想把它当成一个工具书，但有一次想找某个人，找半天也找不到在哪一页。同学的一番“吐槽”，让先生考虑到，为了便于读者阅读这本中华传统文化的启蒙读物，也为了更全面地解读和整理这部传统经典，除校注之外，编写索引，是必不可少的工作，于是便开始着手准备了。

结合《龙文鞭影校注》的整体内容和著作体例，索引包括了篇目索引、人名索引和故事梗概索引三部分。

篇目索引，以《龙文鞭影校注》正文四字韵文为序，分正集和二集，方便按原文查检。该索引分两类：一是按平水韵排序；二是按照汉语拼音字母次序排序，首字拼音相同，则按照第二个字的拼音排序。

人名索引，是将正文涉及的主要人物姓名，首先按朝代分类，包括上古、先秦、两汉三国、魏晋南北朝、隋唐五代、宋辽金、元明清、神仙怪异传说故事八个部分。其次，每个部分按照人名首字的汉语拼音字母次序排列，若首字拼音相同，则按第二个字的拼音排序，以此类推；同一人物按页码先后排序，若页码相同则按每页中人物先后排序。

故事梗概索引，为正文所有典故的梗概，与人名索引排序相同。首先按朝代分类，每一朝代先按照故事梗概首字（一般为主要人物姓名）的汉语拼音排序，若首字拼音相同，则按第二个字的拼音排序，以此类推。无明确朝代的传说故事，一律归入“神仙怪异传说故事”一类，列于最后。

索引页码后面的（一）（二）（三）表示典故在本页中的排序，如 154（二）是 154 页第二个典故“敢谏香车”。

编写《龙文鞭影校注》及索引的时候，寒石先生已经年近八十，头发白了，牙齿缺了，肠胃病也时时发作，但他仍然从不停歇地忙于撰述，即使到了凌晨一两点，他仍然对着那盏老旧的台灯，伏案校书……在先生的心里，这不仅仅是对书稿的认真，对自己著作的负责，更是源自内心对中华传统文化的一股弘道树人、至死方休的热情与执着。

先生发自肺腑地热爱着我们的中华传统文化——他的言谈中，总是毫不掩饰地洋溢着文化自觉与自信。他身体力行地传承着我们的中华传统文化——出身诗书之家的他，自幼年开始，就在身上埋下了中华传统文化的种子，而在这个过程中，《龙文鞭影》发挥了巨大的作用，直到晚年，他仍能随口背诵其中的片段。他情真意切地希望中华传统文化更加发扬光大——正如他在《龙文鞭影校注》前言中所说：“现在八十岁以下的人，除了极少数人之外，都没有很好地接受过‘传统文化’的教育……”校注《龙文鞭影》以及为之作“索引”，都是为了便于当今的读者去阅读这本中华传统文化的启蒙读物。

中华传统文化，博大精深，发扬光大中华优秀传统文化，绝不是仅靠一本《龙文鞭影》就能够承担起来的重任，但它作为传统文化的启蒙读物，不失为我

们管窥传统文化的一个门径。倘若读者能够因索引而进入《龙文鞭影》，并从中有所受益，甚而升堂入室，进入到中华传统文化更加瑰玮精奥的境界中去，便是先生最大的欣慰了。然而，这部书的主创者寒石先生，于2020年冬至日永逝了。这本书算是先生未完成的遗著，在先生故去之后，非但没有人亡事息，不了了之，如今竟然就要杀青付梓了，应当算是对先生最好的告慰了！

最后，需要声明的是，本书承蒙济南虞山书院山长赵国义先生鼎力相助。本书编撰过程中，韩冬冰负责人名索引，李霞负责篇目索引，韩冬冰、李姣、李霞、罗海员共同完成故事梗概索引。杜金房先生、左玲华女士出力颇多，谨致谢忱。

目录

篇目索引

篇目索引（平水韵）………… 002
篇目索引（汉语拼音）……… 036

人名索引

上古……………………………… 072
先秦……………………………… 072
两汉三国………………………… 076
魏晋南北朝……………………… 084
隋唐五代………………………… 090
宋 辽 金………………………… 097
元 明 清………………………… 103
神仙怪异传说故事……………… 104

故事梗概索引

上古……………………………… 108
先秦……………………………… 109
两汉三国………………………… 119
魏晋南北朝……………………… 140
隋唐五代………………………… 158
宋 辽 金………………………… 176
元 明 清………………………… 193
神仙怪异传说故事……………… 197

篇目索引

篇目索引

（平水韵）

龙文鞭影正集

卷之一

【一东】…………………………002
粗（犓）成四字……………002（一）
诲尔童蒙……………………002（二）
经书暇日……………………002（三）
子史须通……………………002（四）
重华大孝……………………003（一）
武穆精忠……………………003（二）
尧眉八彩……………………003（三）
舜目重瞳……………………003（四）
商王祷雨……………………004（一）
汉祖歌风……………………004（二）
秀巡河北……………………004（三）
策据江东……………………004（四）
太宗怀鹞……………………004（五）
桓典乘骢……………………005（一）
嘉宾赋雪……………………005（二）
圣祖吟虹……………………005（三）
邺仙秋水……………………005（四）
宣圣春风……………………006（一）
恺崇斗（鬥）富……………006（二）
浑濬争功……………………006（三）
王伦使虏……………………006（四）
魏绛和戎……………………007（一）
恂留河内……………………007（二）
何守关中……………………007（三）
曾除丁谓……………………007（四）
皓折贾充……………………007（五）
田骄贫贱……………………008（一）
赵别雌雄……………………008（二）
王戎简要……………………008（三）
裴楷清通……………………008（四）
子尼名士……………………008（五）
少逸神童……………………009（一）
巨伯高谊……………………009（二）
许叔阴功……………………009（三）
代雨李靖……………………009（四）
止雹王崇……………………010（一）
和凝衣钵……………………010（二）
仁杰（傑）药笼……………010（三）
义伦清节……………………010（四）
展获和风……………………011（一）
占风令尹……………………011（二）

辩日儿童…………………… 011（三）
敝履东郭…………………… 011（四）
粗服张融…………………… 012（一）
卢杞除患…………………… 012（二）
彭宠言功…………………… 012（三）
放歌渔者…………………… 012（四）
鼓棡诗翁…………………… 013（一）
韦文朱武…………………… 013（二）
阳孝尊忠…………………… 013（三）
倚闾贾母…………………… 013（四）
投阁扬雄…………………… 014（一）
梁姬值虎…………………… 014（二）
冯后当熊…………………… 014（三）
罗敷陌上…………………… 014（四）
通德宫中…………………… 014（五）
【二冬】…………………… 015
汉称七制…………………… 015（一）
唐羡三宗…………………… 015（二）
杲卿断舌…………………… 015（三）
高祖伤胸…………………… 015（四）
魏公切直…………………… 016（一）
师德宽容…………………… 016（二）
祢衡一鹗…………………… 016（三）
路斯九龙…………………… 016（四）
纯仁助麦…………………… 016（五）
丁固梦松…………………… 017（一）
韩琦芍药…………………… 017（二）
李固芙蓉…………………… 017（三）
乐羊七载…………………… 017（四）
方朔三冬…………………… 017（五）
郊祁并第…………………… 018（一）
谭尚相攻…………………… 018（二）
陶违雾豹…………………… 018（三）
韩比云龙…………………… 018（四）
洗儿妃子…………………… 019（一）
校士昭容…………………… 019（二）
彩鸾书韵…………………… 019（三）
琴操参宗…………………… 019（四）
【三江】…………………… 020
古帝凤阁…………………… 020（一）
刺史鸡窗…………………… 020（二）
亡秦胡亥…………………… 020（三）
兴汉刘邦…………………… 020（四）
戴生独步…………………… 020（五）
许子无双…………………… 021（一）
柳眠汉苑…………………… 021（二）
枫落吴江…………………… 021（三）
鱼山警植…………………… 021（四）
鹿门隐庞…………………… 021（五）
浩从床匿…………………… 021（六）
崧避杖撞…………………… 022（一）
刘诗瓿覆…………………… 022（二）
韩文鼎扛…………………… 022（三）
愿归盘谷…………………… 022（四）
杨忆石淙…………………… 023（一）
弩名克敌…………………… 023（二）
城筑受降…………………… 023（三）
韦曲杜曲…………………… 023（四）
梦窗草窗…………………… 023（五）
灵征（徵）刍狗…………… 024（一）
诗祸花龙…………………… 024（二）
嘉贞丝幔…………………… 024（三）
鲁直彩缸…………………… 024（四）

【四支】…………………………025
王良策马…………………………025（一）
傅说骑箕…………………………025（二）
伏羲画卦…………………………025（三）
宣父删诗…………………………025（四）
高逢白帝…………………………026（一）
禹梦玄彝…………………………026（二）
寅陈七策…………………………026（三）
光进五规…………………………026（四）
鲁恭三异…………………………026（五）
杨震四知…………………………027（一）
邓攸弃子…………………………027（二）
郭巨埋儿…………………………027（三）
公瑜嫁婢…………………………027（四）
处道还姬…………………………028（一）
允诛董卓…………………………028（二）
玠杀王夔…………………………028（三）
石虔趫捷…………………………028（四）
朱亥雄奇…………………………028（五）
平叔傅粉…………………………029（一）
弘治凝脂…………………………029（二）
伯俞泣杖…………………………029（三）
墨翟悲丝…………………………029（四）
能文曹植…………………………029（五）
善辩张仪…………………………030（一）
温公警枕…………………………030（二）
董子下帷…………………………030（三）
会书张旭…………………………030（四）
善画王维…………………………031（一）
周兄无慧…………………………031（二）
济叔不痴…………………………031（三）
杜畿国士…………………………031（四）
郭泰人师…………………………031（五）
伊川传易…………………………032（一）
觉范论诗…………………………032（二）
董昭救蚁…………………………032（三）
毛宝放龟…………………………032（四）
乘风宗悫…………………………033（一）
立雪杨时…………………………033（二）
阮籍青眼…………………………033（三）
马良白眉…………………………033（四）
韩子孤愤…………………………034（一）
梁鸿五噫…………………………034（二）
钱昆嗜蟹…………………………034（三）
崔谌乞麋…………………………034（四）
隐之卖犬…………………………034（五）
井伯烹雌…………………………035（一）
枚皋敏捷…………………………035（二）
司马淹迟…………………………035（三）
祖莹称圣…………………………035（四）
潘岳诚奇…………………………035（五）
紫芝眉宇…………………………036（一）
思曼风姿…………………………036（二）
毓会窃饮…………………………036（三）
谌纪成糜…………………………036（四）
韩康卖药…………………………036（五）
周术茹芝…………………………037（一）
刘公殿虎…………………………037（二）
庄子涂龟…………………………037（三）
唐举善相…………………………037（四）
扁鹊名医…………………………038（一）
韩琦焚疏…………………………038（二）
贾岛祭诗…………………………038（三）
康侯训侄…………………………038（四）

良弼课儿……………………… 039（一）
颜狂莫及……………………… 039（二）
山器难知……………………… 039（三）
懒残煨芋……………………… 039（四）
李泌烧梨……………………… 039（五）
干（乾）椹杨沛……………… 040（一）
焦饭陈遗……………………… 040（二）
文舒戒子……………………… 040（三）
安石求师……………………… 040（四）
防年末减……………………… 040（五）
严武称奇……………………… 041（一）
邓云艾艾……………………… 041（二）
周曰期期……………………… 041（三）
周师猿鹄……………………… 041（四）
梁相鹓鸥……………………… 041（五）
临洮大汉……………………… 042（一）
琼崖小儿……………………… 042（二）
东阳巧对……………………… 042（三）
汝锡奇诗……………………… 042（四）
启期三乐……………………… 043（一）
藏用五知……………………… 043（二）
堕甑叔达……………………… 043（三）
发瓮钟离……………………… 043（四）
一钱诛吏……………………… 043（五）
半臂怜姬……………………… 044（一）
王胡索食……………………… 044（二）
罗友乞祠……………………… 044（三）
召父杜母……………………… 044（四）
雍友杨师……………………… 044（五）
直言解发（髪）……………… 045（一）
京兆画眉……………………… 045（二）
美姬工笛……………………… 045（三）
老婢吹篪……………………… 045（四）
【五微】……………………… 045
敬叔受饷……………………… 045（五）
吴祐遗衣……………………… 046（一）
淳于窃笑……………………… 046（二）
司马微讥……………………… 046（三）
子房辟谷（穀）……………… 046（四）
公信采薇……………………… 047（一）
卜商闻过……………………… 047（二）
伯玉知非……………………… 047（三）
仕治远志……………………… 047（四）
伯约当归……………………… 047（五）
商安鹑服……………………… 048（一）
章泣牛衣……………………… 048（二）
蔡陈善谑……………………… 048（三）
王葛交饥……………………… 048（四）
陶公运甓……………………… 048（五）
孟母断机……………………… 049（一）
【六鱼】……………………… 049
少帝坐膝……………………… 049（二）
太子牵裾……………………… 049（三）
卫懿好鹤……………………… 049（四）
鲁隐观鱼……………………… 049（五）
蔡伦造纸……………………… 050（一）
刘向校书……………………… 050（二）
朱云折槛……………………… 050（三）
禽息击车……………………… 050（四）
耿恭拜井……………………… 050（五）
郑国穿渠……………………… 051（一）
国华取印……………………… 051（二）
添丁抹书……………………… 051（三）
细侯竹马……………………… 051（四）

宗孟银鱼…………………… 051（五）
管宁割席…………………… 052（一）
和峤专车…………………… 052（二）
渭阳袁湛…………………… 052（三）
宅相魏舒…………………… 052（四）
永和拥卷…………………… 052（五）
次道藏书…………………… 053（一）
镇周赠帛…………………… 053（二）
虙（宓）子驱车…………… 053（三）
廷尉罗雀…………………… 053（四）
学士焚鱼…………………… 054（一）
冥鉴季达…………………… 054（二）
预识卢储…………………… 054（三）
宋均渡虎…………………… 054（四）
李白乘驴…………………… 054（五）
仓颉造字…………………… 055（一）
虞卿著书…………………… 055（二）
班姬辞辇…………………… 055（三）
冯诞同舆…………………… 055（四）
【七虞】…………………… 055
西山精卫…………………… 055（五）
东海麻姑…………………… 056（一）
楚英信佛…………………… 056（二）
秦政坑儒…………………… 056（三）
曹公多智…………………… 056（四）
颜子非愚…………………… 056（五）
伍员覆楚…………………… 057（一）
勾践灭吴…………………… 057（二）
君谟龙片…………………… 057（三）
王肃酪奴…………………… 057（四）
蔡衡辨凤…………………… 057（五）
义府题乌…………………… 058（一）
苏秦刺股…………………… 058（二）
李勣焚须（鬚）…………… 058（三）
介诚狂直…………………… 058（四）
端不糊涂…………………… 058（五）
关西孔子…………………… 059（一）
江左夷吾…………………… 059（二）
赵抃携鹤…………………… 059（三）
张翰思鲈…………………… 059（四）
李佳国士…………………… 059（五）
聂悯田夫…………………… 060（一）
善讴王豹…………………… 060（二）
直笔董狐…………………… 060（三）
赵鼎倔强…………………… 060（四）
朱穆专愚…………………… 060（五）
张俟化石…………………… 060（六）
孟守还珠…………………… 061（一）
毛遂脱颖…………………… 061（二）
终军弃繻…………………… 061（三）
佐卿化鹤…………………… 061（四）
次仲为乌…………………… 062（一）
韦述杞梓…………………… 062（二）
卢植楷模…………………… 062（三）
士衡黄耳…………………… 062（四）
子寿飞奴…………………… 062（五）
直笔吴兢…………………… 063（一）
公议袁枢…………………… 063（二）
陈胜辍锸…………………… 063（三）
介子弃觚…………………… 063（四）
谢名蝴蝶…………………… 063（五）
郑号鹧鸪…………………… 064（一）
戴和书简…………………… 064（二）
郑侠呈图…………………… 064（三）

瑕丘卖药……………………064（四）
郰令投巫……………………064（五）
冰山右相……………………065（一）
铜臭司徒……………………065（二）
武陵渔父……………………065（三）
闽越樵夫……………………065（四）
渔人鹬蚌……………………065（五）
田父毚卢……………………066（一）
郑家诗婢……………………066（二）
郗氏文奴……………………066（三）

卷之二

【八齐】……………………067
子晋牧豕……………………067（一）
仙翁祝鸡……………………067（二）
武王归马……………………067（三）
裴度还犀……………………067（四）
重耳霸晋……………………068（一）
小白兴齐……………………068（二）
景公禳彗……………………068（三）
窦俨占奎……………………068（四）
卓敬冯虎……………………068（五）
西巴释麑……………………069（一）
信陵捕鹞……………………069（二）
祖逖闻鸡……………………069（三）
赵苞弃母……………………069（四）
吴起杀妻……………………070（一）
陈平多辙……………………070（二）
李广成蹊……………………070（三）
烈裔刻虎……………………070（四）
温峤燃犀……………………070（五）
梁公驯雀……………………071（一）
茅容割鸡……………………071（二）
【九佳】……………………071
禹钧五桂……………………071（三）
王祐三槐……………………071（四）
同心向秀……………………071（五）
肖貌伯偕……………………072（一）
袁闳土室……………………072（二）
羊侃水斋……………………072（三）
敬之说好……………………072（四）
郭讷言佳……………………072（五）
陈瓘责己……………………073（一）
阮籍咏怀……………………073（二）
【十灰】……………………073
初平起石……………………073（三）
左慈掷杯……………………073（四）
名高麟阁……………………074（一）
功显云（雲）台……………074（二）
朱熹正学……………………074（三）
苏轼奇才……………………074（四）
渊明赏菊……………………074（五）
和靖观梅……………………075（一）
鸡黍张范……………………075（二）
胶漆陈雷……………………075（三）
耿弇北道……………………075（四）
僧孺西台……………………075（五）
建封受觊……………………076（一）
孝基还财……………………076（二）
准（凖）题华岳……………076（三）
绰赋天台……………………076（四）
穆生决去……………………077（一）
贾郁重来……………………077（二）
台乌成兆……………………077（三）

屏雀为媒…………………… 077（四）
平仲无术…………………… 077（五）
安道多才…………………… 078（一）
杨亿鹤蜕…………………… 078（二）
窦武蛇胎…………………… 078（三）
湘妃泣竹…………………… 078（四）
鉏麑触槐…………………… 078（五）
阳雍五璧…………………… 079（一）
温峤一台…………………… 079（二）
【十一真】…………………… 079
孔门十哲…………………… 079（三）
殷室三仁…………………… 079（四）
晏能处己…………………… 080（一）
鸿耻因人…………………… 080（二）
文翁教士…………………… 080（三）
朱邑爱民…………………… 080（四）
太公钓渭…………………… 080（五）
伊尹耕莘…………………… 081（一）
皋惟团力…………………… 081（二）
泌仅献身…………………… 081（三）
丧邦黄皓…………………… 081（四）
误国章惇…………………… 081（五）
鞅更秦法…………………… 082（一）
普读鲁论…………………… 082（二）
吕诛华士…………………… 082（三）
孔戮闻人…………………… 082（四）
暴胜持斧…………………… 082（五）
张纲埋轮…………………… 083（一）
孙非识面…………………… 083（二）
韦岂呈身…………………… 083（三）
令公请税…………………… 083（四）
长孺输缗…………………… 083（五）
白州刺史…………………… 084（一）
绛县老人…………………… 084（二）
景行莲幕…………………… 084（三）
谨选花裀…………………… 084（四）
郗超造宅…………………… 084（五）
季雅买邻…………………… 085（一）
寿昌寻母…………………… 085（二）
董永卖身…………………… 085（三）
建安七子…………………… 085（四）
大历十人…………………… 085（五）
香山诗价…………………… 086（一）
孙济酤缗…………………… 086（二）
令严孙武…………………… 086（三）
法变张巡…………………… 086（四）
更衣范冉…………………… 086（五）
广被孟仁…………………… 087（一）
笔床茶灶…………………… 087（二）
羽扇纶巾…………………… 087（三）
灌夫使酒…………………… 087（四）
刘四骂人…………………… 087（五）
以牛易马…………………… 088（一）
改氏为民…………………… 088（二）
圹先表圣…………………… 088（三）
灯候沈彬…………………… 088（四）
【十二文】…………………… 088
谢敷处士…………………… 088（五）
宋景贤君…………………… 089（一）
景宗险韵…………………… 089（二）
刘煇奇文…………………… 089（三）
袁安卧雪…………………… 089（四）
仁杰（傑）望云（雲）…… 090（一）
貌疏宰相…………………… 090（二）

腹负将军……………………… 090（三）
梁亭窃灌……………………… 090（四）
曾圃误耘……………………… 090（五）
张巡军令……………………… 091（一）
陈琳檄文……………………… 091（二）
羊殖益上……………………… 091（三）
宁越弥勤……………………… 091（四）
蔡邕倒屣……………………… 092（一）
卫瓘披云（雲）……………… 092（二）
巨山龟息……………………… 092（三）
遵彦龙文……………………… 092（四）
【十三元】…………………… 093
傲倪昭谏……………………… 093（一）
茂异简言……………………… 093（二）
金书梦珏……………………… 093（三）
纱护卜藩……………………… 093（四）
童恢捕虎……………………… 093（五）
古冶持鼋……………………… 094（一）
何奇韩信……………………… 094（二）
香化陈元……………………… 094（三）
徐干（幹）中论……………… 094（四）
扬雄法言……………………… 094（五）
力称乌获……………………… 095（一）
勇尚孟贲……………………… 095（二）
八龙荀氏……………………… 095（三）
五豸唐门……………………… 095（四）
张瞻炊臼……………………… 095（五）
庄周鼓盆……………………… 096（一）
疏脱士简……………………… 096（二）
博奥文元……………………… 096（三）
敏修未娶……………………… 096（四）
陈峤初婚……………………… 096（五）
长公思过……………………… 096（六）
定国平冤……………………… 097（一）
陈遵投辖……………………… 097（二）
魏勃扫门……………………… 097（三）
孙琏织屦……………………… 097（四）
阮咸曝裈……………………… 097（五）
晦堂无隐……………………… 098（一）
沩山不言……………………… 098（二）
【十四寒】…………………… 098
庄生蝴蝶……………………… 098（三）
吕祖邯郸……………………… 098（四）
谢安折屐……………………… 099（一）
贡禹弹冠……………………… 099（二）
颉容王导……………………… 099（三）
浚杀曲端……………………… 099（四）
休那题碣……………………… 099（五）
叔邵凭棺……………………… 100（一）
如龙诸葛……………………… 100（二）
似鬼曹瞒……………………… 100（三）
爽欣御李……………………… 100（四）
白愿识韩……………………… 100（五）
黔娄布被……………………… 101（一）
优孟衣冠……………………… 101（二）
长歌宁戚……………………… 101（三）
鼾睡陈抟……………………… 101（四）
曾参务益……………………… 101（五）
庞德遗安……………………… 102（一）
穆亲杵臼……………………… 102（二）
商化芝兰……………………… 102（三）
葛洪负笈……………………… 102（四）
高凤持竿……………………… 103（一）
释之结袜……………………… 103（二）

子夏更冠…………………… 103（三）
直言唐介…………………… 103（四）
雅量刘宽…………………… 104（一）
捋须（鬚）何点…………… 104（二）
捉鼻谢安…………………… 104（三）
张华龙鲊…………………… 104（四）
闵贡猪肝…………………… 104（五）
渊材五恨…………………… 105（一）
郭奕三叹…………………… 105（二）
弘景作相…………………… 105（三）
延祖弃官…………………… 105（四）
二疏供帐…………………… 105（五）
四皓衣冠…………………… 106（一）
曼卿豪饮…………………… 106（二）
廉颇雄餐…………………… 106（三）
长康三绝…………………… 106（四）
元方二难…………………… 107（一）
曾辞温饱…………………… 107（二）
城忍饥寒…………………… 107（三）
买臣怀绶…………………… 107（四）
逢萌挂冠…………………… 107（五）
循良伏湛…………………… 108（一）
儒雅兒宽…………………… 108（二）
欧母画荻…………………… 108（三）
柳母和丸…………………… 108（四）
韩屏题叶（葉）…………… 108（五）
燕姞梦兰…………………… 109（一）
漂母进食…………………… 109（二）
浣妇分餐…………………… 109（三）
【十五删】………………… 109
令威华表…………………… 109（四）
杜宇西山…………………… 110（一）
范增举玦…………………… 110（二）
羊祜探环…………………… 110（三）
沈昭狂瘦…………………… 110（四）
冯道痴顽…………………… 110（五）
陈蕃下榻…………………… 111（一）
郅恽拒关…………………… 111（二）
雪夜擒蔡…………………… 111（三）
灯夕平蛮…………………… 111（四）
郭家金穴…………………… 111（五）
邓氏铜山…………………… 112（一）
比干受策…………………… 112（二）
杨宝掌环…………………… 112（三）
晏婴能俭…………………… 112（四）
苏轼为悭…………………… 112（五）
堂开洛水…………………… 113（一）
社结香山…………………… 113（二）
腊花齐放…………………… 113（三）
春桂同攀…………………… 113（四）

卷之三

【一先】………………… 114
飞凫叶令…………………… 114（一）
驾鹤缑仙…………………… 114（二）
刘晨采药…………………… 114（三）
茂叔观莲…………………… 115（一）
阳公麾日…………………… 115（二）
武乙射天…………………… 115（三）
唐宗三鉴…………………… 115（四）
刘宠一钱…………………… 115（五）
叔武守国…………………… 115（六）
李牧备边…………………… 116（一）
少翁致鬼…………………… 116（二）

栾大求仙…………………… 116（三）
彧臣曹操…………………… 116（四）
猛相苻坚…………………… 116（五）
汉家三杰（傑）…………… 117（一）
晋室七贤…………………… 117（二）
居易识字…………………… 117（三）
童乌预玄…………………… 117（四）
黄琬对日…………………… 118（一）
秦宓论天…………………… 118（二）
元龙湖海…………………… 118（三）
司马山川…………………… 118（四）
操诛吕布…………………… 118（五）
膑杀庞涓…………………… 119（一）
羽救巨鹿…………………… 119（二）
准（準）策澶渊…………… 119（三）
应融丸药…………………… 119（四）
阎敞还钱…………………… 120（一）
范居让水…………………… 120（二）
吴饮贪泉…………………… 120（三）
薛逢羸马…………………… 120（四）
刘胜寒蝉…………………… 121（一）
捉刀曹操…………………… 121（二）
拂矢贾坚…………………… 121（三）
晦肯负国…………………… 121（四）
质愿亲贤…………………… 122（一）
罗友逢鬼…………………… 122（二）
潘谷称仙…………………… 122（三）
茂弘练服…………………… 122（四）
子敬青毡…………………… 122（五）
王奇雁字…………………… 123（一）
韩浦鸾笺…………………… 123（二）
安之画地…………………… 123（三）
德裕筹边…………………… 123（四）
平原十日…………………… 123（五）
苏章二天…………………… 124（一）
徐勉风月…………………… 124（二）
弃疾云（雲）烟…………… 124（三）
舜钦斗酒…………………… 124（四）
法主蒲鞯…………………… 124（五）
绕朝赠策…………………… 125（一）
苻卤投鞭…………………… 125（二）
豫让吞炭…………………… 125（三）
苏武餐毡…………………… 125（四）
金台招士…………………… 126（一）
玉署贮贤…………………… 126（二）
宋臣宗泽…………………… 126（三）
汉使张骞…………………… 126（四）
胡姬人种…………………… 126（五）
名妓书仙…………………… 127（一）
【二萧】…………………… 127
滕王蛱蝶…………………… 127（二）
摩诘芭蕉…………………… 127（三）
却衣师道…………………… 127（四）
投笔班超…………………… 127（五）
冯官五代…………………… 128（一）
季相三朝…………………… 128（二）
刘蕡下第…………………… 128（三）
卢肇夺标…………………… 128（四）
陵甘降虏…………………… 128（五）
蠋耻臣昭…………………… 129（一）
隆贫晒腹…………………… 129（二）
潜懒折腰…………………… 129（三）
韦绶蜀锦…………………… 129（四）
元载鲛绡…………………… 129（五）

捧檄毛义…………………… 130（一）
绝裾温峤…………………… 130（二）
郑虔贮柿…………………… 130（三）
怀素种蕉…………………… 130（四）
延祖鹤立…………………… 130（五）
茂弘龙超…………………… 131（一）
悬鱼羊续…………………… 131（二）
留犊时苗…………………… 131（三）
贵妃捧砚…………………… 131（四）
弄玉吹箫…………………… 131（五）
【三肴】…………………… 132
栾巴救火…………………… 132（一）
许逊除蛟…………………… 132（二）
诗穷五际…………………… 132（三）
易布三爻…………………… 132（四）
清时安石…………………… 133（一）
奇计居鄛…………………… 133（二）
湖循莺脰…………………… 133（三）
泉访虎跑…………………… 133（四）
近游束晳…………………… 133（五）
诡术尸佼…………………… 134（一）
翱狂晞发（髪）…………… 134（二）
嵇懒转胞…………………… 134（三）
西溪晏咏…………………… 134（四）
北陇孔嘲…………………… 134（五）
民皆字郑…………………… 134（六）
羌愿姓包…………………… 135（一）
骑鹏沈晦…………………… 135（二）
射鸭孟郊…………………… 135（三）
戴颙鼓吹…………………… 135（四）
贾岛推敲…………………… 135（五）
【四豪】…………………… 136
禹承虞舜…………………… 136（一）
说相殷高…………………… 136（二）
韩侯敝裤…………………… 136（三）
张禄绨袍…………………… 136（四）
相如题柱…………………… 136（五）
韩愈焚膏…………………… 137（一）
捐生纪信…………………… 137（二）
争死孔褒…………………… 137（三）
孔璋文伯…………………… 137（四）
梦得诗豪…………………… 137（五）
马援矍铄…………………… 138（一）
巢父清高…………………… 138（二）
伯伦鸡肋…………………… 138（三）
超宗凤毛…………………… 138（四）
服虔赁作…………………… 139（一）
车胤重劳…………………… 139（二）
张仪折竹…………………… 139（三）
任末燃蒿…………………… 139（四）
贺循冰玉…………………… 139（五）
公瑾醇醪…………………… 140（一）
庞公休畅…………………… 140（二）
刘子高操…………………… 140（三）
季札挂剑…………………… 140（四）
吕虔赠刀…………………… 140（五）
来护卓荦…………………… 141（一）
梁竦矜高…………………… 141（二）
壮心处仲…………………… 141（三）
操行陈陶…………………… 141（四）
子荆爽迈…………………… 142（一）
孝伯清操…………………… 142（二）
李订六逸…………………… 142（三）

鹦鹉琵琶……………………… 156（三）
渡传桃叶（葉）…………… 156（四）
村名杏花……………………… 156（五）
【七阳】……………………… 157
君起盘古……………………… 157（一）
人始亚当……………………… 157（二）
明皇花萼……………………… 157（三）
灵运池塘……………………… 157（四）
神威翼德……………………… 157（五）
义勇云（雲）长…………… 158（一）
羿雄射日……………………… 158（二）
衍愤飞霜……………………… 158（三）
王祥求鲤……………………… 158（四）
叔向埋羊……………………… 159（一）
亮方管乐……………………… 159（二）
勒比高光……………………… 159（三）
世南书监……………………… 159（四）
晁错智囊……………………… 159（五）
昌囚羑里……………………… 159（六）
收遁首阳……………………… 160（一）
轼攻正叔……………………… 160（二）
浚沮李纲……………………… 160（三）
降金刘豫……………………… 160（四）
顺虏邦昌……………………… 160（五）
瑜烧赤壁……………………… 161（一）
轼谪黄冈……………………… 161（二）
马融绛帐……………………… 161（三）
李贺锦囊……………………… 161（四）
昙迁营葬……………………… 161（五）
脂习临丧……………………… 162（一）
仁裕诗窖……………………… 162（二）
刘式墨庄……………………… 162（三）
刘琨啸月……………………… 162（四）
伯奇履霜……………………… 163（一）
塞翁失马……………………… 163（二）
臧谷亡羊……………………… 163（三）
寇公枯竹……………………… 163（四）
召伯甘棠……………………… 163（五）
匡衡凿壁……………………… 164（一）
孙敬悬梁……………………… 164（二）
衣芦闵损……………………… 164（三）
扇枕黄香……………………… 164（四）
婴扶赵武……………………… 164（五）
籍杀怀王……………………… 165（一）
魏征（徵）妩媚…………… 165（二）
阮籍猖狂……………………… 165（三）
雕龙刘勰……………………… 165（四）
愍骥应玚（瑒）…………… 165（五）
御车泰豆……………………… 166（一）
习射纪昌……………………… 166（二）
异人彦博……………………… 166（三）
男子天祥……………………… 166（四）
忠贞古弼……………………… 167（一）
奇节任棠……………………… 167（二）
何晏谈易……………………… 167（三）
郭象注庄……………………… 167（四）
卧游宗子……………………… 168（一）
坐隐王郎……………………… 168（二）
盗酒毕卓……………………… 168（三）
割肉东方……………………… 168（四）
李膺破柱……………………… 168（五）
卫瓘抚床……………………… 169（一）
营军细柳……………………… 169（二）
校猎长杨……………………… 169（三）

忠武具奠…………………… 169（四）
德玉居丧 ………………… 170（一）
敖曹雄异…………………… 170（二）
元发（發）疏狂…………… 170（三）
寇却例簿…………………… 170（四）
吕置夹囊…………………… 170（五）
彦升白简…………………… 171（一）
元鲁青箱…………………… 171（二）
孔融了了…………………… 171（三）
黄宪汪汪…………………… 171（四）
僧岩不测…………………… 171（五）
赵壹非常…………………… 172（一）
沈思好客…………………… 172（二）
颜驷为郎…………………… 172（三）
申屠松屋…………………… 172（四）
魏野草堂…………………… 173（一）
戴渊西洛…………………… 173（二）
祖逖南塘…………………… 173（三）
倾城妲己…………………… 173（四）
嫁虏王嫱…………………… 173（五）
贵妃桃髻…………………… 174（一）
公主梅妆…………………… 174（二）
吉了思汉…………………… 174（三）
供奉忠唐…………………… 174（四）

卷之四

【八庚】…………………… 175
萧收图籍…………………… 175（一）
孔惜繁缨…………………… 175（二）
卞庄刺虎…………………… 175（三）
李白骑鲸…………………… 175（四）
王戎支骨…………………… 176（一）
李密陈情…………………… 176（二）
相如完璧…………………… 176（三）
廉颇负荆…………………… 176（四）
从龙介子…………………… 177（一）
飞雁苏卿…………………… 177（二）
忠臣洪皓…………………… 177（三）
义士田横…………………… 177（四）
李平鳞甲…………………… 178（一）
苟变干城…………………… 178（二）
景文饮鸩…………………… 178（三）
茅焦伏烹…………………… 178（四）
许丞耳重…………………… 179（一）
丁掾目盲…………………… 179（二）
佣书德润…………………… 179（三）
卖卜君平…………………… 179（四）
马当王勃…………………… 179（五）
牛渚袁宏…………………… 180（一）
谈天邹衍…………………… 180（二）
稽古桓荣…………………… 180（三）
岐曾贩饼…………………… 180（四）
平得分羹…………………… 181（一）
卧床逸少…………………… 181（二）
升座延明…………………… 181（三）
王勃心织…………………… 181（四）
贾逵舌耕…………………… 181（五）
悬河郭子…………………… 182（一）
缓颊郦生…………………… 182（二）
书成凤尾…………………… 182（三）
画点龙睛…………………… 182（四）
功臣图阁…………………… 182（五）
学士登瀛…………………… 183（一）
卢携貌丑…………………… 183（二）

卫玠神清…………………… 183（三）
非熊再世…………………… 183（四）
圆观三生…………………… 183（五）
安期东渡…………………… 184（一）
潘岳西征…………………… 184（二）
志和耽钓…………………… 184（三）
宗仪辍耕…………………… 184（四）
卫鞅行诈…………………… 185（一）
羊祜推诚…………………… 185（二）
林宗倾粥…………………… 185（三）
文季争羹…………………… 185（四）
茂贞苛税…………………… 185（五）
阳城缓征（徵）………… 186（一）
北山学士…………………… 186（二）
南郭先生…………………… 186（三）
文人鹏举…………………… 186（四）
名士道衡…………………… 186（五）
灌园陈定…………………… 187（一）
为圃苏卿…………………… 187（二）
融赋沧海…………………… 187（三）
祖咏彭城…………………… 187（四）
温公万卷…………………… 188（一）
沈约四声…………………… 188（二）
许询胜具…………………… 188（三）
谢客游情…………………… 188（四）
不齐宰单…………………… 188（五）
子推相荆…………………… 189（一）
仲淹复（復）姓………… 189（二）
潘阆藏名…………………… 189（三）
烹茶秀实…………………… 189（四）
漉酒渊明…………………… 189（五）
善酿白堕…………………… 190（一）
纵饮公荣…………………… 190（二）
仪狄造酒…………………… 190（三）
德裕调羹…………………… 190（四）
印屏王氏…………………… 190（五）
前席贾生…………………… 191（一）
【九青】…………………… 191
经传御史…………………… 191（二）
偈赠提刑…………………… 191（三）
士安正字…………………… 191（四）
次仲谈经…………………… 192（一）
咸遵祖腊…………………… 192（二）
宽识天星…………………… 192（三）
景焕垂戒…………………… 192（四）
班固勒铭…………………… 193（一）
能诗杜甫…………………… 193（二）
嗜酒刘伶…………………… 193（三）
张绰剪蝶…………………… 193（四）
车胤囊萤…………………… 193（五）
鹳鸽学语…………………… 194（一）
鹦鹉诵经…………………… 194（二）
【十蒸】…………………… 194
公远玩月…………………… 194（三）
法喜观灯…………………… 194（四）
燕投张说…………………… 195（一）
凤集徐陵…………………… 195（二）
献之书练…………………… 195（三）
夏竦题绫…………………… 195（四）
安石执拗…………………… 196（一）
味道模棱…………………… 196（二）
韩仇良复（復）………… 196（三）
汉纪备承…………………… 196（四）
存鲁端木…………………… 196（五）

救赵信陵…………………… 197（一）
邵雍识乱…………………… 197（二）
陵母知兴…………………… 197（三）
【十一尤】…………………… 197
琴高赤鲤…………………… 197（四）
李耳青牛…………………… 197（五）
明皇羯鼓…………………… 198（一）
炀帝龙舟…………………… 198（二）
羲叔正夏…………………… 198（三）
宋玉悲秋…………………… 198（四）
才压元白…………………… 198（五）
气吞曹刘…………………… 199（一）
信擒梦泽…………………… 199（二）
翻徙交州…………………… 199（三）
曹参辅汉…………………… 199（四）
周勃安刘…………………… 200（一）
太初日月…………………… 200（二）
季野春秋…………………… 200（三）
公超成市…………………… 200（四）
长孺为楼…………………… 200（五）
楚邱始壮…………………… 200（六）
田豫乞休…………………… 201（一）
向长损益…………………… 201（二）
韩愈斗牛…………………… 201（三）
琎除醖部…………………… 201（四）
玄拜隐侯…………………… 201（五）
公孙东阁…………………… 202（一）
庞统南州…………………… 202（二）
袁耽掷帽…………………… 202（三）
仁杰（傑）携裘…………… 202（四）
子将月旦…………………… 202（五）
安国阳秋…………………… 203（一）
德舆西掖…………………… 203（二）
庾亮南楼…………………… 203（三）
梁吟傀儡…………………… 203（四）
庄梦髑髅…………………… 203（五）
孟称清发（發）…………… 204（一）
殷号风流…………………… 204（二）
见讥子敬…………………… 204（三）
犯忌杨修…………………… 204（四）
荀息累卵…………………… 204（五）
王基载舟…………………… 205（一）
沙鸥可狎…………………… 205（二）
蕉鹿难求…………………… 205（三）
黄联池上…………………… 205（四）
杨咏楼头…………………… 205（五）
曹兵迅速…………………… 206（一）
李使迟留…………………… 206（二）
孔明流马…………………… 206（三）
田单火牛…………………… 206（四）
五侯奇膳…………………… 206（五）
九婢珍馐…………………… 207（一）
光安耕钓…………………… 207（二）
方慕巢由…………………… 207（三）
适（適）嵇命驾…………… 207（四）
访戴操舟…………………… 207（五）
篆推史籀…………………… 208（一）
隶善钟繇…………………… 208（二）
邵瓜五色…………………… 208（三）
李橘千头…………………… 208（四）
芳留玉带…………………… 208（五）
琳卜金瓯…………………… 208（六）
孙阳识马…………………… 209（一）
丙吉问牛…………………… 209（二）

盖忘苏隙…………………… 209（三）
聂报严仇…………………… 209（四）
公艺百忍…………………… 210（一）
孙昉四休…………………… 210（二）
钱塘驿邸…………………… 210（三）
燕子楼头…………………… 210（四）
【十二侵】…………………… 210
苏耽橘井…………………… 210（五）
董奉杏林…………………… 211（一）
汉宣续令…………………… 211（二）
夏禹惜阴…………………… 211（三）
蒙恬造笔…………………… 211（四）
太昊制琴…………………… 211（五）
敬微谢馈…………………… 212（一）
明善辞金…………………… 212（二）
睢阳嚼齿…………………… 212（三）
金藏披心…………………… 212（四）
固言柳汁…………………… 212（五）
玄德桑阴…………………… 213（一）
姜（薑）桂敦复（復）…… 213（二）
松柏世林…………………… 213（三）
杜预传癖…………………… 213（四）
刘峻书淫…………………… 213（五）
钟会窃剑…………………… 214（一）
不疑盗金…………………… 214（二）
桓伊弄笛…………………… 214（三）
子昂碎琴…………………… 214（四）
琴张礼意…………………… 215（一）
苏轼文心…………………… 215（二）
公权隐谏…………………… 215（三）
蕴古详箴…………………… 215（四）
广平作赋…………………… 216（一）
何逊行吟…………………… 216（二）
荆山泣玉…………………… 216（三）
梦穴唾金…………………… 216（四）
孟嘉落帽…………………… 216（五）
宋玉披襟…………………… 217（一）
沫经三败…………………… 217（二）
获被七擒…………………… 217（三）
易牙调味…………………… 217（四）
钟子聆音…………………… 218（一）
令狐冰语…………………… 218（二）
司马琴心…………………… 218（三）
灭明毁璧…………………… 218（四）
庞蕴投金…………………… 218（五）
左思三赋…………………… 219（一）
程颐四箴…………………… 219（二）
【十三覃】…………………… 219
陶母截发（髪）…………… 219（三）
姜后脱簪…………………… 219（四）
达摩面壁…………………… 220（一）
弥勒同龛…………………… 220（二）
龙逄极谏…………………… 220（三）
王衍清谈…………………… 220（四）
青威漠北…………………… 221（一）
彬下江南…………………… 221（二）
遐福郭令…………………… 221（三）
上寿童参…………………… 221（四）
郗愔启箧…………………… 221（五）
殷羡投函…………………… 222（一）
禹偁敏赡…………………… 222（二）
鲁直沉酣…………………… 222（三）
师徒布算…………………… 222（四）
姑妇手谈…………………… 222（五）

【十四盐】…………………… 223
风仪李揆…………………… 223（一）
骨相吕岩…………………… 223（二）
魏牟尺缝…………………… 223（三）
裴度千缣…………………… 223（四）
孺子磨镜…………………… 224（一）
麟士织帘…………………… 224（二）
华歆逃难…………………… 224（三）
叔子避嫌…………………… 224（四）
盗知李涉…………………… 224（五）
虏惧仲淹…………………… 225（一）
尾生岂信…………………… 225（二）
仲子非廉…………………… 225（三）
由餐藜藿…………………… 225（四）
鬲贩鱼盐…………………… 225（五）
五湖范蠡…………………… 226（一）
三径陶潜…………………… 226（二）
徐邈通介…………………… 226（三）
崔郾宽严…………………… 226（四）
易操守剑…………………… 226（五）
归罪遗缣…………………… 227（一）
【十五咸】…………………… 227
深情子野…………………… 227（二）
神识阮咸…………………… 227（三）
公孙白纻…………………… 227（四）
司马青衫…………………… 228（一）
狄梁被谮…………………… 228（二）
杨亿蒙谗…………………… 228（三）
布重一诺…………………… 228（四）
金慎三缄…………………… 228（五）
彦升非少…………………… 228（六）
仲举不凡…………………… 229（一）
古人万亿…………………… 229（二）
不尽兹函…………………… 229（三）

龙文鞭影二集

上卷

【一东】…………………… 232
篇承古度…………………… 232（一）
集续汉冲…………………… 232（二）
搜罗子史…………………… 232（三）
诱掖儿童…………………… 232（四）
明锐韩愈…………………… 232（五）
完粹李侗…………………… 232（六）
清呼一叶（葉）…………… 233（一）
德颂二冯…………………… 233（二）
谅辅祷雨…………………… 233（三）
陈茂诃风…………………… 233（四）
四如给事…………………… 233（五）
三旨相公…………………… 234（一）
怀橘陆绩…………………… 234（二）
辨李王戎…………………… 234（三）
盗琶黑黑…………………… 234（四）
记曲红红…………………… 234（五）
管辂画地…………………… 234（六）

殷浩书空…………………… 235（一）
欧公白耳…………………… 235（二）
窦子赤瞳…………………… 235（三）
裂服张咏…………………… 235（四）
挂帻易雄…………………… 235（五）
良将五鸽…………………… 236（一）
廉宦一骢…………………… 236（二）
浚沮武穆…………………… 236（三）
敞短文忠…………………… 236（四）
汉王颁露…………………… 237（一）
魏帝逼虹…………………… 237（二）
啖饼刘晏…………………… 237（三）
抵肉李充…………………… 237（四）
饬儿还椹…………………… 237（五）
促侄贩葱…………………… 238（一）
辜通异弩…………………… 238（二）
混填神弓…………………… 238（三）
张湛诈善…………………… 238（四）
机汜学恭…………………… 238（五）
狎客江总…………………… 239（一）
弄臣邓通…………………… 239（二）
秀才胆大…………………… 239（三）
府尹声雄…………………… 239（四）
女遗螺壳…………………… 239（五）
生寄鹅笼…………………… 240（一）
从难王达…………………… 240（二）
捽恶杨忠…………………… 240（三）
不疑盗嫂…………………… 240（四）
伯鱼挞翁…………………… 240（五）
丕曜佯哑…………………… 241（一）
杜微诈聋…………………… 241（二）
杨嘲四畏…………………… 241（三）
刘慨三同…………………… 241（四）
覆镜郭璞…………………… 241（五）
咒杯柳融…………………… 241（六）
赌姬严续…………………… 242（一）
斩妓石崇…………………… 242（二）
试子夷简…………………… 242（三）
弹婿敏中…………………… 242（四）
传诗辕固…………………… 242（五）
通易吕蒙…………………… 243（一）
黎邱奇鬼…………………… 243（二）
枣阳怪童…………………… 243（三）
王烹云（雲）母…………… 243（四）
柳遇雨工…………………… 243（五）
【二冬】…………………… 244
爱信乐正…………………… 244（一）
海让德容…………………… 244（二）
扣镮道辅…………………… 244（三）
备椋刚峰…………………… 244（四）
郭璞活马…………………… 245（一）
思邈医龙…………………… 245（二）
惔屈孙盛…………………… 245（三）
云（雲）折充宗…………… 245（四）
蔡占白鼠…………………… 245（五）
丁卜黄蜂…………………… 246（一）
桓悲杨柳…………………… 246（二）
石主芙蓉…………………… 246（三）
直言高适…………………… 246（四）
善辩张松…………………… 246（五）
荐羊致富…………………… 246（六）
画虎卫凶…………………… 246（七）
张霭拾齿…………………… 247（一）
钱唐袒胸…………………… 247（二）

投河丐子…………………… 247（三）
触石菜佣…………………… 247（四）
梁媛高行…………………… 247（五）
阮女乏容…………………… 248（一）
唾盘成鲤…………………… 248（二）
喷饭为蜂…………………… 248（三）
对水蠢吏…………………… 248（四）
献日憨农…………………… 248（五）
气相王锷…………………… 248（六）
魂摄李邕…………………… 249（一）
读疏宣庙…………………… 249（二）
埋帖太宗…………………… 249（三）
师旷骏马…………………… 249（四）
张华痴龙…………………… 249（五）
【三江】…………………… 250
柳清第一…………………… 250（一）
任智无双…………………… 250（二）
浩然遭放…………………… 250（三）
药嵩避撞…………………… 250（四）
樊英噀水…………………… 250（五）
吴猛渡江…………………… 251（一）
不忠李勣…………………… 251（二）
亏孝刘邦…………………… 251（三）
元振丝幔…………………… 251（四）
山谷彩缸…………………… 251（五）
苏颋吹灶…………………… 252（一）
无垢倚窗…………………… 252（二）
疏氏改束…………………… 252（三）
严姓冒庞…………………… 252（四）
【四支】…………………… 252
友谅献麦…………………… 252（五）
孝标进芝…………………… 253（一）
拥炉修史…………………… 253（二）
击钵催诗…………………… 253（三）
秦桧十客…………………… 253（四）
侂胄四姬…………………… 253（五）
对策刘显…………………… 254（一）
隶事王摛…………………… 254（二）
蒙正非执…………………… 254（三）
伯鱼有私…………………… 254（四）
佯仆留正…………………… 254（五）
诈睡羲之…………………… 255（一）
怀清巴妇…………………… 255（二）
行义桓嫠…………………… 255（三）
得得和尚…………………… 255（四）
何何尊师…………………… 255（五）
登山羊祜…………………… 256（一）
临江曹丕…………………… 256（二）
将军禳鬼…………………… 256（三）
都护怖儿…………………… 256（四）
贵妃剪发（髮）…………… 256（五）
莹娘修眉…………………… 257（一）
普惜国法…………………… 257（二）
通定朝仪…………………… 257（三）
库狄杖吏…………………… 257（四）
东昏畏妃…………………… 257（五）
众歌裴侠…………………… 258（一）
民爱贾逵…………………… 258（二）
相分公媪…………………… 258（三）
皇别父儿…………………… 258（四）
樊哙排闼…………………… 258（五）
栖楚叩墀…………………… 259（一）
羲之书几…………………… 259（二）
信本观碑…………………… 259（三）

主司头脑…………………… 259（四）
学士肚皮…………………… 259（五）
汉王尊鼎…………………… 260（一）
宋后卜棋…………………… 260（二）
安石授扇…………………… 260（三）
长倩馈丝…………………… 260（四）
食鬼尺郭…………………… 260（五）
擘妖钟馗…………………… 260（六）
问字载酒…………………… 261（一）
借书还瓻…………………… 261（二）
王莽买婢…………………… 261（三）
程松献姬…………………… 261（四）
秉三不惑…………………… 261（五）
洽五无欺…………………… 262（一）
登床常侍…………………… 262（二）
避甓主司…………………… 262（三）
守珪置酒…………………… 262（四）
汝霖围棋…………………… 262（五）
赞宁命薄…………………… 263（一）
李广数奇…………………… 263（二）
扬雄吐凤…………………… 263（三）
刘赞吞龟…………………… 263（四）
妻唾冯邈…………………… 263（五）
母杖尧咨…………………… 263（六）
韩驱五鬼…………………… 264（一）
柳骂三尸…………………… 264（二）
觞酒木妓…………………… 264（三）
踏曲杖尼…………………… 264（四）
陆云（雲）笑疾………… 264（五）
李益妒痴…………………… 265（一）
书帖敬德…………………… 265（二）
拜剑审知…………………… 265（三）
鬻书戒子…………………… 265（四）
质史斥儿…………………… 265（五）
【五微】…………………… 266
上官马瘦…………………… 266（一）
卜式羊肥…………………… 266（二）
疾恶伯厚…………………… 266（三）
奖善元晖…………………… 266（四）
老媪泣乐…………………… 266（五）
稚子饯韦…………………… 267（一）
头闲触怒…………………… 267（二）
手重贻讥…………………… 267（三）
麻面赵孟…………………… 267（四）
缺唇雄飞…………………… 267（五）
纸驴张果…………………… 267（六）
木马段晖…………………… 268（一）
深源万拜…………………… 268（二）
子显一挥…………………… 268（三）
玩之蹑屐…………………… 268（四）
江湛浣衣…………………… 268（五）
道济掷帻…………………… 268（六）
有功掩扉…………………… 269（一）
卧云（雲）师复（復）…… 269（二）
玩月知微…………………… 269（三）
钓书蝇字…………………… 269（四）
实卖牛衣…………………… 269（五）
景宗思猎…………………… 269（六）
唐帝罢围…………………… 270（一）
【六鱼】…………………… 270
青钱学士…………………… 270（二）
白衣尚书…………………… 270（三）
似道斗（鬥）蟋………… 270（四）
秦桧进鱼…………………… 271（一）

推衣思革…………………… 271（二）
裹饭子舆…………………… 271（三）
碎车道穆…………………… 271（四）
行酒朱虚…………………… 271（五）
仲彧牧豕…………………… 272（一）
世忠跨驴…………………… 272（二）
莱妻弃畚…………………… 272（三）
鲍妇挽车…………………… 272（四）
獐头元载…………………… 272（五）
熊背专诸…………………… 273（一）
关澥钓鳖…………………… 273（二）
李章移鱼…………………… 273（三）
隋帝引镜…………………… 273（四）
梁主焚书…………………… 273（五）
先见献可…………………… 273（六）
远识太初…………………… 274（一）
【七虞】…………………… 274
陆家双璧…………………… 274（二）
王氏三珠…………………… 274（三）
何存信后（後）………… 274（四）
成匿固孤…………………… 275（一）
梅香窦臭…………………… 275（二）
滕屠郑酤…………………… 275（三）
楚野辩女…………………… 275（四）
鲁国义姑…………………… 275（五）
救帝诚意…………………… 276（一）
负主秀夫…………………… 276（二）
嵇康灭烛…………………… 276（三）
元长掷符…………………… 276（四）
仲涂烹仆…………………… 276（五）
孝寿杖奴…………………… 277（一）
魏舒领袖…………………… 277（二）
边让襜褕…………………… 277（三）
袁绍横揖…………………… 277（四）
孙堪缓趋…………………… 277（五）
季龙沉璧…………………… 277（六）
继善种珠…………………… 278（一）
巩申放雀…………………… 278（二）
胡广饲猪…………………… 278（三）
隐之双鹤…………………… 278（四）
萧放二乌…………………… 278（五）
张咏守蜀…………………… 278（六）
况钟治苏…………………… 279（一）
驯鸡纪渻…………………… 279（二）
刻凤公输…………………… 279（三）
何称学海…………………… 279（四）
朱号书厨…………………… 279（五）
尘甑范冉…………………… 280（一）
蜡屐阮孚…………………… 280（二）
三言苏轼…………………… 280（三）
廿字郇模…………………… 280（四）
白马张湛…………………… 280（五）
苍鹰郅都…………………… 280（六）
秦王击缶…………………… 281（一）
齐君投壶…………………… 281（二）
沥觞仁轨…………………… 281（三）
覆舟尧夫…………………… 281（四）
文渊薏苡…………………… 282（一）
长房茱萸…………………… 282（二）
束皙辨简…………………… 282（三）
蒋乂诵图…………………… 282（四）
【八齐】…………………… 282
截耳胡女…………………… 282（五）
剔目房妻…………………… 283（一）

敦洽忤楚……………………… 283（二）
郤克聘齐……………………… 283（三）
任请防水……………………… 283（四）
尊欲填堤……………………… 283（五）
三爵刘表……………………… 284（一）
一篚轩锐……………………… 284（二）
达道赋犬……………………… 284（三）
龙友颂鸡……………………… 284（四）
阴妻怀刃……………………… 284（五）
代妃摩笄……………………… 285（一）
子野买妾……………………… 285（二）
明复（復）娶妻……………… 285（三）
起宗削柳……………………… 285（四）
文正断齑……………………… 285（五）
崔剖瘤雀……………………… 286（一）
褚医腹鸡……………………… 286（二）
夸父追日……………………… 286（三）
文子击霓……………………… 286（四）
悲感徐广……………………… 286（五）
叹叱薛奎……………………… 286（六）
文忠奏事……………………… 287（一）
武穆降乩……………………… 287（二）
【九佳】……………………… 287
翳丑王莽……………………… 287（三）
用短李楷……………………… 287（四）
钱镠铁券……………………… 287（五）
袁琪金牌……………………… 287（六）
戮卒公弼……………………… 288（一）
斩吏乖崖……………………… 288（二）
仲元拾叶（葉）……………… 288（三）
侯瑾燃柴……………………… 288（四）
屈到嗜芰……………………… 288（五）
克渊梦槐……………………… 288（六）
四友题署……………………… 289（一）
三畏名斋……………………… 289（二）
甄后蛇髻……………………… 289（三）
潘妃鸾钗……………………… 289（四）
祖珽偷爵……………………… 289（五）
仁凯窃鞋……………………… 289（六）
【十灰】……………………… 290
味道贺雪……………………… 290（一）
仲冕吟雷……………………… 290（二）
染髭天泽……………………… 290（三）
剃眉渊材……………………… 290（四）
文德啗被……………………… 291（一）
景让擎杯……………………… 291（二）
孙山答友……………………… 291（三）
亩振绷孩……………………… 291（四）
万卷杜镐……………………… 291（五）
千轴柳开……………………… 291（六）
衣颁魏击……………………… 292（一）
袒示彦回 ……………………… 292（二）
致一发（發）解……………… 292（三）
无言抢魁……………………… 292（四）
鸟名希有……………………… 292（五）
虫号怪哉……………………… 293（一）
亚夫讨箸……………………… 293（二）
齐邱画灰……………………… 293（三）
魏主求智……………………… 293（四）
吴人卖呆（獃）……………… 293（五）
四乳都督……………………… 294（一）
三耳秀才……………………… 294（二）
武帝探策……………………… 294（三）
太祖祝杯……………………… 294（四）

融无第宅…………………… 294（五）
准（準）乏楼台………… 295（一）
【十一真】………………… 295
诚正元晦…………………… 295（二）
忠信居仁…………………… 295（三）
范缜辟佛…………………… 295（四）
吕琦诉神…………………… 295（五）
状元崇椵…………………… 296（一）
学士若莘…………………… 296（二）
箸锡宋璟…………………… 296（三）
袍赐全斌…………………… 296（四）
诙谐郑綮…………………… 296（五）
质讷刘均…………………… 297（一）
撰书皇后…………………… 297（二）
争矢贵嫔…………………… 297（三）
三语为掾…………………… 297（四）
一字拔人…………………… 297（五）
褎绐掩鼻…………………… 298（一）
段乐沉身…………………… 298（二）
老媪投牒…………………… 298（三）
小吏污茵…………………… 298（四）
霍光无术…………………… 298（五）
赵普不纯…………………… 299（一）
荐侄蒙正…………………… 299（二）
举子曹彬…………………… 299（三）
书诵骂鬼…………………… 299（四）
记撰搜神…………………… 299（五）
简当祖禹…………………… 300（一）
精博景珍…………………… 300（二）
裹巾辱吏…………………… 300（三）
赐绢羞臣…………………… 300（四）
澹泉进履…………………… 300（五）
子敬赠囷…………………… 300（六）
颜峻建第…………………… 301（一）
杨玢让邻…………………… 301（二）
刺称触触…………………… 301（三）
图唤真真…………………… 301（四）
思称巧丙…………………… 301（五）
性笑迂辛…………………… 301（六）
藩王举手…………………… 302（一）
县尉回身…………………… 302（二）
鼓棹张禹…………………… 302（三）
投杯李纶…………………… 302（四）
唾图妃子…………………… 302（五）
饮鸩夫人…………………… 302（六）
赐绢胡质…………………… 303（一）
却布黎淳…………………… 303（二）
民争杜衍…………………… 303（三）
盗降耿纯…………………… 303（四）
【十二文】………………… 304
龙褒趁韵…………………… 304（一）
良孙盗文…………………… 304（二）
象林桂父…………………… 304（三）
金陵茅君…………………… 304（四）
纯仁忠恕…………………… 304（五）
傅翙清勤…………………… 305（一）
钱镠骨法…………………… 305（二）
陶侃手纹…………………… 305（三）
四铁御史…………………… 305（四）
百纸参军…………………… 305（五）
惟吉不肖…………………… 305（六）
殷羡无勋…………………… 306（一）
袁韶佛子…………………… 306（二）
孔奂神君…………………… 306（三）

智永瘗笔……………………… 306（四）
刘蜕埋文……………………… 306（五）
扼吭立信……………………… 306（六）
啮指霁云（雲）……………… 307（一）
陶谷易眼……………………… 307（二）
吴雷割筋……………………… 307（三）
赵妃广袖……………………… 307（四）
马后练裙……………………… 307（五）
殷怖闻蚁……………………… 308（一）
沈怒驱蚊……………………… 308（二）
轼折辽使……………………… 308（三）
婴辱楚君……………………… 308（四）
伶人谑史……………………… 308（五）
参军诮殷……………………… 309（一）
镇恶将种……………………… 309（二）
马璘祖勋……………………… 309（三）
武借碧玉……………………… 309（四）
杜索紫云（雲）……………… 309（五）
房重司马……………………… 309（六）
敌畏长孙……………………… 310（一）
独孤侧帽……………………… 310（二）
茂德露裈……………………… 310（三）
【十三元】…………………… 310
伴食宰相……………………… 310（四）
渴睡状元……………………… 310（五）
扪膝汝砺……………………… 311（一）
叹足昌言……………………… 311（二）
崔琦忤冀……………………… 311（三）
周顗詈敦……………………… 311（四）
之亨放鲤……………………… 311（五）
韦丹赎鼋……………………… 311（六）
乳母守义……………………… 312（一）
庶女衔冤……………………… 312（二）
匿表钦若……………………… 312（三）
说易朝恩……………………… 312（四）
红线盗盒……………………… 312（五）
石醋求幡……………………… 313（一）
赚帖萧翼……………………… 313（二）
窃画桓元……………………… 313（三）
同甫斩马……………………… 313（四）
齐贤啖豚……………………… 314（一）
清言卫玠……………………… 314（二）
俚语柳浑……………………… 314（三）
管通鹊语……………………… 314（四）
王察蚁言……………………… 314（五）
饷车刘翊……………………… 315（一）
沉刀郭翻……………………… 315（二）
弼使强虏……………………… 315（三）
愈挫逆藩……………………… 315（四）
及之由窦……………………… 315（五）
孝绪凿垣……………………… 316（一）
痴人破瓮……………………… 316（二）
拙妇凿裈……………………… 316（三）
忠义刘氏……………………… 316（四）
孝悌李门……………………… 316（五）
笔涂赵普……………………… 316（六）
火炙陈暄……………………… 317（一）
曳履危素……………………… 317（二）
抚枕桓温……………………… 317（三）
姊拒广孝……………………… 317（四）
母逐怀恩……………………… 317（五）
煮石鲍靓……………………… 318（一）
呼钱葛玄……………………… 318（二）
陆贾新语……………………… 318（三）

杜牧罪言…………………… 318（四）
【十四寒】…………………… 318
孙权斫案…………………… 318（五）
刘概拍栏…………………… 319（一）
王晞辞职…………………… 319（二）
徐勣就官…………………… 319（三）
亡羊王育…………………… 319（四）
驱雀顾欢…………………… 319（五）
麒麟杜广…………………… 320（一）
鹳雀裴宽…………………… 320（二）
射子羊侃…………………… 320（三）
斩叔曲端…………………… 320（四）
刘夸茉莉…………………… 320（五）
陈诩牡丹…………………… 321（一）
周新冷面…………………… 321（二）
钱颉铁肝…………………… 321（三）
与可画竹…………………… 321（四）
思肖题兰…………………… 321（五）
李傅晶斧…………………… 322（一）
姚涞玉丸…………………… 322（二）
表圣坠笏…………………… 322（三）
清虚挂冠…………………… 322（四）
李邕六绝…………………… 322（五）
袁嵩五难…………………… 322（六）
袁粲啸咏…………………… 323（一）
弘景盘桓…………………… 323（二）
钧弹常侍…………………… 323（三）
铭捽内官…………………… 323（四）
李巽席帽…………………… 323（五）
穆之金盘…………………… 323（六）
大言桃豹…………………… 324（一）
异志郭丹…………………… 324（二）
斩蛟赵昱…………………… 324（三）
剪马高欢…………………… 324（四）
【十五删】…………………… 325
秦王水殿…………………… 325（一）
隋主火山…………………… 325（二）
廉公号孟…………………… 325（三）
谢子称颜…………………… 325（四）
王衍三窟…………………… 325（五）
逢吉八关…………………… 326（一）
范宣受绢…………………… 326（二）
周访投环…………………… 326（三）
陶公限饮…………………… 326（四）
陆生分餐…………………… 326（五）
周启师圣…………………… 326（六）
罗学龟山…………………… 327（一）
肉啖来贼…………………… 327（二）
尸暴侯奸…………………… 327（三）
傅霖别咏…………………… 327（四）
若水饯班…………………… 327（五）
冀妻妖态…………………… 327（六）
宣后强颜…………………… 328（一）
园名独乐…………………… 328（二）
亭号半闲…………………… 328（三）

下卷

【一先】…………………… 329
文帝好学…………………… 329（一）
理宗思贤…………………… 329（二）
窃书逸少…………………… 329（三）
悟字九渊…………………… 329（四）
张巡赚箭…………………… 330（一）
狄青钉钱…………………… 330（二）

五经扫地…………………… 330（三）
一疏回天…………………… 330（四）
詈贼惜惜…………………… 330（五）
谢客怜怜…………………… 330（六）
击蛇刘裕…………………… 331（一）
藏龟苻坚…………………… 331（二）
剑子贡父…………………… 331（三）
屠伯延年…………………… 331（四）
枯骨袁术…………………… 331（五）
强项董宣…………………… 332（一）
水浇醉吏…………………… 332（二）
火煅颠仙…………………… 332（三）
苏蕙织锦…………………… 332（四）
蔡琰辨弦…………………… 332（五）
畏风满奋…………………… 333（一）
斗（鬥）雷孤延…………… 333（二）
程主讲席…………………… 333（三）
孙侍经筵…………………… 333（四）
士瞻百袴…………………… 333（五）
阮孚一钱…………………… 333（六）
钱起神句…………………… 334（一）
马绎仙联…………………… 334（二）
林宗和靖…………………… 334（三）
闵祖子骞…………………… 334（四）
索诗苏轼…………………… 334（五）
诵易薛瑄…………………… 334（六）
元昊绒鸽…………………… 335（一）
守约捕蝉…………………… 335（二）
煮龟元逊…………………… 335（三）
烹狐茂先…………………… 335（四）
扪赘佛印…………………… 336（一）
摩顶守坚…………………… 336（二）
【二萧】…………………… 336
受蒜闵贡…………………… 336（三）
弃蔬鲍焦…………………… 336（四）
杵臼似鼠…………………… 336（五）
义府称猫…………………… 337（一）
行雨忠政…………………… 337（二）
唤雷迁韶…………………… 337（三）
丁谓符谶…………………… 337（四）
陶安应谣…………………… 337（五）
嗣宗毁庙…………………… 337（六）
君谟修桥…………………… 338（一）
叔隗季隗…………………… 338（二）
大乔小乔…………………… 338（三）
三狗魏室…………………… 338（四）
五彪明朝…………………… 338（五）
出妻大逊…………………… 339（一）
逐妇班超…………………… 339（二）
陆绩载石…………………… 339（三）
廖凝挈瓢…………………… 339（四）
窝名安乐…………………… 339（五）
馆号逍遥…………………… 339（六）
宣咏孤雁…………………… 340（一）
骈贯双雕（鵰）…………… 340（二）
宏霸指染…………………… 340（三）
敬容背焦…………………… 340（四）
道士画鹤…………………… 340（五）
丈人承蜩…………………… 340（六）
投书丁谓…………………… 341（一）
碎牒王韶…………………… 341（二）
孝卿退水…………………… 341（三）
钱镠射潮…………………… 341（四）
徽宗封马…………………… 342（一）

武后怯猫…………………… 342（二）
治河三策…………………… 342（三）
颁国六条…………………… 342（四）
【三肴】…………………… 342
痴翁廷直…………………… 342（五）
狂士仲交…………………… 343（一）
苍体若瓠…………………… 343（二）
沆口如匏…………………… 343（三）
篆吞一卷…………………… 343（四）
易饮三爻…………………… 343（五）
崔家共宅…………………… 344（一）
刘氏一庖…………………… 344（二）
毕称颇牧…………………… 344（三）
刘比吕包…………………… 344（四）
一婆致诮…………………… 344（五）
三公解嘲…………………… 345（一）
楚王吞蛭…………………… 345（二）
李子射蛟…………………… 345（三）
冶鸟咄咄…………………… 345（四）
黠鼠謷謷…………………… 345（五）
【四豪】…………………… 346
刘器吕范…………………… 346（一）
张貌韦皋…………………… 346（二）
狂词王直…………………… 346（三）
壮歌袁绚…………………… 346（四）
褚渊励节…………………… 346（五）
宋弘秉操…………………… 347（一）
刘沔双烛…………………… 347（二）
王濬三刀…………………… 347（三）
之才觅虱…………………… 347（四）
子瞻嗜蠔…………………… 347（五）
赵祖斫笠…………………… 347（六）
楚子投醪…………………… 348（一）
长康翳柳…………………… 348（二）
禄山咏桃…………………… 348（三）
焚券收债…………………… 348（四）
书扇偿逃…………………… 348（五）
神酬玉枕…………………… 349（一）
鬼赠珠袍…………………… 349（二）
君谟啮镞…………………… 349（三）
吕锜伏弢…………………… 349（四）
钘建珠殿…………………… 349（五）
琛作银槽…………………… 350（一）
除毒异剑…………………… 350（二）
警恶奇刀…………………… 350（三）
焚车阮裕…………………… 350（四）
饷砚蒯鳌…………………… 350（五）
版镌茗玉…………………… 350（六）
印渍桂膏…………………… 351（一）
梅传植菜…………………… 351（二）
邢峙谏蒿…………………… 351（三）
封绫秀实…………………… 351（四）
悬丝山涛…………………… 351（五）
孟宗吐饭…………………… 351（六）
姚馥啜糟…………………… 352（一）
【五歌】…………………… 352
鬼怖螃蟹…………………… 352（二）
民拜骆驼…………………… 352（三）
子龙息鼓…………………… 352（四）
遇春挺戈…………………… 352（五）
辞璧崔挺…………………… 353（一）
委珠子阿…………………… 353（二）
乞师荀灌…………………… 353（三）
托佣小娥…………………… 353（四）

邵谒遭扑…………………… 353（五）
李广被诃…………………… 354（一）
东桑跨鹤…………………… 354（二）
少君乘骡…………………… 354（三）
方叔下第…………………… 354（四）
毅夫登科…………………… 354（五）
断鞫郭宪…………………… 355（一）
碎衣陈禾…………………… 355（二）
晋将茗瘕…………………… 355（三）
唐相酒魔…………………… 355（四）
指盗鹳鹆…………………… 355（五）
证杀鹦鹉…………………… 355（六）
景公治海…………………… 356（一）
顺帝挑河…………………… 356（二）
边名菩萨…………………… 356（三）
包号阎罗…………………… 356（四）
【六麻】…………………… 356
李潘批敕…………………… 356（五）
阳城裂麻…………………… 357（一）
安期食枣…………………… 357（二）
徐光乞瓜…………………… 357（三）
三后梁氏…………………… 357（四）
八相萧家…………………… 357（五）
汉姬人彘…………………… 357（六）
辽主帝羓…………………… 358（一）
吴祐返责…………………… 358（二）
缪彤自挝…………………… 358（三）
画狮光宝…………………… 358（四）
绘马子华…………………… 358（五）
方朔献草…………………… 358（六）
单父种花…………………… 359（一）
令孜称父…………………… 359（二）
怀贞号爹…………………… 359（三）
张果蝙蝠…………………… 359（四）
杨戬虾蟆…………………… 359（五）
面壁王述…………………… 359（六）
堕榻裴遐…………………… 360（一）
字询杕杜…………………… 360（二）
帖误枇杷…………………… 360（三）
狄青天使…………………… 360（四）
王德夜叉…………………… 360（五）
商论乔梓…………………… 361（一）
敷辨梨楂…………………… 361（二）
仙童取露…………………… 361（三）
真妃餐霞…………………… 361（四）
龟蒙斗（鬥）鸭…………………… 361（五）
渊材禁蛇…………………… 361（六）
李崇俭约…………………… 362（一）
王济豪奢…………………… 362（二）
投枣报栗…………………… 362（三）
除棘还瓜…………………… 362（四）
祐辨鲮鲤…………………… 362（五）
朔识驺牙…………………… 363（一）
羊琇酿酒…………………… 363（二）
德裕试茶…………………… 363（三）
【七阳】…………………… 363
牢不及帝…………………… 363（四）
斗耻趋王…………………… 363（五）
慈母公义…………………… 364（一）
神父叔阳…………………… 364（二）
高辛嫁犬…………………… 364（三）
单于配狼…………………… 364（四）
和尚竖指…………………… 364（五）
佛图涤肠…………………… 364（六）

疗足元晦…………………… 365（一）
医臂云（雲）长………………… 365（二）
弼给弱马…………………… 365（三）
宇拣瘦羊…………………… 365（四）
武襄面涅…………………… 365（五）
汾阳额光…………………… 366（一）
崇圣太祖…………………… 366（二）
尊师明皇…………………… 366（三）
代赎端第…………………… 366（四）
荣赐达坊…………………… 366（五）
光逢玉尺…………………… 366（六）
季长绣囊…………………… 367（一）
工佞思止…………………… 367（二）
巧诈子扬…………………… 367（三）
郭亮营葬…………………… 367（四）
庞淯临丧…………………… 367（五）
太祖岸帻…………………… 368（一）
高帝踞床…………………… 368（二）
高却献妇…………………… 368（三）
杜辞选倡…………………… 368（四）
唾砚仁轨…………………… 368（五）
索帖元章…………………… 368（六）
击瓮君实…………………… 369（一）
斩丝高洋…………………… 369（二）
侍中口臭…………………… 369（三）
太尉足香…………………… 369（四）
刃婢张后…………………… 369（五）
杀妾齐姜…………………… 369（六）
写经应用…………………… 370（一）
题榜仲将…………………… 370（二）
哓人张猛…………………… 370（三）
真相王商…………………… 370（四）
充隐皇甫…………………… 370（五）
诈忠张汤…………………… 370（六）
象慨矮屋…………………… 371（一）
群夸美庄…………………… 371（二）
武帝碎枕…………………… 371（三）
太祖毁床…………………… 371（四）
贺诗投溷…………………… 371（五）
萧字陷墙…………………… 372（一）
弹棉宰相…………………… 372（二）
缩葱侍郎…………………… 372（三）
泽奇武穆…………………… 372（四）
白救汾阳…………………… 372（五）
百口保滉…………………… 372（六）
十族诛方…………………… 373（一）
伯宗药箭…………………… 373（二）
彦章铁枪…………………… 373（三）
明皇放蝶…………………… 373（四）
武帝驾羊…………………… 373（五）
王澄逃杖…………………… 373（六）
陈平食糠…………………… 374（一）
庾轻乂浩…………………… 374（二）
高重杜房…………………… 374（三）
白嫌负贺…………………… 374（四）
谥耻饯梁…………………… 374（五）
荆妃孕铁…………………… 374（六）
王女产囊…………………… 375（一）
读勃明帝…………………… 375（二）
改陂唐王…………………… 375（三）
散豆赚婢…………………… 375（四）
掷巾渡郎…………………… 375（五）
【八庚】…………………… 376
卖卜季主…………………… 376（一）

彦彬座语……………………… 387（四）
翼道困铭……………………… 387（五）
平公墨墨……………………… 388（一）
仁宗惺惺……………………… 388（二）
【十蒸】……………………… 388
魏侯冒雨……………………… 388（三）
汉帝渡冰……………………… 388（四）
弭盗公亮……………………… 388（五）
纵囚元膺……………………… 389（一）
撤关胡厉……………………… 389（二）
闭门氾腾……………………… 389（三）
分痛灼艾……………………… 389（四）
疗疾觅藤……………………… 389（五）
碎碑陈敏……………………… 389（六）
夺剑张陵……………………… 390（一）
翁巧掷剑……………………… 390（二）
囚工蹑绳……………………… 390（三）
安石须（鬚）虱……………… 390（四）
平叔鼻蝇……………………… 390（五）
大器苏轼……………………… 391（一）
伟度王曾……………………… 391（二）
改姓陶谷……………………… 391（三）
讳名田登……………………… 391（四）
宋陷仁肇……………………… 391（五）
汉间范增……………………… 392（一）
献章主静……………………… 392（二）
良佐去矜……………………… 392（三）
指口谢朏……………………… 392（四）
掐鼻王澄……………………… 392（五）
虞拟裴度……………………… 392（六）
晟慕魏征（徵）……………… 393（一）
【十一尤】…………………… 393
让韩独步……………………… 393（二）
放苏出头……………………… 393（三）
对铭希镜……………………… 393（四）
释碑延休……………………… 393（五）
宋人投马……………………… 393（六）
张氏祝鸠……………………… 394（一）
晏幽飏躁……………………… 394（二）
谷（榖）食难收……………… 394（三）
仁贵虓将……………………… 394（四）
仲康虎侯……………………… 394（五）
张守挞虎……………………… 395（一）
顾令判牛……………………… 395（二）
反赠熙载……………………… 395（三）
辞饷穆修……………………… 395（四）
媚臣誉树……………………… 395（五）
奸相斫榴……………………… 395（六）
高祖蛛庙……………………… 396（一）
武王蜂舟……………………… 396（二）
明皇还带……………………… 396（三）
武帝焚裘……………………… 396（四）
李祐胆落……………………… 396（五）
赵帆汗流……………………… 396（六）
痛妃筚篥……………………… 397（一）
悼夫箜篌……………………… 397（二）
子厚皵舍……………………… 397（三）
邦昌登楼……………………… 397（四）
引经断狱……………………… 397（五）
弈棋判囚……………………… 398（一）
说梦鹦鹉……………………… 398（二）
雪愤猕猴……………………… 398（三）
崔比王谢……………………… 398（四）

昱拟巢由…………………… 398（五）
筑扑秦帝…………………… 398（六）
琴撞魏侯…………………… 399（一）
沆读论语…………………… 399（二）
青诵春秋…………………… 399（三）
筹赈戴浩…………………… 399（四）
均赋韩休…………………… 399（五）
骆驼诮画…………………… 399（六）
蛱蝶讥收…………………… 400（一）
敬德夺稍…………………… 400（二）
阿馀得矛…………………… 400（三）
杜佑驾驷…………………… 400（四）
刘焕乘牛…………………… 400（五）
卢三改注…………………… 401（一）
范一笔勾…………………… 401（二）
观察鹘眼…………………… 401（三）
参政鱼头…………………… 401（四）
【十二侵】…………………… 401
刘铢疑酒…………………… 401（五）
蔡邕骇琴…………………… 402（一）
愚人怖玉…………………… 402（二）
贪夫攫金…………………… 402（三）
云（雲）奇折臂…………… 402（四）
濮真剖心…………………… 402（五）
昼责邹浩…………………… 403（一）
辅折余深…………………… 403（二）
王子辞李…………………… 403（三）
谢生拜檎…………………… 403（四）
彭城两到…………………… 403（五）
江东三岑…………………… 403（六）
仁贵免胄…………………… 404（一）
马燧披襟…………………… 404（二）
无已拥被…………………… 404（三）
柳恽捶琴…………………… 404（四）
丈人抱瓮…………………… 404（五）
老媪磨针…………………… 405（一）
劝课龚遂…………………… 405（二）
署考唐临…………………… 405（三）
元章石癖…………………… 405（四）
佟之水淫…………………… 405（五）
珙相道衍…………………… 405（六）
彻说淮阴…………………… 406（一）
盗书杨玠…………………… 406（二）
摸碑子钦…………………… 406（三）
韩陈四事…………………… 406（四）
李献六箴…………………… 406（五）
娥呼如愿…………………… 407（一）
妓号称心…………………… 407（二）
宇文哭绰…………………… 407（三）
司马拜林…………………… 407（四）
王省伐鼓…………………… 407（五）
邝露抱琴…………………… 408（一）
妖畏仁杰（傑）…………… 408（二）
鬼迓韩擒…………………… 408（三）
扑河金铉…………………… 408（四）
哭庙刘谌…………………… 408（五）
【十三覃】…………………… 409
胡广柔媚…………………… 409（一）
童伯贪婪…………………… 409（二）
颛帝三子…………………… 409（三）
女渍六男…………………… 409（四）
卫母抚雉…………………… 409（五）
蜀女化蚕…………………… 410（一）
罗威饲犊…………………… 410（二）

卓茂解骖…………………… 410（三）
王梦罗汉…………………… 410（四）
帝谒伽蓝…………………… 410（五）
寅三可惜…………………… 411（一）
嵇七不堪…………………… 411（二）
劾嵩继盛…………………… 411（三）
弹桧澹庵…………………… 411（四）
奏琶令则…………………… 411（五）
鼓琴桓谭…………………… 411（六）
解厄严四…………………… 412（一）
为崇宗三…………………… 412（二）
明皇貌瘦…………………… 412（三）
忠臣肉甘…………………… 412（四）
两马相骂…………………… 413（一）
二犬对谈…………………… 413（二）
毛仲嫁女…………………… 413（三）
张德生男…………………… 413（四）
【十四盐】…………………… 413
颜啧谢笑…………………… 413（五）
丙宽魏严…………………… 414（一）
垂诫沕石…………………… 414（二）
警睡投签…………………… 414（三）
八州陶侃…………………… 414（四）
六阙杨炎…………………… 414（五）
卖诗万顷…………………… 414（六）
吞纸朱詹…………………… 415（一）
恚贺公鲁…………………… 415（二）
辞吊思谦…………………… 415（三）
顾飏赠褶…………………… 415（四）
刘晏携帘…………………… 415（五）
礼贤希宪…………………… 415（六）
傲客王恬…………………… 416（一）
李晟绣帽…………………… 416（二）
鲍永皂襜…………………… 416（三）
呈章刘瑾…………………… 416（四）
坠刺崔暹…………………… 416（五）
配享拗相…………………… 417（一）
入祀权阉…………………… 417（二）
刘弘一纸…………………… 417（三）
保安千缣…………………… 417（四）
显达中目…………………… 417（五）
兀术剃髯…………………… 418（一）
【十五咸】…………………… 418
盗畏来整…………………… 418（二）
虏劫浑瑊…………………… 418（三）
茂宏举扇…………………… 418（四）
良器书衫…………………… 418（五）
存勖三矢…………………… 419（一）
陶侃一涵…………………… 419（二）
甘宁锦缆…………………… 419（三）
长康布帆…………………… 419（四）
远语无妄…………………… 419（五）
衡志超凡…………………… 419（六）
居翰改诏…………………… 419（七）
子瞻换衔…………………… 420（一）
乐羊被谤…………………… 420（二）
巑之蒙谗…………………… 420（三）
修责若讷…………………… 420（四）
俨诘游岩…………………… 420（五）
候编仄韵…………………… 421（一）
再续斯函…………………… 421（二）

篇目索引

（汉语拼音）

龙文鞭影正集

【A】

安道多才…………………… 078（一）
安国阳秋…………………… 203（一）
安期东渡…………………… 184（一）
安石求师…………………… 040（四）
安石执拗…………………… 196（一）
安之画地…………………… 123（三）
敖曹雄异…………………… 170（二）
翱狂晞发（髪）…………… 134（二）
傲倪昭谏…………………… 093（一）

【B】

八龙荀氏…………………… 095（三）
白愿识韩…………………… 100（五）
白州刺史…………………… 084（一）
班固勒铭…………………… 193（一）
班姬辞辇…………………… 055（三）
班昭汉史…………………… 155（五）
半臂怜姬…………………… 044（一）
暴胜持斧…………………… 082（五）
碑赚孙何…………………… 147（三）
北陇孔嘲…………………… 134（五）
北山学士…………………… 186（二）
笔床茶灶…………………… 087（二）
比干受策…………………… 112（二）
敝履东郭…………………… 011（四）
泌仅献身…………………… 081（三）
扁鹊名医…………………… 038（一）
卞庄刺虎…………………… 175（三）
辩日儿童…………………… 011（三）
彬下江南…………………… 221（二）
膑杀庞涓…………………… 119（一）
冰山右相…………………… 065（一）
丙吉问牛…………………… 209（二）
伯伦鸡肋…………………… 138（三）
伯奇履霜…………………… 163（一）
伯俞泣杖…………………… 029（三）
伯玉知非…………………… 047（三）
伯约当归…………………… 047（五）
博奥文元…………………… 096（三）
卜商闻过…………………… 047（二）
不尽兹函…………………… 229（三）
不齐宰单…………………… 188（五）

不疑盗金…………………… 214（二）
布重一诺…………………… 228（四）

【C】

才压元白…………………… 198（五）
彩鸾书韵…………………… 019（三）
蔡陈善谑…………………… 048（三）
蔡衡辨凤…………………… 057（五）
蔡伦造纸…………………… 050（一）
蔡琰胡笳…………………… 156（一）
蔡邕倒屣…………………… 092（一）
仓颉造字…………………… 055（一）
藏用五知…………………… 043（二）
操行陈陶…………………… 141（四）
操诛吕布…………………… 118（五）
曹兵迅速…………………… 206（一）
曹公多智…………………… 056（四）
曹参辅汉…………………… 199（四）
策据江东…………………… 004（四）
柴绍琵琶…………………… 151（四）
昌囚羑里…………………… 159（六）
长歌宁戚…………………… 101（三）
长公思过…………………… 096（六）
长康三绝…………………… 106（四）
长孺输缗…………………… 083（五）
长孺为楼…………………… 200（五）
超宗凤毛…………………… 138（四）
晁错智囊…………………… 159（五）
巢父清高…………………… 138（二）
车胤囊萤…………………… 193（五）
车胤重劳…………………… 139（二）
陈蕃下榻…………………… 111（一）
陈瓘责己…………………… 073（一）
陈峤初婚…………………… 096（五）
陈琳檄文…………………… 091（二）
陈平多辙…………………… 070（二）
陈胜辍锸…………………… 063（三）
陈遵投辖…………………… 097（二）
谌纪成糜…………………… 036（四）
城忍饥寒…………………… 107（三）
城筑受降…………………… 023（三）
乘风宗悫…………………… 033（一）
程颐四箴…………………… 219（二）
重耳霸晋…………………… 068（一）
重华大孝…………………… 003（一）
初平起石…………………… 073（三）
鉏麑触槐…………………… 078（五）
处道还姬…………………… 028（一）
楚邱始壮…………………… 200（六）
楚英信佛…………………… 056（二）
春藏足垢…………………… 155（一）
春桂同攀…………………… 113（四）
纯仁助麦…………………… 016（五）
淳于窃笑…………………… 046（二）
绰赋天台…………………… 076（四）
次道藏书…………………… 053（一）
次仲谈经…………………… 192（一）
次仲为乌…………………… 062（一）
刺客荆轲…………………… 146（四）
刺史鸡窗…………………… 020（二）
从龙介子…………………… 177（一）
粗（犓）成四字…………… 002（一）
粗服张融…………………… 012（一）
崔谌乞麋…………………… 034（四）

崔郾宽严……………………226（四）
村名杏花……………………156（五）
存鲁端木……………………196（五）

【D】

达摩面壁……………………220（一）
大历十人……………………085（五）
代雨李靖……………………009（四）
戴和书简……………………064（二）
戴生独步……………………020（五）
戴颙鼓吹……………………135（四）
戴渊西洛……………………173（二）
道济量沙……………………150（四）
盗酒毕卓……………………168（三）
盗知李涉……………………224（五）
德舆西掖……………………203（二）
德玉居丧 ……………………170（一）
德裕筹边……………………123（四）
德裕调羹……………………190（四）
灯候沈彬……………………088（四）
灯夕平蛮……………………111（四）
邓氏铜山……………………112（一）
邓攸弃子……………………027（二）
邓云艾艾……………………041（二）
狄梁被谮……………………228（二）
雕龙刘勰……………………165（四）
丁固梦松……………………017（一）
丁兰刻木……………………145（一）
丁掾目盲……………………179（二）
定国平冤……………………097（一）
东海麻姑……………………056（一）
东阳巧对……………………042（三）
董奉杏林……………………211（一）
董永卖身……………………085（三）
董昭救蚁……………………032（三）
董子下帷……………………030（三）
窦武蛇胎……………………078（三）
窦俨占奎……………………068（四）
杜畿国士……………………031（四）
杜宇西山……………………110（一）
杜预传癖……………………213（四）
渡传桃叶（葉）……………156（四）
端不糊涂……………………058（五）
堕甑叔达……………………043（三）

【E】

饿夫倒戈……………………147（一）
二使入蜀……………………143（四）
二疏供帐……………………105（五）

【F】

发瓮钟离……………………043（四）
法变张巡……………………086（四）
法常评酒……………………151（五）
法喜观灯……………………194（四）
法主蒲鞯……………………124（五）
翻徙交州……………………199（三）
犯忌杨修……………………204（四）
范居让水……………………120（二）
范增举玦……………………110（二）
方慕巢由……………………207（三）
方朔三冬……………………017（五）
芳留玉带……………………208（五）
防年末减……………………040（五）

访戴操舟……………………… 207（五）
放歌渔者……………………… 012（四）
飞凫叶令……………………… 114（一）
飞雁苏卿……………………… 177（二）
非熊再世……………………… 183（四）
风仪李揆……………………… 223（一）
枫落吴江……………………… 021（三）
冯诞同舆……………………… 055（四）
冯道痴顽……………………… 110（五）
冯官五代……………………… 128（一）
冯后当熊……………………… 014（三）
凤凰律吕……………………… 156（二）
凤集徐陵……………………… 195（二）
伏羲画卦……………………… 025（三）
苻卤投鞭……………………… 125（二）
服虔赁作……………………… 139（一）
拂矢贾坚……………………… 121（三）
虙（宓）子驱车…………… 053（三）
腹负将军……………………… 090（三）
傅奕除邪……………………… 154（四）
傅说骑箕……………………… 025（二）

【G】

改氏为民……………………… 088（二）
干（乾）椹杨沛…………… 040（一）
敢谏香车……………………… 154（二）
皋惟团力……………………… 081（二）
高逢白帝……………………… 026（一）
高凤持竿……………………… 103（一）
高祖伤胸……………………… 015（四）
杲卿断舌……………………… 015（三）
割肉东方……………………… 168（四）
鬲贩鱼盐……………………… 225（五）
葛洪负笈……………………… 102（四）
盖忘苏隙……………………… 209（三）
更衣范冉……………………… 086（五）
耿恭拜井……………………… 050（五）
耿弇北道……………………… 075（四）
公超成市……………………… 200（四）
公瑾醇醪……………………… 140（一）
公权隐谏……………………… 215（三）
公孙白纻……………………… 227（四）
公孙东阁……………………… 202（一）
公信采薇……………………… 047（一）
公艺百忍……………………… 210（一）
公议袁枢……………………… 063（二）
公瑜嫁婢……………………… 027（四）
公远玩月……………………… 194（三）
公主梅妆……………………… 174（二）
功臣图阁……………………… 182（五）
功显云（雲）台…………… 074（二）
贡禹弹冠……………………… 099（二）
供奉忠唐……………………… 174（四）
勾践灭吴……………………… 057（二）
苟变干城……………………… 178（二）
姑妇手谈……………………… 222（五）
古帝凤阁……………………… 020（一）
古人万亿……………………… 229（二）
古冶持鼋……………………… 094（一）
骨相吕岩……………………… 223（二）
鼓枻诗翁……………………… 013（一）
固言柳汁……………………… 212（五）
关西孔子……………………… 059（一）
管宁割席……………………… 052（一）

灌夫使酒…………………… 087（四）
灌园陈定…………………… 187（一）
光安耕钓…………………… 207（二）
光进五规…………………… 026（四）
广被孟仁…………………… 087（一）
广平作赋…………………… 216（一）
归罪遗缣…………………… 227（一）
诡术尸佼…………………… 134（一）
贵妃捧砚…………………… 131（四）
贵妃桃髻…………………… 174（一）
郭家金穴…………………… 111（五）
郭巨埋儿…………………… 027（三）
郭讷言佳…………………… 072（五）
郭泰人师…………………… 031（五）
郭象注庄…………………… 167（四）
郭奕三叹…………………… 105（二）
国华取印…………………… 051（二）

【H】

鼾睡陈抟…………………… 101（四）
韩比云龙…………………… 018（四）
韩仇良复（復）…………… 196（三）
韩侯敝袴…………………… 136（三）
韩康卖药…………………… 036（五）
韩屏题叶（葉）…………… 108（五）
韩浦鸾笺…………………… 123（二）
韩琦焚疏…………………… 038（二）
韩琦芍药…………………… 017（二）
韩文鼎扛…………………… 022（三）
韩愈斗牛…………………… 201（三）
韩愈焚膏…………………… 137（一）
韩愈辟佛…………………… 154（三）
韩子孤愤…………………… 034（一）
汉称七制…………………… 015（一）
汉纪备承…………………… 196（四）
汉家三杰（傑）…………… 117（一）
汉使张骞…………………… 126（四）
汉王封齿…………………… 144（四）
汉宣续令…………………… 211（二）
汉祖歌风…………………… 004（二）
浩从床匿…………………… 021（六）
皓折贾充…………………… 007（五）
何点三高…………………… 143（三）
何奇韩信…………………… 094（二）
何守关中…………………… 007（三）
何逊行吟…………………… 216（二）
何晏谈易…………………… 167（三）
和靖观梅…………………… 075（一）
和凝衣钵…………………… 010（二）
和峤专车…………………… 052（二）
贺循冰玉…………………… 139（五）
弘景作相…………………… 105（三）
弘治凝脂…………………… 029（二）
鸿耻因人…………………… 080（二）
鸿渐论茶…………………… 152（一）
胡姬人种…………………… 126（五）
湖循莺脰…………………… 133（三）
华歆逃难…………………… 224（三）
华祝三多…………………… 149（二）
画点龙睛…………………… 182（四）
怀素种蕉…………………… 130（四）
桓典乘骢…………………… 005（一）
桓谭非谶…………………… 146（一）
桓伊弄笛…………………… 214（三）

缓颊郦生…………………… 182（二）
浣妇分餐…………………… 109（三）
黄霸宽和…………………… 145（四）
黄联池上…………………… 205（四）
黄琬对日…………………… 118（一）
黄宪汪汪…………………… 171（四）
会书张旭…………………… 030（四）
诲尔童蒙…………………… 002（二）
晦肯负国…………………… 121（四）
晦堂无隐…………………… 098（一）
浑濬争功…………………… 006（三）
获被七擒…………………… 217（三）
霍光忠厚…………………… 145（三）

【J】

鸡黍张范…………………… 075（二）
嵇懒转胞…………………… 134（三）
箕陈五福…………………… 149（一）
稽古桓荣…………………… 180（三）
伋辞馈肉…………………… 151（一）
吉了思汉…………………… 174（三）
籍杀怀王…………………… 165（一）
季相三朝…………………… 128（二）
季雅买邻…………………… 085（一）
季野春秋…………………… 200（三）
季札挂剑…………………… 140（四）
济叔不痴…………………… 031（三）
偈赠提刑…………………… 191（三）
祭遵俎豆…………………… 151（三）
嘉宾赋雪…………………… 005（二）
嘉贞丝幔…………………… 024（三）
贾岛祭诗…………………… 038（三）
贾岛推敲…………………… 135（五）
贾逵舌耕…………………… 181（五）
贾郁重来…………………… 077（二）
驾鹤缑仙…………………… 114（二）
嫁虏王嫱…………………… 173（五）
见讥子敬…………………… 204（三）
建安七子…………………… 085（四）
建封受贶…………………… 076（一）
江笔生花…………………… 155（四）
江左夷吾…………………… 059（二）
姜（薑）桂敦复（復）…… 213（二）
姜后脱簪…………………… 219（四）
绛县老人…………………… 084（二）
郊祁并第…………………… 018（一）
胶漆陈雷…………………… 075（三）
焦饭陈遗…………………… 040（二）
蕉鹿难求…………………… 205（三）
校士昭容…………………… 019（二）
介诚狂直…………………… 058（四）
介子弃觚…………………… 063（四）
玠杀王夔…………………… 028（三）
金慎三缄…………………… 228（五）
金书梦珏…………………… 093（三）
金台招士…………………… 126（一）
金藏披心…………………… 212（四）
谨选花裀…………………… 084（四）
琎除酿部…………………… 201（四）
近游束皙…………………… 133（五）
晋室七贤…………………… 117（二）
京兆画眉…………………… 045（二）
经传御史…………………… 191（二）
经书暇日…………………… 002（三）

荆山泣玉………………………… 216（三）
井伯烹雌………………………… 035（一）
景公禳彗………………………… 068（三）
景焕垂戒………………………… 192（四）
景文饮鸩………………………… 178（三）
景行莲幕………………………… 084（三）
景宗险韵………………………… 089（二）
敬叔受饷………………………… 045（五）
敬微谢馈………………………… 212（一）
敬之说好………………………… 072（四）
九婢珍馐………………………… 207（一）
救赵信陵………………………… 197（一）
居易识字………………………… 117（三）
巨伯高谊………………………… 009（二）
巨山龟息………………………… 092（三）
捐生纪信………………………… 137（二）
觉范论诗………………………… 032（二）
绝裾温峤………………………… 130（二）
君谟龙片………………………… 057（三）
君起盘古………………………… 157（一）
浚沮李纲………………………… 160（三）
浚杀曲端………………………… 099（四）

【K】

恺崇斗（鬥）富……………… 006（二）
康侯训侄………………………… 038（四）
孔戮闻人………………………… 082（四）
孔门十哲………………………… 079（三）
孔明流马………………………… 206（三）
孔融了了………………………… 171（三）
孔惜繁缨………………………… 175（二）
孔璋文伯………………………… 137（四）
寇公枯竹………………………… 163（四）
寇却例簿………………………… 170（四）
宽识天星………………………… 192（三）
匡衡凿壁………………………… 164（一）
扩先表圣………………………… 088（三）

【L】

腊花齐放………………………… 113（三）
来护卓荦………………………… 141（一）
懒残煨芋………………………… 039（四）
老婢吹篪………………………… 045（四）
老人结草………………………… 146（五）
勒比高光………………………… 159（三）
李白乘驴………………………… 054（五）
李白骑鲸………………………… 175（四）
李泌烧梨………………………… 039（五）
李订六逸………………………… 142（三）
李耳青牛………………………… 197（五）
李固芙蓉………………………… 017（三）
李广成蹊………………………… 070（三）
李贺锦囊………………………… 161（四）
李勣焚须（鬚）……………… 058（三）
李佳国士………………………… 059（五）
李橘千头………………………… 208（四）
李密陈情………………………… 176（二）
李牧备边………………………… 116（一）
李平鳞甲………………………… 178（一）
李使迟留………………………… 206（二）
李膺破柱………………………… 168（五）
力称乌获………………………… 095（一）
立雪杨时………………………… 033（二）
隶善钟繇………………………… 208（二）

廉颇负荆…………………… 176（四）
廉颇雄餐…………………… 106（三）
良弼课儿…………………… 039（一）
梁公驯雀…………………… 071（一）
梁鸿五噫…………………… 034（二）
梁姬值虎…………………… 014（二）
梁竦矜高…………………… 141（二）
梁亭窃灌…………………… 090（四）
梁相鹓鸱…………………… 041（五）
梁吟傀儡…………………… 203（四）
亮方管乐…………………… 159（二）
烈裔刻虎…………………… 070（四）
林宗倾粥…………………… 185（三）
临洮大汉…………………… 042（一）
琳卜金瓯…………………… 208（六）
麟士织帘…………………… 224（二）
灵运池塘…………………… 157（四）
灵征（徵）刍狗………………… 024（一）
陵甘降虏…………………… 128（五）
陵母知兴…………………… 197（三）
令狐冰语…………………… 218（二）
令公请税…………………… 083（四）
令威华表…………………… 109（四）
令严孙武…………………… 086（三）
刘晨采药…………………… 114（三）
刘宠一钱…………………… 115（五）
刘蕡下第…………………… 128（三）
刘公殿虎…………………… 037（二）
刘煇奇文…………………… 089（三）
刘峻书淫…………………… 213（五）
刘琨啸月…………………… 162（四）
刘胜寒蝉…………………… 121（一）
刘诗瓿覆…………………… 022（二）
刘式墨庄…………………… 162（三）
刘四骂人…………………… 087（五）
刘向校书…………………… 050（二）
刘殷七业…………………… 143（二）
刘子高操…………………… 140（三）
留犊时苗…………………… 131（三）
柳眠汉苑…………………… 021（二）
柳母和丸…………………… 108（四）
龙逄极谏…………………… 220（三）
隆贫晒腹…………………… 129（二）
卢杞除患…………………… 012（二）
卢携貌丑…………………… 183（二）
卢肇夺标…………………… 128（四）
卢植楷模…………………… 062（三）
虏惧仲淹…………………… 225（一）
鲁恭三异…………………… 026（五）
鲁隐观鱼…………………… 049（五）
鲁直彩缸…………………… 024（四）
鲁直沉酣…………………… 222（三）
鹿门隐庞…………………… 021（五）
路斯九龙…………………… 016（四）
漉酒渊明…………………… 189（五）
闾里鸣珂…………………… 148（三）
吕虔赠刀…………………… 140（五）
吕置夹囊 ………………… 170（五）
吕诛华士…………………… 082（三）
吕祖邯郸…………………… 098（四）
捋须（鬚）何点………………… 104（二）
栾巴救火…………………… 132（一）
栾大求仙…………………… 116（三）
罗敷陌上…………………… 014（四）

罗珦持节…………………… 153（四）
罗友逢鬼…………………… 122（二）
罗友乞祠…………………… 044（三）

【M】

马当王勃…………………… 179（五）
马良白眉…………………… 033（四）
马融绛帐…………………… 161（三）
马援矍铄…………………… 138（一）
买臣怀绶…………………… 107（四）
卖卜君平…………………… 179（四）
曼卿豪饮…………………… 106（二）
毛宝放龟…………………… 032（四）
毛遂脱颖…………………… 061（二）
茅焦伏烹…………………… 178（四）
茅容割鸡…………………… 071（二）
茂弘龙超…………………… 131（一）
茂弘练服…………………… 122（四）
茂叔观莲…………………… 115（一）
茂异简言…………………… 093（二）
茂贞苛税…………………… 185（五）
貌疏宰相…………………… 090（二）
枚皋敏捷…………………… 035（二）
美姬工笛…………………… 045（三）
蒙恬造笔…………………… 211（四）
猛相苻坚…………………… 116（五）
孟称清发（發）…………… 204（一）
孟嘉落帽…………………… 216（五）
孟母断机…………………… 049（一）
孟守还珠…………………… 061（一）
孟郰九穗…………………… 152（四）
梦窗草窗…………………… 023（五）
梦得诗豪…………………… 137（五）
梦穴唾金…………………… 216（四）
弥勒同龛…………………… 220（二）
祢衡一鹗…………………… 016（三）
灭明毁璧…………………… 218（四）
民皆字郑…………………… 134（六）
闵贡猪肝…………………… 104（五）
闽越樵夫…………………… 065（四）
敏修未娶…………………… 096（四）
愍骥应玚（瑒）…………… 165（五）
名高麟阁…………………… 074（一）
名妓书仙…………………… 127（一）
名士道衡…………………… 186（五）
明皇花萼…………………… 157（三）
明皇羯鼓…………………… 198（一）
明善辞金…………………… 212（二）
冥鉴季达…………………… 054（二）
摩诘芭蕉…………………… 127（三）
沫经三败…………………… 217（二）
墨翟悲丝…………………… 029（四）
穆亲杵臼…………………… 102（二）
穆生决去…………………… 077（一）

【N】

男子天祥…………………… 166（四）
南郭先生…………………… 186（三）
能诗杜甫…………………… 193（二）
能文曹植…………………… 029（五）
能言李泌…………………… 154（一）
聂报严仇…………………… 209（四）
聂悯田夫…………………… 060（一）
宁越弥勤…………………… 091（四）

牛渚袁宏…………………… 180（一）
弄玉吹箫…………………… 131（五）
弩名克敌…………………… 023（二）

【O】

欧母画荻…………………… 108（三）

【P】

潘谷称仙…………………… 122（三）
潘阆藏名…………………… 189（三）
潘岳诚奇…………………… 035（五）
潘岳西征…………………… 184（二）
庞德遗安…………………… 102（一）
庞公休畅…………………… 140（二）
庞统南州…………………… 202（二）
庞蕴投金…………………… 218（五）
逄萌挂冠…………………… 107（五）
裴度还犀…………………… 067（四）
裴度千缣…………………… 223（四）
裴楷清通…………………… 008（四）
烹茶秀实…………………… 189（四）
彭宠言功…………………… 012（三）
捧檄毛义…………………… 130（一）
漂母进食…………………… 109（二）
平得分羹…………………… 181（一）
平叔傅粉…………………… 029（一）
平原十日…………………… 123（五）
平仲无术…………………… 077（五）
屏雀为媒…………………… 077（四）
裒废蓼莪…………………… 148（五）
普读鲁论…………………… 082（二）

【Q】

齐主烹阿…………………… 144（五）
岐曾贩饼…………………… 180（四）
奇计居鄛…………………… 133（二）
奇节任棠…………………… 167（二）
骑鹏沈晦…………………… 135（二）
启期三乐…………………… 043（一）
气吞曹刘…………………… 199（一）
弃疾云（雲）烟…………… 124（三）
前席贾生…………………… 191（一）
钱昆嗜蟹…………………… 034（三）
钱塘驿邸…………………… 210（三）
潜懒折腰…………………… 129（三）
黔娄布被…………………… 101（一）
羌愿姓包…………………… 135（一）
秦宓论天…………………… 118（二）
秦政坑儒…………………… 056（三）
琴操参宗…………………… 019（四）
琴高赤鲤…………………… 197（四）
琴张礼意…………………… 215（一）
禽息击车…………………… 050（四）
青威漠北…………………… 221（一）
倾城妲己…………………… 173（四）
清时安石…………………… 133（一）
琼却饷瓜…………………… 151（二）
琼崖小儿…………………… 042（二）
鸜鹆学语…………………… 194（一）
泉访虎跑…………………… 133（四）
却衣师道…………………… 127（四）

【R】

绕朝赠策…………………… 125（一）
人始亚当…………………… 157（二）
仁杰（傑）望云（雲）…… 090（一）
仁杰（傑）携裘………… 202（四）
仁杰（傑）药笼………… 010（三）
仁裕诗窖…………………… 162（二）
任末燃蒿…………………… 139（四）
融赋沧海…………………… 187（三）
如龙诸葛…………………… 100（二）
儒雅兒宽…………………… 108（二）
孺子磨镜…………………… 224（一）
汝锡奇诗…………………… 042（四）
阮籍猖狂…………………… 165（三）
阮籍青眼…………………… 033（三）
阮籍咏怀…………………… 073（二）
阮咸曝裈…………………… 097（五）

【S】

塞翁失马…………………… 163（二）
三戟崔家…………………… 149（四）
三径陶潜…………………… 226（二）
丧邦黄皓…………………… 081（四）
僧孺西台…………………… 075（五）
僧岩不测…………………… 171（五）
纱护卜藩…………………… 093（四）
沙鸥可狎…………………… 205（二）
山器难知…………………… 039（三）
扇枕黄香…………………… 164（四）
善辩张仪…………………… 030（一）
善画王维…………………… 031（一）
善酿白堕…………………… 190（一）
善讴王豹…………………… 060（二）
商安鹑服…………………… 048（一）
商化芝兰…………………… 102（三）
商王祷雨…………………… 004（一）
上寿童参…………………… 221（四）
少帝坐膝…………………… 049（二）
少翁致鬼…………………… 116（二）
少逸神童…………………… 009（一）
召伯甘棠…………………… 163（五）
召父杜母…………………… 044（四）
邵瓜五色…………………… 208（三）
邵雍识乱…………………… 197（二）
社结香山…………………… 113（二）
射鸭孟郊…………………… 135（三）
申屠松屋…………………… 172（四）
深情子野…………………… 227（二）
神识阮咸…………………… 227（三）
神威翼德…………………… 157（五）
沈思好客…………………… 172（二）
沈约四声…………………… 188（二）
沈昭狂瘦…………………… 110（四）
升座延明…………………… 181（三）
圣祖吟虹…………………… 005（三）
师德宽容…………………… 016（二）
师徒布算…………………… 222（四）
诗祸花龙…………………… 024（二）
诗穷五际…………………… 132（三）
石虔趫捷…………………… 028（四）
石与三豪…………………… 142（四）
士安正字…………………… 191（四）
士衡黄耳…………………… 062（四）

世南书监…………………… 159（四）
仕治远志…………………… 047（四）
适（適）嵇命驾…………… 207（四）
轼攻正叔…………………… 160（二）
轼谪黄冈…………………… 161（二）
释之结袜…………………… 103（二）
嗜酒刘伶…………………… 193（三）
收遁首阳…………………… 160（一）
寿昌寻母…………………… 085（二）
书成凤尾…………………… 182（三）
叔敖埋蛇…………………… 150（二）
叔邵凭棺…………………… 100（一）
叔武守国…………………… 115（六）
叔向埋羊…………………… 159（一）
叔子避嫌…………………… 224（四）
疏脱士简…………………… 096（二）
爽欣御李…………………… 100（四）
顺虏邦昌…………………… 160（五）
舜目重瞳…………………… 003（四）
舜钦斗酒…………………… 124（四）
司马琴心…………………… 218（三）
司马青衫…………………… 228（一）
司马山川…………………… 118（四）
司马微讥…………………… 046（三）
司马淹迟…………………… 035（三）
思曼风姿…………………… 036（二）
斯立吟哦…………………… 148（一）
四皓衣冠…………………… 106（一）
似鬼曹瞒…………………… 100（三）
松柏世林…………………… 213（三）
崧避杖撞…………………… 022（一）
宋臣宗泽…………………… 126（三）
宋景贤君…………………… 089（一）
宋均渡虎…………………… 054（四）
宋玉悲秋…………………… 198（四）
宋玉披襟…………………… 217（一）
苏耽橘井…………………… 210（五）
苏秦刺股…………………… 058（二）
苏轼奇才…………………… 074（四）
苏轼为悭…………………… 112（五）
苏轼文心…………………… 215（二）
苏武餐毡…………………… 125（四）
苏章二天…………………… 124（一）
睢阳嚼齿…………………… 212（三）
孙登坐啸…………………… 144（二）
孙昉四休…………………… 210（二）
孙非识面…………………… 083（二）
孙济酤缗…………………… 086（二）
孙敬悬梁…………………… 164（二）
孙琏织屦…………………… 097（四）
孙阳识马…………………… 209（一）

【T】

台乌成兆…………………… 077（三）
太初日月…………………… 200（二）
太公钓渭…………………… 080（五）
太昊制琴…………………… 211（五）
太子牵裾…………………… 049（三）
太宗怀鹞…………………… 004（五）
昙辍丝竹…………………… 148（四）
昙迁营葬…………………… 161（五）
谈天邹衍…………………… 180（二）
谭峭行歌…………………… 144（三）
谭尚相攻…………………… 018（二）

唐举善相…………………… 037（四）
唐羡三宗…………………… 015（二）
唐宗三鉴…………………… 115（四）
堂开洛水…………………… 113（一）
陶公运甓…………………… 048（五）
陶母截发（髮）…………… 219（三）
陶违雾豹…………………… 018（三）
陶怡松菊…………………… 152（二）
滕王蛱蝶…………………… 127（二）
添丁抹书…………………… 051（三）
田单火牛…………………… 206（四）
田父毚卢…………………… 066（一）
田骄贫贱…………………… 008（一）
田乐烟霞…………………… 152（三）
田豫乞休…………………… 201（一）
廷尉罗雀…………………… 053（四）
通德宫中…………………… 014（五）
同心向秀…………………… 071（五）
铜臭司徒…………………… 065（二）
童恢捕虎…………………… 093（五）
童乌预玄…………………… 117（四）
投笔班超…………………… 127（五）
投阁扬雄…………………… 014（一）
退之驱鳄…………………… 150（一）

【W】

万石秦氏…………………… 149（三）
亡秦胡亥…………………… 020（三）
王播笼纱…………………… 153（五）
王勃心织…………………… 181（四）
王葛交饥…………………… 048（四）
王胡索食…………………… 044（二）
王基载舟…………………… 205（一）
王良策马…………………… 025（一）
王伦使虏…………………… 006（四）
王奇雁字…………………… 123（一）
王戎简要…………………… 008（三）
王戎支骨…………………… 176（一）
王商止讹…………………… 146（二）
王肃酪奴…………………… 057（四）
王祥求鲤…………………… 158（四）
王衍清谈…………………… 220（四）
王祐三槐…………………… 071（四）
王质烂柯…………………… 145（二）
韦岂呈身…………………… 083（三）
韦曲杜曲…………………… 023（四）
韦绶蜀锦…………………… 129（四）
韦述杞梓…………………… 062（二）
韦文朱武…………………… 013（二）
为圃苏卿…………………… 187（二）
沩山不言…………………… 098（二）
尾生岂信…………………… 225（二）
卫瓘抚床…………………… 169（一）
卫瓘披云（雲）…………… 092（二）
卫玠神清…………………… 183（三）
卫鞅行诈…………………… 185（一）
卫懿好鹤…………………… 049（四）
味道模棱…………………… 196（二）
渭阳袁湛…………………… 052（三）
魏勃扫门…………………… 097（三）
魏公切直…………………… 016（一）
魏绛和戎…………………… 007（一）
魏牟尺缍…………………… 223（三）
魏野草堂…………………… 173（一）

魏征（徵）妩媚…………… 165（二）
温公警枕…………………… 030（二）
温公万卷…………………… 188（一）
温峤燃犀…………………… 070（五）
温峤一台…………………… 079（二）
文季争羹…………………… 185（四）
文人鹏举…………………… 186（四）
文舒戒子…………………… 040（三）
文翁教士…………………… 080（三）
卧床逸少…………………… 181（二）
卧游宗子…………………… 168（一）
吴祐遗衣…………………… 046（一）
吴起杀妻…………………… 070（一）
吴饮贪泉…………………… 120（三）
五侯奇膳…………………… 206（五）
五湖范蠡…………………… 226（一）
五老游河…………………… 144（一）
五豸唐门…………………… 095（四）
伍员覆楚…………………… 057（一）
武陵渔父…………………… 065（三）
武穆精忠…………………… 003（二）
武王归马…………………… 067（三）
武乙射天…………………… 115（三）
误国章惇…………………… 081（五）

【X】

西巴释麑…………………… 069（一）
西山精卫…………………… 055（五）
西溪晏咏…………………… 134（四）
郗超造宅…………………… 084（五）
郗氏文奴…………………… 066（三）
郗愔启箧…………………… 221（五）
羲叔正夏…………………… 198（三）
习射纪昌…………………… 166（二）
洗儿妃子…………………… 019（一）
细侯竹马…………………… 051（四）
遐福郭令…………………… 221（三）
瑕丘卖药…………………… 064（四）
夏竦题绫…………………… 195（四）
夏禹惜阴…………………… 211（三）
仙翁祝鸡…………………… 067（二）
咸遵祖腊…………………… 192（二）
献之书练…………………… 195（三）
香化陈元…………………… 094（三）
香山诗价…………………… 086（一）
湘妃泣竹…………………… 078（四）
降金刘豫…………………… 160（四）
相如题柱…………………… 136（五）
相如完璧…………………… 176（三）
向长损益…………………… 201（二）
萧收图籍…………………… 175（一）
小白兴齐…………………… 068（二）
肖貌伯偕…………………… 072（一）
孝伯清操…………………… 142（二）
孝基还财…………………… 076（二）
校猎长杨…………………… 169（三）
谢安折屐…………………… 099（一）
谢敷处士…………………… 088（五）
谢客游情…………………… 188（四）
谢名蝴蝶…………………… 063（五）
信陵捕鹞…………………… 069（二）
信擒梦泽…………………… 199（二）
兴汉刘邦…………………… 020（四）
休那题碣…………………… 099（五）

秀巡河北…………………… 004（三）
徐干（幹）中论………… 094（四）
徐勉风月…………………… 124（二）
徐邈通介…………………… 226（三）
许丞耳重…………………… 179（一）
许叔阴功…………………… 009（三）
许询胜具…………………… 188（三）
许逊除蛟…………………… 132（二）
许子无双…………………… 021（一）
宣父删诗…………………… 025（四）
宣圣春风…………………… 006（一）
玄拜隐侯…………………… 201（五）
玄德桑阴…………………… 213（一）
悬河郭子…………………… 182（一）
悬鱼羊续…………………… 131（二）
薛逢羸马…………………… 120（四）
薛笺成彩…………………… 155（三）
学士登瀛…………………… 183（一）
学士焚鱼…………………… 054（一）
雪夜擒蔡…………………… 111（三）
荀息累卵…………………… 204（五）
恂留河内…………………… 007（二）
循良伏湛…………………… 108（一）

【Y】

雅量刘宽…………………… 104（一）
延祖鹤立…………………… 130（五）
延祖弃官…………………… 105（四）
严武称奇…………………… 041（一）
阎敞还钱…………………… 120（一）
颜回练马…………………… 153（二）
颜狂莫及…………………… 039（二）
颜驷为郎…………………… 172（三）
颜子非愚…………………… 056（五）
衍愤飞霜…………………… 158（三）
彦升白简…………………… 171（一）
彦升非少…………………… 228（六）
晏能处己…………………… 080（一）
晏婴能俭…………………… 112（四）
燕姞梦兰…………………… 109（一）
燕投张说…………………… 195（一）
燕子楼头…………………… 210（四）
鞅更秦法…………………… 082（一）
扬雄法言…………………… 094（五）
羊祜探环…………………… 110（三）
羊祜推诚…………………… 185（二）
羊侃水斋…………………… 072（三）
羊殖益上…………………… 091（三）
阳城缓征（徵）………… 186（一）
阳公麾日…………………… 115（二）
阳孝尊忠…………………… 013（三）
阳雍五璧…………………… 079（一）
杨宝掌环…………………… 112（三）
杨亿鹤蜕…………………… 078（二）
杨亿蒙谗…………………… 228（三）
杨忆石淙…………………… 023（一）
杨咏楼头…………………… 205（五）
杨震四知…………………… 027（一）
炀帝龙舟…………………… 198（二）
尧眉八彩…………………… 003（三）
邺令投巫…………………… 064（五）
邺仙秋水…………………… 005（四）
一钱诛吏…………………… 043（五）
伊川传易…………………… 032（一）

伊尹耕莘…………………… 081（一）
衣芦闵损…………………… 164（三）
仪狄造酒…………………… 190（三）
以牛易马…………………… 088（一）
颉容王导…………………… 099（三）
倚闾贾母…………………… 013（四）
义府题乌…………………… 058（一）
义伦清节…………………… 010（四）
义士田横…………………… 177（四）
义勇云（雲）长…………… 158（一）
异人彦博…………………… 166（三）
易布三爻…………………… 132（四）
易操守剑…………………… 226（五）
易牙调味…………………… 217（四）
弈宽李讷…………………… 147（二）
奕世貂珥…………………… 148（二）
羿雄射日…………………… 158（二）
殷号风流…………………… 204（二）
殷室三仁…………………… 079（四）
殷羡投函…………………… 222（一）
寅陈七策…………………… 026（三）
隐翁龚胜…………………… 146（三）
隐之卖犬…………………… 034（五）
印屏王氏…………………… 190（五）
婴扶赵武…………………… 164（五）
鹦鹉琵琶…………………… 156（三）
鹦鹉诵经…………………… 194（二）
应融丸药…………………… 119（四）
营军细柳…………………… 169（二）
佣书德润…………………… 179（三）
邕嗜疮痂…………………… 155（二）
雍友杨师…………………… 044（五）
永和拥卷…………………… 052（五）
勇尚孟贲…………………… 095（二）
优孟衣冠…………………… 101（二）
由餐藜藿…………………… 225（四）
鱼山警植…………………… 021（四）
渔人鹬蚌…………………… 065（五）
瑜烧赤壁…………………… 161（一）
虞卿著书…………………… 055（二）
虞诩易服…………………… 150（三）
羽救巨鹿…………………… 119（二）
羽扇纶巾…………………… 087（三）
禹偁敏赡…………………… 222（二）
禹承虞舜…………………… 136（一）
禹钧五桂…………………… 071（三）
禹梦玄彝…………………… 026（二）
庾亮南楼…………………… 203（三）
玉署贮贤…………………… 126（二）
彧臣曹操…………………… 116（四）
预识卢储…………………… 054（三）
御车泰豆…………………… 166（一）
毓会窃饮…………………… 036（三）
豫让吞炭…………………… 125（三）
渊材五恨…………………… 105（一）
渊明赏菊…………………… 074（五）
元发（發）疏狂…………… 170（三）
元方二难…………………… 107（一）
元龙湖海…………………… 118（三）
元鲁青箱…………………… 171（二）
元性成刀…………………… 143（一）
元载鲛绡…………………… 129（五）
袁安卧雪…………………… 089（四）
袁耽掷帽…………………… 202（三）

袁闳土室……………………… 072（二）
圆观三生……………………… 183（五）
愿归盘谷……………………… 022（四）
乐广杯蛇……………………… 153（三）
乐羊七载……………………… 017（四）
说相殷高……………………… 136（二）
允诛董卓……………………… 028（二）
蕴古详箴……………………… 215（四）

【Z】

臧谷亡羊……………………… 163（三）
曾除丁谓……………………… 007（四）
曾辞温饱……………………… 107（二）
曾圃误耘……………………… 090（五）
曾参务益……………………… 101（五）
宅相魏舒……………………… 052（四）
展获和风……………………… 011（一）
占风令尹……………………… 011（二）
张绰剪蝶……………………… 193（四）
张纲埋轮……………………… 083（一）
张翰思鲈……………………… 059（四）
张侯化石……………………… 060（六）
张华龙鲊……………………… 104（四）
张禄绨袍……………………… 136（四）
张巡军令……………………… 091（一）
张仪折竹……………………… 139（三）
张瞻炊臼……………………… 095（五）
章泣牛衣……………………… 048（二）
赵苞弃母……………………… 069（四）
赵抃携鹤……………………… 059（三）
赵别雌雄……………………… 008（二）
赵鼎倔强……………………… 060（四）
赵壹非常……………………… 172（一）
镇周赠帛……………………… 053（二）
争死孔褒……………………… 137（三）
郑国穿渠……………………… 051（一）
郑号鹧鸪……………………… 064（一）
郑弘还箭……………………… 142（五）
郑家诗婢……………………… 066（二）
郑珏一麻……………………… 153（一）
郑虔贮柿……………………… 130（三）
郑侠呈图……………………… 064（三）
脂习临丧……………………… 162（一）
直笔董狐……………………… 060（三）
直笔吴兢……………………… 063（一）
直言解发（髲）…………… 045（一）
直言唐介……………………… 103（四）
止雹王崇……………………… 010（一）
志和耽钓……………………… 184（三）
郅恽拒关……………………… 111（二）
质愿亲贤……………………… 122（一）
忠臣洪皓……………………… 177（三）
忠武具奠……………………… 169（四）
忠贞古弼……………………… 167（一）
终军弃繻……………………… 061（三）
钟会窃剑……………………… 214（一）
钟子聆音……………………… 218（一）
仲举不凡……………………… 229（一）
仲淹复（復）姓…………… 189（二）
仲子非廉……………………… 225（三）
周勃安刘……………………… 200（一）
周师猿鹄……………………… 041（四）
周术茹芝……………………… 037（一）
周兄无慧……………………… 031（二）

周曰期期…………………… 041（三）
朱亥雄奇…………………… 028（五）
朱穆专愚…………………… 060（五）
朱熹正学…………………… 074（三）
朱邑爱民…………………… 080（四）
朱云折槛…………………… 050（三）
蠋耻臣昭…………………… 129（一）
篆推史籀…………………… 208（一）
庄梦髑髅…………………… 203（五）
庄生蝴蝶…………………… 098（三）
庄周鼓盆…………………… 096（一）
庄子涂龟…………………… 037（三）
壮心处仲…………………… 141（三）
准（準）策澶渊…………… 119（三）
准（準）题华岳…………… 076（三）
捉鼻谢安…………………… 104（三）
捉刀曹操…………………… 121（二）
卓敬冯虎…………………… 068（五）
子昂碎琴…………………… 214（四）
子房辟谷（穀）…………… 046（四）
子将月旦…………………… 202（五）
子晋牧豕…………………… 067（一）
子荆爽迈…………………… 142（一）
子敬青毡…………………… 122（五）
子尼名士…………………… 008（五）
子史须通…………………… 002（四）
子寿飞奴…………………… 062（五）
子推相荆…………………… 189（一）
子夏更冠…………………… 103（三）
子猷啸咏…………………… 147（四）
紫芝眉宇…………………… 036（一）
宗孟银鱼…………………… 051（五）
宗仪辍耕…………………… 184（四）
纵饮公荣…………………… 190（二）
祖逖南塘…………………… 173（三）
祖逖闻鸡…………………… 069（三）
祖莹称圣…………………… 035（四）
祖咏彭城…………………… 187（四）
遵彦龙文…………………… 092（四）
左慈掷杯…………………… 073（四）
左思三赋…………………… 219（一）
佐卿化鹤…………………… 061（四）
坐隐王郎…………………… 168（二）

龙文鞭影二集

【A】

阿馀得矛…………………… 400（三）
爱信乐正…………………… 244（一）
安期食枣…………………… 357（二）
安期推枰…………………… 380（六）
安石授扇…………………… 260（三）
安石须（鬚）虱…………… 390（四）
傲客王恬…………………… 416（一）

【B】

八相萧家……………………… 357（五）
八州陶侃……………………… 414（四）
白救汾阳……………………… 372（五）
白马张湛……………………… 280（五）
白嫌负贺……………………… 374（四）
白衣尚书……………………… 270（三）
百口保混……………………… 372（六）
百纸参军……………………… 305（五）
拜剑审知……………………… 265（三）
颁国六条……………………… 342（四）
版镌茗玉……………………… 350（六）
伴食宰相……………………… 310（四）
邦昌登楼……………………… 397（四）
包号阎罗……………………… 356（四）
保安千缣……………………… 417（四）
鲍妇挽车……………………… 272（四）
鲍永皂襜……………………… 416（三）
悲感徐广……………………… 286（五）
备棕刚峰……………………… 244（四）
笔涂赵普……………………… 316（六）
毕称颇牧……………………… 344（三）
闭门汜腾……………………… 389（三）
弼给弱马……………………… 365（三）
弼使强虏……………………… 315（三）
避甓主司……………………… 262（三）
边名菩萨……………………… 356（三）
边让襜褕……………………… 277（三）
辨李王戎……………………… 234（三）
表圣坠笏……………………… 322（三）
丙宽魏严……………………… 414（一）
秉三不惑……………………… 261（五）
伯鱼有私……………………… 254（四）
伯鱼挝翁……………………… 240（五）
伯宗药箭……………………… 373（二）
擘妖钟馗……………………… 260（六）
卜式羊肥……………………… 266（二）
不疑盗嫂……………………… 240（四）
不忠李勣……………………… 251（二）

【C】

蔡琰辨弦……………………… 332（五）
蔡邕骇琴……………………… 402（一）
蔡占白鼠……………………… 245（五）
参军消殷……………………… 309（一）
参政鱼头……………………… 401（四）
苍体若瓠……………………… 343（二）
苍鹰郅都……………………… 280（六）
藏龟苻坚……………………… 331（二）
单于配狼……………………… 364（四）
长康布帆……………………… 419（四）
长康翳柳……………………… 348（二）
长倩馈丝……………………… 260（四）
钬建珠殿……………………… 349（五）
敞短文忠……………………… 236（四）
彻说淮阴……………………… 406（一）
撤关胡疠……………………… 389（二）
琛作银槽……………………… 350（一）
尘甑范冉……………………… 280（一）
沉刀郭翻……………………… 315（二）
陈茂诃风……………………… 233（四）
陈平食糠……………………… 374（一）
陈咸触屏……………………… 387（三）

陈诩牡丹…………………… 321（一）
成匿固孤…………………… 275（一）
呈章刘瑾…………………… 416（四）
诚正元晦…………………… 295（二）
程松献姬…………………… 261（四）
程主讲席…………………… 333（三）
痴人破瓮…………………… 316（二）
痴翁廷直…………………… 342（五）
饬儿还椹…………………… 237（五）
充隐皇甫…………………… 370（五）
虫号怪哉…………………… 293（一）
崇圣太祖…………………… 366（二）
筹赈戴浩…………………… 399（四）
出妻大逊…………………… 339（一）
除毒异剑…………………… 350（二）
除棘还瓜…………………… 362（四）
杵臼似鼠…………………… 336（五）
楚王吞蛭…………………… 345（二）
楚野辩女…………………… 275（四）
楚子投醪…………………… 348（一）
褚医腹鸡…………………… 286（二）
褚渊励节…………………… 346（五）
触石菜佣…………………… 247（四）
传诗辕固…………………… 242（五）
垂诫沕石…………………… 414（二）
纯仁忠恕…………………… 304（五）
辞璧崔挺…………………… 353（一）
辞吊思谦…………………… 415（三）
辞饷穆修…………………… 395（四）
慈母公义…………………… 364（一）
刺称触触…………………… 301（三）
刺仇景清…………………… 381（六）
赐绢胡质…………………… 303（一）
赐绢羞臣…………………… 300（四）
从难王达…………………… 240（二）
促侄贩葱…………………… 238（一）
巑之蒙谗…………………… 420（三）
崔比王谢…………………… 398（四）
崔家共宅…………………… 344（一）
崔剖瘤雀…………………… 286（一）
崔琦忤冀…………………… 311（三）
存勖三矢…………………… 419（一）

【D】

达道赋犬…………………… 284（三）
大器苏轼…………………… 391（一）
大乔小乔…………………… 338（三）
大言桃豹…………………… 324（一）
代妃摩笄…………………… 285（一）
代赎端第…………………… 366（四）
啖饼刘晏…………………… 237（三）
澹泉进履…………………… 300（五）
盗琶黑黑…………………… 234（四）
盗书杨玠…………………… 406（二）
盗畏来整…………………… 418（二）
盗降耿纯…………………… 303（四）
悼夫箜篌…………………… 397（二）
道济掷帻…………………… 268（六）
道士画鹤…………………… 340（五）
道宗被殴…………………… 385（三）
得得和尚…………………… 255（四）
德颂二冯…………………… 233（二）
德裕试茶…………………… 363（三）
登床常侍…………………… 262（二）

登山羊祜…………………… 256（一）
狄青钉钱…………………… 330（二）
狄青天使…………………… 360（四）
敌畏长孙…………………… 310（一）
抵肉李充…………………… 237（四）
帝谒伽蓝…………………… 410（五）
丁卜黄蜂…………………… 246（一）
丁谓符谶…………………… 337（四）
东昏畏妃…………………… 257（五）
东桑跨鹤…………………… 354（二）
斗（鬥）雷孤延…………… 333（二）
斗耻趋王…………………… 363（五）
窦子赤瞳…………………… 235（三）
都护怖儿…………………… 256（四）
独孤侧帽…………………… 310（二）
读勃明帝…………………… 375（二）
读卷王沔…………………… 381（一）
读疏宣庙…………………… 249（二）
赌姬严续…………………… 242（一）
杜辞选倡…………………… 368（四）
杜牧罪言…………………… 318（四）
杜索紫云（雲）…………… 309（五）
杜微诈聋…………………… 241（二）
杜佑驾驷…………………… 400（四）
段乐沉身…………………… 298（二）
断鞘郭宪…………………… 355（一）
对策刘显…………………… 254（一）
对铭希镜…………………… 393（四）
对水蠢吏…………………… 248（四）
敦洽忤楚…………………… 283（二）
夺剑张陵…………………… 390（一）
堕榻裴遐…………………… 360（一）

【E】

娥呼如愿…………………… 407（一）
扼吭立信…………………… 306（六）
二犬对谈…………………… 413（二）

【F】

藩王举手…………………… 302（一）
樊哙横行…………………… 379（六）
樊哙排闼…………………… 258（五）
樊英噘水…………………… 250（五）
反赠熙载…………………… 395（三）
范滂投版…………………… 380（五）
范岂徇名…………………… 378（二）
范宣受绢…………………… 326（二）
范一笔勾…………………… 401（二）
范缜辟佛…………………… 295（四）
方叔下第…………………… 354（四）
方朔献草…………………… 358（六）
放苏出头…………………… 393（三）
分痛灼艾…………………… 389（四）
汾阳额光…………………… 366（一）
焚车阮裕…………………… 350（四）
焚券收债…………………… 348（四）
封绫秀实…………………… 351（四）
逢吉八关…………………… 326（一）
佛图涤肠…………………… 364（六）
敷辨梨楂…………………… 361（二）
福请抑霍…………………… 386（四）
抚枕桓温…………………… 317（三）
府尹声雄…………………… 239（四）
辅折余深…………………… 403（二）

负局先生…………………… 377（一）
负主秀夫…………………… 276（二）
傅翙清勤…………………… 305（一）
傅霖别咏…………………… 327（四）
覆镜郭璞…………………… 241（五）
覆舟尧夫…………………… 281（四）

【G】

改陂唐王…………………… 375（三）
改姓陶谷…………………… 391（三）
改韵冯京…………………… 381（二）
甘宁锦缆…………………… 419（三）
高帝踞床…………………… 368（二）
高却献妇…………………… 368（三）
高辛嫁犬…………………… 364（三）
高允矫矫…………………… 377（四）
高重杜房…………………… 374（三）
高祖蛛庙…………………… 396（一）
睾通异弩…………………… 238（二）
工佞思止…………………… 367（二）
巩申放雀…………………… 278（二）
珙相道衍…………………… 405（六）
遘勤扶掖…………………… 380（一）
谷（穀）食难收………………… 394（三）
鼓琴桓谭…………………… 411（六）
鼓棹张禹…………………… 302（三）
顾令判牛…………………… 395（二）
顾飏赠褶…………………… 415（四）
挂帻易雄…………………… 235（五）
关澥钓鳖…………………… 273（二）
观察鹘眼…………………… 401（三）
馆号逍遥…………………… 339（六）
管辂画地…………………… 234（六）
管通鹊语…………………… 314（四）
鹳雀裴宽…………………… 320（二）
光逢玉尺…………………… 366（六）
龟蒙斗（鬥）鸭………………… 361（五）
鬼怖螃蟹…………………… 352（二）
鬼迓韩擒…………………… 408（三）
鬼赠珠袍…………………… 349（二）
刽子贡父…………………… 331（三）
贵妃剪发（髮）………………… 256（五）
郭亮营葬…………………… 367（四）
郭璞活马…………………… 245（一）
国忠香阁…………………… 384（一）
裹饭子舆…………………… 271（三）
裹巾辱吏…………………… 300（三）

【H】

韩陈四事…………………… 406（四）
韩驱五鬼…………………… 264（一）
韩心王室…………………… 384（五）
韩亿索杖…………………… 387（二）
汉帝渡冰…………………… 388（四）
汉姬人彘…………………… 357（六）
汉间范增…………………… 392（一）
汉如敌国…………………… 376（三）
汉王颁露…………………… 237（一）
汉王尊鼎…………………… 260（一）
沆读论语…………………… 399（二）
沆口如匏…………………… 343（三）
浩然遭放…………………… 250（三）
浩叹羊祜…………………… 378（三）
暤略送迎…………………… 380（二）

何称学海…………………… 279（四）
何存信后（後）…………… 274（四）
何何尊师…………………… 255（五）
和尚竖指…………………… 364（五）
劾嵩继盛…………………… 411（三）
贺诗投溷…………………… 371（五）
衡志超凡…………………… 419（六）
弘景盘桓…………………… 323（二）
红线盗盒…………………… 312（五）
宏霸指染…………………… 340（三）
侯瑾燃柴…………………… 288（四）
候编仄韵…………………… 421（一）
呼钱葛玄…………………… 318（二）
胡广柔媚…………………… 409（一）
胡广饲猪…………………… 278（三）
画虎卫凶…………………… 246（七）
画狮光宝…………………… 358（四）
怀橘陆绩…………………… 234（二）
怀清巴妇…………………… 255（二）
怀贞号爹…………………… 359（三）
桓悲杨柳…………………… 246（二）
唤雷迁韶…………………… 337（三）
皇别父儿…………………… 258（四）
诙谐郑綮…………………… 296（五）
徽宗封马…………………… 342（一）
讳名田登…………………… 391（四）
诲让德容…………………… 244（二）
绘马子华…………………… 358（五）
恚贺公鲁…………………… 415（二）
混填神弓…………………… 238（三）
魂摄李邕…………………… 249（一）
火煅颠仙…………………… 332（三）
火炙陈暄…………………… 317（一）
霍光无术…………………… 298（五）

【J】

击钵催诗…………………… 253（三）
击蛇刘裕…………………… 331（一）
击瓮君实…………………… 369（一）
机汜学恭…………………… 238（五）
嵇康灭烛…………………… 276（三）
嵇七不堪…………………… 411（二）
及之由窦…………………… 315（五）
疾恶伯厚…………………… 266（三）
集续汉冲…………………… 232（二）
记曲红红…………………… 234（五）
记撰搜神…………………… 299（五）
妓号称心…………………… 407（二）
季长绣囊…………………… 367（一）
季龙沉璧…………………… 277（六）
继善种珠…………………… 278（一）
冀妻妖态…………………… 327（六）
勣若长城…………………… 376（四）
蛱蝶讥收…………………… 400（一）
奸相斫榴…………………… 395（六）
剪马高欢…………………… 324（四）
简当祖禹…………………… 300（一）
荐羊致富…………………… 246（六）
荐侄蒙正…………………… 299（二）
江东三岑…………………… 403（六）
江湛浣衣…………………… 268（五）
将军禳鬼…………………… 256（三）
奖善元晖…………………… 266（四）
蒋乂诵图…………………… 282（四）

截耳胡女…………………… 282（五）
解厄严四…………………… 412（一）
借书还瓻…………………… 261（二）
金陵茅君…………………… 304（四）
晋将茗瘕…………………… 355（三）
荆妃孕铁…………………… 374（六）
精博景珍…………………… 300（二）
景公治海…………………… 356（一）
景让擎杯…………………… 291（二）
景山甘雨…………………… 386（六）
景宗思猎…………………… 269（六）
警恶奇刀…………………… 350（三）
警睡投签…………………… 414（三）
敬德夺矟…………………… 400（二）
敬容背焦…………………… 340（四）
救帝诚意…………………… 276（一）
居翰改诏…………………… 419（七）
举子曹彬…………………… 299（三）
均赋韩休…………………… 399（五）
君谟啮镞…………………… 349（三）
君谟修桥…………………… 338（一）
钧书蝇字…………………… 269（四）
钧弹常侍…………………… 323（三）
浚沮武穆…………………… 236（三）

【K】

渴睡状元…………………… 310（五）
克渊梦槐…………………… 288（六）
刻凤公输…………………… 279（三）
孔奂神君…………………… 306（三）
孔觊辞米…………………… 378（五）
扣镮道辅…………………… 244（三）
枯骨袁术…………………… 331（五）
哭庙刘谌…………………… 408（五）
库狄杖吏…………………… 257（四）
夸父追日…………………… 286（三）
狂词王直…………………… 346（三）
狂士仲交…………………… 343（一）
狂笑晏婴…………………… 378（四）
邝露抱琴…………………… 408（一）
况钟治苏…………………… 279（一）
亏孝刘邦…………………… 251（三）

【L】

蜡屐阮孚…………………… 280（二）
莱妻弃畚…………………… 272（三）
牢不及帝…………………… 363（四）
老媪磨针…………………… 405（一）
老媪泣乐…………………… 266（五）
老媪投牒…………………… 298（三）
冷谦隐瓶…………………… 385（二）
黎邱奇鬼…………………… 243（二）
礼贤希宪…………………… 415（六）
李崇俭约…………………… 362（一）
李傅晶斧…………………… 322（一）
李广被诃…………………… 354（一）
李广数奇…………………… 263（二）
李潘批敕…………………… 356（五）
李晟绣帽…………………… 416（二）
李献六箴…………………… 406（五）
李巽席帽…………………… 323（五）
李益妒痴…………………… 265（一）
李邕六绝…………………… 322（五）
李祐胆落…………………… 396（五）

李章移鱼…………………… 273（三）
李子射蛟…………………… 345（三）
俚语柳浑…………………… 314（三）
理宗思贤…………………… 329（二）
沥觞仁轨…………………… 281（三）
隶事王摛…………………… 254（二）
詈贼惜惜…………………… 330（五）
廉公号孟…………………… 325（三）
廉宦一骢…………………… 236（二）
良将五鸽…………………… 236（一）
良器书衫…………………… 418（五）
良孙盗文…………………… 304（二）
良佐去矜…………………… 392（三）
梁媛高行…………………… 247（五）
梁主焚书…………………… 273（五）
两马相骂…………………… 413（一）
谅辅祷雨…………………… 233（三）
辽主帝羓…………………… 358（一）
疗疾觅藤…………………… 389（五）
疗足元晦…………………… 365（一）
廖凝挈瓢…………………… 339（四）
裂服张咏…………………… 235（四）
林宗和靖…………………… 334（三）
临江曹丕…………………… 256（二）
临濑木魅…………………… 382（一）
伶人谑史…………………… 308（五）
令孜称父…………………… 359（二）
刘比吕包…………………… 344（四）
刘钬疑酒…………………… 401（五）
刘非求媚…………………… 378（一）
刘概拍栏…………………… 319（一）
刘弘一纸…………………… 417（三）
刘焕乘牛…………………… 400（五）
刘琎恭兄…………………… 377（三）
刘慨三同…………………… 241（四）
刘夸茉莉…………………… 320（五）
刘沔双烛…………………… 347（二）
刘器吕范…………………… 346（一）
刘氏一庖…………………… 344（二）
刘蜕埋文…………………… 306（五）
刘晏携帘…………………… 415（五）
刘赞吞龟…………………… 263（四）
柳骂三尸…………………… 264（二）
柳清第一…………………… 250（一）
柳遇雨工…………………… 243（五）
柳恽捶琴…………………… 404（四）
六经九成…………………… 379（四）
六阙杨炎…………………… 414（五）
龙褒趁韵…………………… 304（一）
龙友颂鸡…………………… 284（四）
卢三改注…………………… 401（一）
虏劫浑瑊…………………… 418（三）
虏重司马…………………… 309（六）
鲁国义姑…………………… 275（五）
陆绩载石…………………… 339（三）
陆家双璧…………………… 274（二）
陆贾新语…………………… 318（三）
陆生分餐…………………… 326（五）
陆云（雲）笑疾…………… 264（五）
禄山咏桃…………………… 348（三）
戮卒公弼…………………… 288（一）
吕锜伏弢…………………… 349（四）
吕玮诉神…………………… 295（五）
罗威饲犊…………………… 410（二）

罗学龟山…………………… 327（一）
裸示彦回 …………………… 292（二）
骆驼诮画…………………… 399（六）

【M】

麻面赵孟…………………… 267（四）
马后练裙…………………… 307（五）
马璘祖勋…………………… 309（三）
马燧披襟…………………… 404（二）
马绎仙联…………………… 334（二）
埋帖太宗…………………… 249（三）
卖卜季主…………………… 376（一）
卖散文子…………………… 376（五）
卖诗万顷…………………… 414（六）
毛仲嫁女…………………… 413（三）
茂德露裈…………………… 310（三）
茂宏举扇…………………… 418（四）
梅传植菜…………………… 351（二）
梅香窦臭…………………… 275（二）
媚臣訾树…………………… 395（五）
扪膝汝砺…………………… 311（一）
扪赘佛印…………………… 336（一）
蒙正非执…………………… 254（三）
孟宗吐饭…………………… 351（六）
弭盗公亮…………………… 388（五）
谧耻饯梁…………………… 374（五）
面壁王述…………………… 359（六）
苗振绷孩…………………… 291（四）
民爱贾逵…………………… 258（二）
民拜骆驼…………………… 352（三）
民争杜衍…………………… 303（三）
闵祖子骞…………………… 334（四）
明复（復）娶妻…………… 285（三）
明皇放蝶…………………… 373（四）
明皇还带…………………… 396（三）
明皇貌瘦…………………… 412（三）
明锐韩愈…………………… 232（五）
铭捽内官…………………… 323（四）
缪肜自挝…………………… 358（三）
摸碑子钦…………………… 406（三）
摩顶守坚…………………… 336（二）
母杖尧咨…………………… 263（六）
母逐怀恩…………………… 317（五）
木马段晖…………………… 268（一）
穆之金盘…………………… 323（六）

【N】

拟帝桓灵…………………… 386（三）
匿表钦若…………………… 312（三）
廿字郇模…………………… 280（四）
鸟名希有…………………… 292（五）
啮指霁云（雲）…………… 307（一）
牛宏爱弟…………………… 377（二）
弄臣邓通…………………… 239（二）
女遗螺壳…………………… 239（五）
女渍六男…………………… 409（四）

【O】

欧公白耳…………………… 235（二）

【P】

潘妃鸾钗…………………… 289（四）
庞淯临丧…………………… 367（五）
袍赐全斌…………………… 296（四）

裴侠独立…………………… 379（五）
配享拗相…………………… 417（一）
喷饭为蜂…………………… 248（三）
烹狐茂先…………………… 335（四）
彭城两到…………………… 403（五）
丕曜佯哑…………………… 241（一）
篇承古度…………………… 232（一）
骈贯双雕（鵰）…………… 340（二）
平公墨墨…………………… 388（一）
平叔鼻蝇…………………… 390（五）
扑河金铉…………………… 408（四）
濮真剖心…………………… 402（五）
普惜国法…………………… 257（二）

【Q】

妻唾冯邈…………………… 263（五）
栖楚叩墀…………………… 259（一）
齐君投壶…………………… 281（二）
齐邱画灰…………………… 293（三）
齐贤啖豚…………………… 314（一）
麒麟杜广…………………… 320（一）
乞师荀灌…………………… 353（三）
起宗削柳…………………… 285（四）
气相王锷…………………… 248（六）
弃蔬鲍焦…………………… 336（四）
掐鼻王澄…………………… 392（五）
洽五无欺…………………… 262（一）
千轴柳开…………………… 291（六）
钱镠骨法…………………… 305（二）
钱镠射潮…………………… 341（四）
钱镠铁券…………………… 287（五）
钱起神句…………………… 334（一）
钱唐袒胸…………………… 247（二）
钱颤铁肝…………………… 321（三）
强项董宣…………………… 332（一）
巧诈子扬…………………… 367（三）
窃画桓元…………………… 313（三）
窃书逸少…………………… 329（三）
秦桧进鱼…………………… 271（一）
秦桧十客…………………… 253（四）
秦王击缶…………………… 281（一）
秦王水殿…………………… 325（一）
琴撞魏侯…………………… 399（一）
青钱学士…………………… 270（二）
青诵春秋…………………… 399（三）
清呼一叶（葉）…………… 233（一）
清虚挂冠…………………… 322（四）
清言卫玠…………………… 314（二）
黥布就刑…………………… 385（四）
囚工蹑绳…………………… 390（三）
驱雀顾欢…………………… 319（五）
屈到嗜芰…………………… 288（五）
劝课龚遂…………………… 405（二）
缺唇雄飞…………………… 267（五）
却布黎淳…………………… 303（二）
群夸美庄…………………… 371（二）

【R】

染髭天泽…………………… 290（三）
让韩独步…………………… 393（二）
仁贵免胄…………………… 404（一）
仁贵虓将…………………… 394（四）
仁凯窃鞋…………………… 289（六）
仁宗惺惺…………………… 388（二）

刃婢张后…………………… 369（五）
任请防水…………………… 283（四）
任智无双…………………… 250（二）
荣赐达坊…………………… 366（五）
融无第宅…………………… 294（五）
肉啖来贼…………………… 327（二）
汝霖围棋…………………… 262（五）
乳母守义…………………… 312（一）
入祀权阉…………………… 417（二）
阮孚一钱…………………… 333（六）
阮女乏容…………………… 248（一）
若水饯班…………………… 327（五）

【S】

三耳秀才…………………… 294（二）
三公解嘲…………………… 345（一）
三狗魏室…………………… 338（四）
三后梁氏…………………… 357（四）
三爵刘表…………………… 284（一）
三史安道…………………… 379（三）
三事国桢…………………… 383（一）
三畏名斋…………………… 289（二）
三言苏轼…………………… 280（三）
三语为掾…………………… 297（四）
三旨相公…………………… 234（一）
散豆赚婢…………………… 375（四）
杀妾齐姜…………………… 369（六）
山谷彩缸…………………… 251（五）
善辩张松…………………… 246（五）
单父种花…………………… 359（一）
商论乔梓…………………… 361（一）
觞酒木妓…………………… 264（三）
上官马瘦…………………… 266（一）
少君乘骡…………………… 354（三）
邵谒遭扑…………………… 353（五）
社因王罢…………………… 380（三）
射奸沈练…………………… 381（五）
射子羊侃…………………… 320（三）
深源万拜…………………… 268（二）
神酬玉枕…………………… 349（一）
神父叔阳…………………… 364（二）
沈怒驱蚊…………………… 308（二）
生寄鹅笼…………………… 240（一）
晟慕魏征（徵）…………… 393（一）
尸暴侯奸…………………… 327（三）
师旷骏马…………………… 249（四）
十策师亮…………………… 382（五）
十族诛方…………………… 373（一）
石醋求幡…………………… 313（一）
石主芙蓉…………………… 246（三）
实卖牛衣…………………… 269（五）
食鬼尺郭…………………… 260（五）
士瞻百袴…………………… 333（五）
示儿康节…………………… 381（三）
世忠跨驴…………………… 272（二）
侍中口臭…………………… 369（三）
试子夷简…………………… 242（三）
轼折辽使…………………… 308（三）
释碑延休…………………… 393（五）
手重贻讥…………………… 267（三）
守珪置酒…………………… 262（四）
守约捕蝉…………………… 335（二）
受蒜闵贡…………………… 336（三）
书扇偿逃…………………… 348（五）

书诵骂鬼…………………… 299（四）
书帖敬德…………………… 265（二）
叔隗季隗…………………… 338（二）
疏氏改束…………………… 252（三）
署考唐临…………………… 405（三）
蜀女化蚕…………………… 410（一）
束皙辨简…………………… 282（三）
庶女衔冤…………………… 312（二）
水浇醉吏…………………… 332（二）
顺帝挑河…………………… 356（二）
说梦鹦鹉…………………… 398（二）
说易朝恩…………………… 312（四）
朔识驺牙…………………… 363（一）
司马拜林…………………… 407（四）
思称巧丙…………………… 301（五）
思邈医龙…………………… 245（二）
思肖题兰…………………… 321（五）
四如给事…………………… 233（五）
四乳都督…………………… 294（一）
四铁御史…………………… 305（四）
四友题署…………………… 289（一）
似道斗（鬥）蟋…………… 270（四）
嗣宗毁庙…………………… 337（六）
宋弘秉操…………………… 347（一）
宋后卜棋…………………… 260（二）
宋人投马…………………… 393（六）
宋陷仁肇…………………… 391（五）
诵易薛瑄…………………… 334（六）
搜罗子史…………………… 232（三）
苏蕙织锦…………………… 332（四）
苏颋吹灶…………………… 252（一）
隋帝引镜…………………… 273（四）
隋主火山…………………… 325（二）
碎碑陈敏…………………… 389（六）
碎车道穆…………………… 271（四）
碎牒王韶…………………… 341（二）
碎衣陈禾…………………… 355（二）
孙忭更名…………………… 383（三）
孙堪缓趋…………………… 277（五）
孙权斫案…………………… 318（五）
孙山答友…………………… 291（三）
孙侍经筵…………………… 333（四）
缩葱侍郎…………………… 372（三）
索诗苏轼…………………… 334（五）
索帖元章…………………… 368（六）

【T】

踏曲杖尼…………………… 264（四）
太尉足香…………………… 369（四）
太祖岸帻…………………… 368（一）
太祖毁床…………………… 371（四）
太祖祝杯…………………… 294（四）
贪夫攫金…………………… 402（三）
惔屈孙盛…………………… 245（三）
弹桧澹庵…………………… 411（四）
弹棉宰相…………………… 372（二）
弹婿敏中…………………… 242（四）
叹叱薛奎…………………… 286（六）
叹足昌言…………………… 311（二）
唐帝罢围…………………… 270（一）
唐相酒魔…………………… 355（四）
陶安应谣…………………… 337（五）
陶公限饮…………………… 326（四）
陶谷易眼…………………… 307（二）

陶侃手纹…………………… 305（三）
陶侃一涵…………………… 419（二）
滕屠郑酤…………………… 275（三）
剔目房妻…………………… 283（一）
题榜仲将…………………… 370（二）
剃眉渊材…………………… 290（四）
帖误枇杷…………………… 360（三）
亭号半闲…………………… 328（三）
通定朝仪…………………… 257（三）
通易吕蒙…………………… 243（一）
同甫斩马…………………… 313（四）
佟之水淫…………………… 405（五）
童伯贪婪…………………… 409（二）
痛妃筚篥…………………… 397（一）
头闲触怒…………………… 267（二）
投杯李纶…………………… 302（四）
投河丐子…………………… 247（三）
投书丁谓…………………… 341（一）
投枣报栗…………………… 362（三）
图唤真真…………………… 301（四）
屠伯延年…………………… 331（四）
彖慨矮屋…………………… 371（一）
推衣思革…………………… 271（二）
吞纸朱詹…………………… 415（一）
托佣小娥…………………… 353（四）
侂胄四姬…………………… 253（五）
唾盘成鲤…………………… 248（二）
唾图妃子…………………… 302（五）
唾砚仁轨…………………… 368（五）

【W】

完粹李侗…………………… 232（六）
玩月知微…………………… 269（三）
玩之躧屐…………………… 268（四）
万卷杜镐…………………… 291（五）
亡羊王育…………………… 319（四）
王察蚁言…………………… 314（五）
王澄逃杖…………………… 373（六）
王德夜叉…………………… 360（五）
王好驴鸣…………………… 382（四）
王济豪奢…………………… 362（二）
王琎埋羹…………………… 378（六）
王濬三刀…………………… 347（三）
王莽买婢…………………… 261（三）
王梦罗汉…………………… 410（四）
王女产囊…………………… 375（一）
王烹云（雲）母…………… 243（四）
王省伐鼓…………………… 407（五）
王氏三珠…………………… 274（三）
王晞辞职…………………… 319（二）
王校同庚…………………… 379（二）
王衍三窟…………………… 325（五）
王子辞李…………………… 403（三）
韦丹赎鼋…………………… 311（六）
为崇宗三…………………… 412（二）
惟吉不肖…………………… 305（六）
伟度王曾…………………… 391（二）
委珠子阿…………………… 353（二）
卫母抚雉…………………… 409（五）
味道贺雪…………………… 290（一）
畏风满奋…………………… 333（一）
魏帝逼虹…………………… 237（二）
魏侯冒雨…………………… 388（三）
魏舒领袖…………………… 277（二）

魏主求智…………………… 293（四）
文德啮被…………………… 291（一）
文帝好学…………………… 329（一）
文靖端凝…………………… 384（四）
文渊薏苡…………………… 282（一）
文正断齑…………………… 285（五）
文忠奏事…………………… 287（一）
文子击霓…………………… 286（四）
问字载酒…………………… 261（一）
翁巧掷剑…………………… 390（二）
窝名安乐…………………… 339（五）
卧云（雲）师复（復）…… 269（二）
无垢倚窗…………………… 252（二）
无己拥被…………………… 404（三）
无言抡魁…………………… 292（四）
吴雷割筋…………………… 307（三）
吴猛渡江…………………… 251（一）
吴人卖呆（獃）………… 293（五）
吴祐返责…………………… 358（二）
五彪明朝…………………… 338（五）
五经扫地…………………… 330（三）
武帝焚裘…………………… 396（四）
武帝驾羊…………………… 373（五）
武帝碎枕…………………… 371（三）
武帝探策…………………… 294（三）
武都山精…………………… 382（二）
武后怯猫…………………… 342（二）
武借碧玉…………………… 309（四）
武穆降乩…………………… 287（二）
武肃锦城…………………… 384（二）
武王蜂舟…………………… 396（二）
武襄面涅…………………… 365（五）
兀术剃髯…………………… 418（一）
悟字九渊…………………… 329（四）

【X】

羲之书几…………………… 259（二）
郤克聘齐…………………… 283（三）
狎客江总…………………… 239（一）
黠鼠嗸嗸…………………… 345（五）
仙童取露…………………… 361（三）
先见献可…………………… 273（六）
显达中目…………………… 417（五）
县为颜更…………………… 380（四）
县尉回身…………………… 302（二）
献日憝农…………………… 248（五）
献章主静…………………… 392（二）
相分公媪…………………… 258（三）
相尉联榜…………………… 379（一）
饷车刘翊…………………… 315（一）
饷砚蒯鳌…………………… 350（五）
象林桂父…………………… 304（三）
萧放二乌…………………… 278（五）
萧字陷墙…………………… 372（一）
小吏污茵…………………… 298（四）
晓人张猛…………………… 370（三）
孝标进芝…………………… 253（一）
孝卿退水…………………… 341（三）
孝寿杖奴…………………… 277（一）
孝悌李门…………………… 316（五）
孝绪凿垣…………………… 316（一）
写经应用…………………… 370（一）
谢客怜怜…………………… 330（六）
谢生拜檎…………………… 403（四）

谢子称颜……………………325（四）
信本观碑……………………259（三）
行酒朱虚……………………271（五）
行乞董京……………………376（二）
行义桓鳌……………………255（三）
行雨忠政……………………337（二）
邢峙谏蒿……………………351（三）
性笑迁辛……………………301（六）
熊背专诸……………………273（一）
修责若讷……………………420（四）
秀才胆大……………………239（三）
褒绐掩鼻……………………298（一）
徐光乞瓜……………………357（三）
徐勣就官……………………319（三）
徐宣铮铮……………………377（五）
宣后强颜……………………328（一）
宣咏孤雁……………………340（一）
悬丝山涛……………………351（五）
学士肚皮……………………259（五）
学士若莘……………………296（二）
雪愤猕猴……………………398（三）
驯鸡纪渻……………………279（二）

【Y】

亚夫讨箸……………………293（二）
严姓冒庞……………………252（四）
颜嗔谢笑……………………413（五）
颜峻建第……………………301（一）
俨诘游岩……………………420（五）
彦彬座语……………………387（四）
彦章铁枪……………………373（三）
晏幽飏躁……………………394（二）
扬雄吐凤……………………263（三）
羊琇酿酒……………………363（二）
阳城裂麻……………………357（一）
杨嘲四畏……………………241（三）
杨玢让邻……………………301（二）
杨戬虾蟆……………………359（五）
佯仆留正……………………254（五）
妖畏仁杰（傑）……………408（二）
姚馥啜糟……………………352（一）
姚涞玉丸……………………322（二）
药嵩避撞……………………250（四）
冶鸟咄咄……………………345（四）
曳履危素……………………317（二）
一簏轩輗……………………284（二）
一婆致诮……………………344（五）
一疏回天……………………330（四）
一字拔人……………………297（五）
衣颁魏击……………………292（一）
医臂云（雲）长……………365（二）
义府称猫……………………337（一）
异志郭丹……………………324（二）
易饮三爻……………………343（五）
弈棋判囚……………………398（一）
毅夫登科……………………354（五）
翳丑王莽……………………287（三）
翼道困铭……………………387（五）
阴妻怀刃……………………284（五）
殷怖闻蚊……………………308（一）
殷浩书空……………………235（一）
殷羡无勋……………………306（一）
寅三可惜……………………411（一）
引经断狱……………………397（五）

饮鸩夫人…………………… 302（六）
隐之双鹤…………………… 278（四）
印渍桂膏…………………… 351（一）
婴辱楚君…………………… 308（四）
莹娘修眉…………………… 257（一）
拥炉修史…………………… 253（二）
咏乞斩丁…………………… 386（五）
用短李楷…………………… 287（四）
友谅献麦…………………… 252（五）
有功掩扉…………………… 269（一）
祐辨鲮鲤…………………… 362（五）
诱掖儿童…………………… 232（四）
虞拟裴度…………………… 392（六）
愚人怖玉…………………… 402（二）
与可画竹…………………… 321（四）
宇拣瘦羊…………………… 365（四）
宇文哭绰…………………… 407（三）
庾轻乂浩…………………… 374（二）
昱拟巢由…………………… 398（五）
遇春挺戈…………………… 352（五）
愈挫逆藩…………………… 315（四）
鬻书戒子…………………… 265（四）
渊材禁蛇…………………… 361（六）
元长掷符…………………… 276（四）
元昊缄鸽…………………… 335（一）
元章石癖…………………… 405（四）
元振丝幔…………………… 251（四）
园名独乐…………………… 328（二）
袁粲啸咏…………………… 323（一）
袁珙金牌…………………… 287（六）
袁韶佛子…………………… 306（二）
袁绍横揖…………………… 277（四）
袁嵩五难…………………… 322（六）
远识太初…………………… 274（一）
远语无妄…………………… 419（五）
乐羊被谤…………………… 420（二）
云（雲）奇折臂…………… 402（四）
云（雲）折充宗…………… 245（四）

【Z】

再续斯函…………………… 421（二）
赞宁命薄…………………… 263（一）
枣阳怪童…………………… 243（三）
责子渊明…………………… 381（四）
泽奇武穆…………………… 372（四）
诈睡羲之…………………… 255（一）
诈忠张汤…………………… 370（六）
斩妓石崇…………………… 242（二）
斩蛟赵昱…………………… 324（三）
斩吏乖崖…………………… 288（二）
斩叔曲端…………………… 320（四）
斩丝高洋…………………… 369（二）
张霭拾齿…………………… 247（一）
张德生男…………………… 413（四）
张果蝙蝠…………………… 359（四）
张华痴龙…………………… 249（五）
张藐韦皋…………………… 346（二）
张名三篋…………………… 385（五）
张氏祝鸠…………………… 394（一）
张守挞虎…………………… 395（一）
张巡赚箭…………………… 330（一）
张咏守蜀…………………… 278（六）
张湛诈善…………………… 238（四）
张志朝廷…………………… 384（六）

章庙龙羹…………………… 383（五）
獐头元载…………………… 272（五）
长房骑杖…………………… 385（一）
长房茱萸…………………… 282（二）
丈人抱瓮…………………… 404（五）
丈人承蜩…………………… 340（六）
昭帝蛟鲊…………………… 383（四）
赵妃广袖…………………… 307（四）
赵屼汗流…………………… 396（六）
赵普不纯…………………… 299（一）
赵效犬吠…………………… 382（三）
赵祖斫笠…………………… 347（六）
真妃餐霞…………………… 361（四）
真相王商…………………… 370（四）
甄后蛇髻…………………… 289（三）
镇恶将种…………………… 309（二）
争矢贵嫔…………………… 297（三）
证杀鹦鹉…………………… 355（六）
之才觅虱…………………… 347（四）
之亨放鲤…………………… 311（五）
直言高适…………………… 246（四）
纸驴张果…………………… 267（六）
指盗鹦鹆…………………… 355（五）
指口谢朏…………………… 392（四）
质讷刘均…………………… 297（一）
质史斥儿…………………… 265（五）
治河三策…………………… 342（三）
致一发（發）解…………… 292（三）
掷巾渡郎…………………… 375（五）
智永瘗笔…………………… 306（四）
稚子饯韦…………………… 267（一）
忠臣肉甘…………………… 412（四）
忠信居仁…………………… 295（三）
忠义刘氏…………………… 316（四）
仲康虎侯…………………… 394（五）
仲冕吟雷…………………… 290（二）
仲涂烹仆…………………… 276（五）
仲彧牧豕…………………… 272（一）
仲元拾叶（葉）…………… 288（三）
众歌裴侠…………………… 258（一）
周处改行…………………… 383（二）
周访投环…………………… 326（三）
周启师圣…………………… 326（六）
周新冷面…………………… 321（二）
周颉詈敦…………………… 311（四）
咒杯柳融…………………… 241（六）
昼责邹浩…………………… 403（一）
朱号书厨…………………… 279（五）
朱号五经…………………… 386（一）
逐妇班超…………………… 339（二）
主司头脑…………………… 259（四）
煮龟元逊…………………… 335（三）
煮石鲍靓…………………… 318（一）
筑扑秦帝…………………… 398（六）
箸锡宋璟…………………… 296（三）
颛帝三子…………………… 409（三）
赚帖萧翼…………………… 313（二）
撰书皇后…………………… 297（二）
篆吞一卷…………………… 343（四）
壮歌袁绹…………………… 346（四）
状元祟嘏…………………… 296（一）
坠刺崔暹…………………… 416（五）
准（準）乏楼台…………… 295（一）
拙妇凿袢…………………… 316（三）

卓茂解骖…………………… 410（三）
子厚僦舍…………………… 397（三）
子敬赠囷…………………… 300（六）
子骏福星…………………… 387（一）
子龙息鼓…………………… 352（四）
子寿秀整…………………… 384（三）
子显一挥…………………… 268（三）
子野买妾…………………… 285（二）
子瞻换衔…………………… 420（一）
子瞻嗜蠔…………………… 347（五）
姊拒广孝…………………… 317（四）
字询杕杜…………………… 360（二）
纵囚元膺…………………… 389（一）
奏琶令则…………………… 411（五）
祖珽偷爵…………………… 289（五）
尊君尧舜…………………… 386（二）
尊师明皇…………………… 366（三）
尊欲填堤…………………… 283（五）
捽恶杨忠…………………… 240（三）

人名索引

上古

仓颉…………………………… 055（一）
巢父…………………………… 138（二）
大舜…………………………… 003（四）
大禹…………………………… 026（二）
大禹…………………………… 136（一）
大禹…………………………… 211（三）
帝尧…………………………… 003（三）
杜宇…………………………… 110（一）
娥皇…………………………… 078（四）
伏羲…………………………… 025（三）
伏羲…………………………… 211（五）
后羿…………………………… 158（二）
华封人………………………… 149（二）
黄帝…………………………… 020（一）
女英…………………………… 078（四）
盘古…………………………… 157（一）
泰豆…………………………… 166（一）
羲和…………………………… 198（三）
羲叔…………………………… 198（三）
亚当…………………………… 157（二）
仪狄…………………………… 190（三）
造父…………………………… 166（一）

先秦

阿馀子………………………… 400（三）
巴寡妇（巴清）……………… 255（二）
百里奚（井伯）……………… 035（一）
鲍焦…………………………… 336（四）
比干…………………………… 079（四）
扁鹊（秦越人）……………… 038（一）
卞和…………………………… 216（三）
卞庄子………………………… 175（三）
伯禽…………………………… 361（一）
伯夷…………………………… 047（一）
卜商（子夏）………………… 047（二）
卜商（子夏）………………… 048（一）
卜商（子夏）………………… 102（三）
曹沫…………………………… 217（二）
陈定…………………………… 187（一）
陈胜…………………………… 063（三）
成文子………………………… 271（二）
程婴…………………………… 164（五）
鉏麑…………………………… 078（五）
楚共王………………………… 349（四）
楚惠王………………………… 345（二）
楚邱…………………………… 200（六）
楚庄王………………………… 348（一）
淳于髡………………………… 046（二）
淳于髡………………………… 066（一）
妲己…………………………… 173（四）
董狐…………………………… 060（三）
杜康…………………………… 190（三）
敦洽…………………………… 283（二）
范蠡…………………………… 226（一）
范睢（张禄）………………… 136（四）

范宣子…………………………326（二）
范增……………………………110（二）
范增……………………………133（二）
飞卫……………………………166（二）
冯煖……………………………348（四）
虙子贱…………………………053（三）
虙子贱…………………………188（五）
傅说……………………………136（二）
高渐离…………………………398（六）
公输般（鲁般）………………279（三）
公孙敖…………………………394（三）
公孙杵臼………………………164（五）
公孙侨（子产）………………227（四）
勾践……………………………057（二）
苟变……………………………178（二）
古冶子…………………………094（一）
郭隗……………………………126（一）
韩非子…………………………034（一）
韩昭侯…………………………136（三）
胡亥……………………………020（三）
惠施……………………………041（五）
机汜……………………………238（五）
箕子……………………………079（四）
箕子……………………………149（一）
纪昌……………………………166（二）
纪渻……………………………279（二）
季文子（行父）………………128（二）
季札……………………………140（四）
姜太公（姜尚）………………080（五）
姜太公（姜尚）………………082（三）
绛县老人………………………084（二）
胶鬲……………………………225（五）
介子推…………………………177（一）
晋悼公周………………………031（二）
晋平公…………………………388（一）
晋文公重耳……………………068（一）
晋文公重耳……………………338（二）
晋文公重耳……………………369（六）
荆楚光…………………………189（一）
荆轲……………………………146（四）
孔伋（子思）…………………151（一）
孔子……………………………006（一）
孔子……………………………011（三）
孔子……………………………025（四）
孔子……………………………079（三）
孔子……………………………082（四）
孔子……………………………144（一）
孔子……………………………175（二）
孔子……………………………196（五）
孔子……………………………228（五）
老莱子…………………………272（三）
老子（李耳）…………………197（五）
李牧……………………………116（一）
廉颇……………………………106（三）
廉颇……………………………176（四）
两小儿…………………………011（三）
烈裔……………………………070（四）
蔺相如…………………………176（三）
蔺相如…………………………281（一）
灵辄……………………………147（一）
令狐策…………………………218（二）
龙逄（关龙逄）………………220（三）
鲁阳公…………………………115（二）
鲁隐公…………………………049（五）

毛遂…………………………… 061（二）
茅焦…………………………… 178（四）
茅濛…………………………… 304（四）
蒙恬…………………………… 211（四）
孟贲…………………………… 095（二）
孟母…………………………… 049（一）
闵损（子骞）……………… 164（三）
墨翟…………………………… 029（四）
聂政…………………………… 209（四）
宁戚…………………………… 101（三）
宁越…………………………… 091（四）
弄玉…………………………… 131（五）
庞涓…………………………… 119（一）
平原君………………………… 123（五）
齐国庶女……………………… 312（二）
齐桓公小白…………………… 068（二）
齐景公………………………… 068（三）
齐景公………………………… 336（五）
齐景公………………………… 356（一）
齐景公………………………… 378（四）
齐威王………………………… 144（五）
黔娄…………………………… 101（一）
秦始皇………………………… 056（三）
秦西巴………………………… 069（一）
秦昭王………………………… 281（一）
琴牢…………………………… 215（一）
禽息…………………………… 050（四）
屈到…………………………… 288（五）
蘧伯玉………………………… 047（三）
绕朝…………………………… 125（一）
荣启期………………………… 043（一）
商汤…………………………… 004（一）
商鞅…………………………… 082（一）
商鞅…………………………… 185（一）
商子…………………………… 361（一）
召公奭………………………… 163（五）
尸子（尸佼）………………… 134（一）
师经…………………………… 399（一）
师旷…………………………… 249（四）
师旷…………………………… 388（一）
史籀…………………………… 208（一）
叔儋子………………………… 271（二）
叔服…………………………… 394（三）
叔齐…………………………… 047（一）
叔武（卫武公之弟）……… 115（六）
叔向…………………………… 159（一）
思革子………………………… 271（二）
宋景公………………………… 089（一）
宋就…………………………… 090（四）
宋玉…………………………… 198（四）
宋玉…………………………… 217（一）
苏秦…………………………… 058（二）
孙膑…………………………… 119（一）
孙叔敖………………………… 150（二）
孙武…………………………… 086（三）
澹台灭明（子羽）………… 218（四）
唐举…………………………… 037（四）
陶答子………………………… 018（三）
田单…………………………… 206（四）
田横…………………………… 177（四）
田仲子（陈仲子）………… 225（三）
田子方………………………… 008（一）
王豹…………………………… 060（二）
王次仲………………………… 062（一）

王斗…………………………363（五）
王孙贾之母……………………013（四）
王蠋…………………………129（一）
微子…………………………079（四）
尾生…………………………225（二）
卫懿公………………………049（四）
魏公子节乳母…………………312（一）
魏绛…………………………007（一）
魏颗…………………………146（五）
魏牟…………………………223（三）
魏太子击……………………292（一）
魏文侯………………………388（三）
魏武子………………………146（五）
乌获…………………………095（一）
吴起…………………………070（一）
伍员…………………………057（一）
伍子胥………………………109（三）
武丁（高宗）…………………136（二）
西门豹………………………064（五）
郤克…………………………283（三）
夏桀…………………………350（六）
香车（齐宣王臣）……………154（二）
项羽…………………………119（二）
项羽…………………………165（一）
萧史…………………………131（五）
信陵君………………………069（二）
信陵君………………………197（一）
荀息…………………………204（五）
颜回…………………………056（五）
颜回…………………………153（二）
颜叔子………………………224（四）
颜乌…………………………380（四）
晏婴…………………………112（四）
晏婴…………………………308（四）
晏婴…………………………378（四）
燕姞…………………………109（一）
燕昭王………………………126（一）
羊殖…………………………091（三）
养由基………………………349（四）
伊尹…………………………081（一）
易牙…………………………217（四）
殷王武乙……………………115（三）
尹伯奇………………………163（一）
优孟…………………………101（二）
俞伯牙………………………218（一）
虞卿…………………………055（二）
豫让…………………………125（三）
乐广…………………………153（三）
乐羊…………………………420（二）
乐正子………………………244（一）
曾参…………………………090（五）
曾参…………………………101（五）
展获（柳下惠）………………011（一）
张仪…………………………030（一）
张仪…………………………139（三）
赵盾…………………………147（一）
赵武…………………………164（五）
郑国（水工）…………………051（一）
郑褎…………………………298（一）
中行穆子……………………281（二）
钟离春（无盐）………………328（一）
钟子期………………………218（一）
周灵王太子晋…………………114（二）
周穆王………………………041（四）

周文王（姬昌）…………… 159（六）
周武王（姬发）…………… 067（三）
周武王（姬发）…………… 396（二）
周宣王姜后……………… 219（四）
朱亥………………………… 028（五）
朱文子……………………… 286（四）
专诸………………………… 273（一）
庄子………………………… 037（三）
庄子………………………… 096（一）
庄子………………………… 098（三）
庄子………………………… 203（五）
子贡（端木赐）…………… 196（五）
子贡（端木赐）…………… 215（一）
子贡（端木赐）…………… 404（五）
子路（仲由）……………… 225（四）
子舆………………………… 271（三）
邹衍………………………… 158（三）
邹衍………………………… 180（二）

两汉三国

百里嵩……………………… 386（六）
班超………………………… 127（五）
班超………………………… 339（二）
班固………………………… 193（一）
班昭………………………… 055（三）
班昭………………………… 155（五）
鲍宣………………………… 340（一）
鲍永………………………… 416（三）
鲍昱………………………… 236（二）
暴胜之……………………… 082（五）
边让………………………… 277（三）
丙吉………………………… 209（二）
丙吉………………………… 298（四）
丙吉………………………… 414（一）
卜式………………………… 266（二）
蔡衡………………………… 057（五）
蔡伦………………………… 050（一）
蔡琰（文姬）……………… 156（一）
蔡琰（文姬）……………… 332（五）
蔡邕………………………… 092（一）
蔡邕………………………… 402（一）
曹操………………………… 056（四）
曹操………………………… 100（三）
曹操………………………… 116（四）
曹操………………………… 118（五）
曹操………………………… 121（二）
曹操………………………… 179（二）
曹操………………………… 206（一）
曹丕………………………… 256（二）
曹丕………………………… 365（三）
曹丕………………………… 367（三）
曹参………………………… 199（四）
曹植………………………… 021（四）
曹植………………………… 029（五）
曹植………………………… 085（四）
常林………………………… 407（四）
晁错………………………… 159（五）
陈湛………………………… 036（四）
陈登………………………… 118（三）
陈蕃………………………… 111（一）
陈蕃………………………… 229（一）
陈纪………………………… 036（四）
陈纪………………………… 107（一）

陈琳…………………………… 091（二）
陈琳…………………………… 137（四）
陈茂…………………………… 233（四）
陈平…………………………… 070（二）
陈平…………………………… 374（一）
陈寔…………………………… 036（四）
陈寔…………………………… 227（一）
陈咸…………………………… 192（二）
陈咸…………………………… 387（三）
陈重…………………………… 075（三）
陈遵…………………………… 097（二）
楚王刘英（光武帝子）…… 056（二）
崔烈…………………………… 065（二）
崔琦…………………………… 311（三）
大乔…………………………… 338（三）
戴和…………………………… 064（二）
戴良…………………………… 020（五）
戴凭…………………………… 192（一）
邓艾…………………………… 041（二）
邓通…………………………… 112（一）
邓通…………………………… 239（二）
第五伦………………………… 240（五）
第五伦………………………… 254（四）
刁存…………………………… 369（三）
丁固…………………………… 017（一）
丁兰…………………………… 145（一）
丁令威………………………… 109（四）
丁仪…………………………… 179（二）
东方朔………………………… 017（五）
东方朔………………………… 168（四）
东方朔………………………… 237（一）
东方朔………………………… 358（六）
东方朔………………………… 363（一）
东郭先生……………………… 011（四）
董宣…………………………… 332（一）
董永…………………………… 085（三）
董昭…………………………… 032（三）
董仲舒………………………… 030（三）
董卓…………………………… 028（二）
窦武…………………………… 078（三）
杜畿…………………………… 031（四）
杜钦…………………………… 103（三）
杜诗…………………………… 044（四）
杜微…………………………… 241（二）
樊哙…………………………… 258（五）
樊哙…………………………… 379（六）
樊通德（赵飞燕侍女）…… 014（五）
樊英…………………………… 250（五）
范滂…………………………… 380（五）
范冉…………………………… 086（五）
范冉…………………………… 280（一）
范式…………………………… 075（二）
范增…………………………… 392（一）
防年…………………………… 040（五）
费长房………………………… 282（二）
费长房………………………… 385（一）
冯立…………………………… 233（二）
冯邈…………………………… 263（五）
冯正…………………………… 233（二）
伏湛…………………………… 108（一）
服虔…………………………… 139（一）
傅介子………………………… 063（四）
甘宁…………………………… 419（三）
高凤…………………………… 103（一）

睾通…………………………238（二）
盖勋…………………………209（三）
耿纯…………………………303（四）
耿恭…………………………050（五）
耿恭…………………………373（二）
耿弇…………………………075（四）
公沙穆………………………102（二）
公孙敖………………………023（三）
公孙弘………………………202（一）
龚胜…………………………146（三）
龚遂…………………………405（二）
贡禹…………………………099（二）
古弼…………………………365（三）
关羽…………………………158（一）
关羽…………………………365（二）
管辂…………………………234（六）
管辂…………………………314（四）
管辂…………………………394（二）
管宁…………………………052（一）
灌夫…………………………087（四）
郭丹…………………………324（二）
郭伋（细侯）………………051（四）
郭巨…………………………027（三）
郭况（光武郭后之弟）……111（五）
郭亮…………………………367（四）
郭泰（林宗）………………031（五）
郭泰（林宗）………………185（三）
郭宪…………………………355（一）
韩伯俞………………………029（三）
韩康…………………………036（五）
韩信…………………………109（二）
韩信…………………………117（一）
韩信…………………………199（二）
韩延寿………………………096（六）
汉高祖刘邦…………………004（二）
汉高祖刘邦…………………015（一）
汉高祖刘邦…………………015（四）
汉高祖刘邦…………………020（四）
汉高祖刘邦…………………026（一）
汉高祖刘邦…………………117（一）
汉高祖刘邦…………………144（四）
汉高祖刘邦…………………251（三）
汉高祖刘邦…………………368（二）
汉高祖刘邦…………………392（一）
汉高祖刘邦…………………396（一）
汉光武帝刘秀………………004（三）
汉光武帝刘秀………………388（四）
汉明帝………………………250（四）
汉明帝马皇后………………307（五）
汉武帝………………………260（一）
汉宣帝………………………386（四）
汉元帝冯太后………………014（三）
何比干………………………112（二）
何晏…………………………029（一）
何晏…………………………080（一）
何晏…………………………167（三）
何晏…………………………390（五）
侯瑾…………………………288（四）
胡广…………………………409（一）
华歆…………………………224（三）
桓典…………………………005（一）
桓景…………………………282（二）
桓嫠（刘长卿妻）…………255（三）
桓荣…………………………180（三）

桓少君（鲍宣妻）………… 272（二）
桓谭…………………………… 146（一）
桓谭…………………………… 411（六）
黄霸…………………………… 145（四）
黄霸…………………………… 179（一）
黄皓…………………………… 071（二）
黄琬…………………………… 118（一）
黄宪…………………………… 171（四）
黄香…………………………… 164（四）
霍光…………………………… 145（三）
霍光…………………………… 298（五）
汲黯…………………………… 396（一）
纪信…………………………… 137（二）
季布…………………………… 228（四）
祭遵…………………………… 151（三）
贾充…………………………… 007（五）
贾逵…………………………… 181（五）
贾逵…………………………… 258（二）
贾让…………………………… 342（三）
贾谊…………………………… 191（一）
姜维…………………………… 047（五）
金曰磾（磾）………………… 148（二）
隽不疑………………………… 397（五）
阚泽…………………………… 179（三）
孔褒…………………………… 137（三）
孔融…………………………… 171（三）
寇简…………………………… 007（二）
蒯彻…………………………… 406（一）
匡衡…………………………… 164（一）
郎药崧………………………… 022（一）
雷义…………………………… 075（三）
李充…………………………… 237（四）
李充…………………………… 339（一）
李固…………………………… 275（一）
李广…………………………… 070（三）
李广…………………………… 263（二）
李广…………………………… 354（一）
李郃…………………………… 206（二）
李衡…………………………… 208（四）
李陵…………………………… 128（五）
李谧…………………………… 052（五）
李平…………………………… 178（一）
李少君………………………… 354（三）
李少君………………………… 357（二）
李郃…………………………… 143（四）
李膺…………………………… 100（四）
李膺…………………………… 168（五）
李元礼………………………… 059（五）
郦食其………………………… 182（二）
郦食其………………………… 368（二）
梁鸿 ………………………… 034（二）
梁鸿 ………………………… 080（五）
梁冀…………………………… 327（六）
梁冀…………………………… 357（四）
梁竦…………………………… 141（二）
梁孝王刘武…………………… 005（二）
梁嫒…………………………… 247（五）
谅辅…………………………… 233（三）
刘备…………………………… 196（四）
刘备…………………………… 213（一）
刘表…………………………… 284（一）
刘蔡…………………………… 261（一）
刘谌…………………………… 408（五）
刘晨…………………………… 114（三）

刘宠…………………………115（五）
刘发（长沙定王）…………302（一）
刘宽…………………………104（一）
刘胜…………………………121（一）
刘向…………………………050（二）
刘秀…………………………363（四）
刘晔…………………………367（三）
刘章…………………………271（五）
楼护…………………………206（五）
卢植…………………………062（三）
鲁恭…………………………026（五）
鲁肃…………………………300（六）
陆绩…………………………234（二）
陆绩…………………………339（三）
陆贾…………………………318（三）
栾巴…………………………132（一）
栾大…………………………116（三）
吕布…………………………118（五）
吕范…………………………346（一）
吕后…………………………357（六）
吕蒙…………………………243（一）
罗敷…………………………014（四）
罗威…………………………410（二）
马良…………………………033（四）
马融…………………………161（三）
马融…………………………367（一）
马援…………………………138（一）
马援…………………………282（一）
满奋…………………………333（一）
毛经…………………………398（一）
毛义…………………………130（一）
茅容…………………………071（二）
枚皋…………………………035（二）
孟尝（合浦太守）…………061（一）
孟获…………………………217（三）
孟敏…………………………043（三）
孟仁（孟宗）………………087（一）
孟宗…………………………351（六）
祢衡…………………………016（三）
缪彤…………………………358（三）
民仪…………………………088（二）
闵贡…………………………104（五）
闵贡…………………………336（三）
穆生…………………………077（一）
兒宽…………………………108（二）
牛牢…………………………363（四）
庞德公………………………021（五）
庞德公………………………102（一）
庞德公………………………140（二）
庞参…………………………167（二）
庞统…………………………202（二）
庞淯…………………………367（五）
逄萌…………………………107（五）
彭宠…………………………012（三）
蒲元性………………………143（一）
戚夫人………………………357（六）
乔玄…………………………338（三）
秦宓…………………………118（二）
秦彭…………………………149（三）
仇览…………………………094（三）
任棠…………………………167（二）
任文公………………………250（二）
任文公………………………283（四）
阮肇…………………………114（三）

商丘子晋……………………… 067（一）
上官桀………………………… 266（一）
少翁…………………………… 116（二）
召信臣………………………… 044（四）
邵平…………………………… 208（三）
申屠蟠………………………… 172（四）
时苗…………………………… 131（三）
疏广…………………………… 105（五）
疏广…………………………… 252（三）
司马季主……………………… 376（一）
司马迁………………………… 118（四）
司马相如……………………… 005（二）
司马相如……………………… 035（三）
司马相如……………………… 136（五）
司马相如……………………… 218（三）
司马懿………………………… 369（五）
四皓（商山四皓）…………… 106（一）
宋登…………………………… 364（二）
宋弘…………………………… 347（一）
宋均…………………………… 054（四）
苏武…………………………… 125（四）
苏武…………………………… 177（二）
苏章…………………………… 124（一）
孙策…………………………… 004（四）
孙登…………………………… 144（二）
孙皓…………………………… 007（五）
孙济…………………………… 086（二）
孙敬…………………………… 164（二）
孙堪…………………………… 277（五）
孙期…………………………… 272（一）
孙权…………………………… 318（五）
孙权…………………………… 332（二）
陶安公………………………… 337（五）
田豫…………………………… 201（一）
童伯…………………………… 409（二）
童恢…………………………… 093（五）
王璨…………………………… 382（四）
王昶…………………………… 040（三）
王成…………………………… 275（一）
王崇…………………………… 010（一）
王浑…………………………… 006（三）
王基…………………………… 205（一）
王烈…………………………… 226（五）
王陵…………………………… 197（三）
王莽…………………………… 261（三）
王莽…………………………… 287（三）
王嫱（昭君）………………… 173（五）
王乔…………………………… 114（一）
王商…………………………… 146（二）
王商…………………………… 370（四）
王素…………………………… 375（一）
王修…………………………… 380（三）
王玄…………………………… 201（五）
王濬…………………………… 006（三）
王阳…………………………… 013（三）
王允…………………………… 028（二）
王章…………………………… 048（二）
王尊…………………………… 013（三）
王尊…………………………… 283（五）
韦诞…………………………… 370（二）
卫母…………………………… 409（五）
卫青…………………………… 221（一）
魏勃…………………………… 097（三）
魏明帝………………………… 338（四）

魏相…………………………211（二）
魏相…………………………414（一）
文翁…………………………080（三）
吴汉…………………………376（三）
吴祜…………………………046（一）
吴祐…………………………358（二）
五鹿充宗……………………245（四）
夏侯玄………………………200（二）
向长…………………………201（二）
萧何…………………………007（三）
萧何…………………………094（二）
萧何…………………………117（一）
萧何…………………………175（一）
萧何…………………………274（四）
小乔…………………………338（三）
匈奴单于小女………………364（四）
徐福…………………………386（四）
徐干…………………………094（四）
徐光…………………………357（三）
徐邈…………………………226（三）
徐宣…………………………377（五）
徐稚（孺子）………………224（一）
许褚…………………………394（五）
许劭…………………………202（五）
许慎 …………………………021（一）
许元长………………………276（四）
薛方…………………………207（三）
荀采…………………………284（五）
荀巨伯………………………009（二）
荀淑…………………………095（三）
荀爽…………………………100（四）
荀彧…………………………116（四）
严光…………………………207（二）
严君平………………………179（四）
严延年………………………331（四）
阎敞…………………………120（一）
颜驷…………………………172（三）
扬雄…………………………014（一）
扬雄…………………………094（五）
扬雄…………………………117（四）
扬雄…………………………169（三）
扬雄…………………………263（三）
扬雄…………………………409（五）
羊续…………………………131（二）
杨宝…………………………112（三）
杨秉…………………………261（五）
杨沛…………………………040（一）
杨修…………………………204（四）
杨震…………………………027（一）
杨震…………………………059（一）
药嵩…………………………250（四）
翼奉…………………………132（三）
阴子方………………………246（六）
英黥布………………………385（四）
应融…………………………119（四）
应玚…………………………165（五）
于定国………………………097（一）
虞翻…………………………132（四）
虞翻…………………………199（三）
虞翻…………………………343（五）
虞诩…………………………150（三）
袁安…………………………089（四）
袁闳…………………………072（二）
袁尚…………………………018（二）

袁绍…………………………277（四）
袁术…………………………331（五）
袁谭…………………………018（二）
辕固…………………………242（五）
乐羊…………………………017（四）
翟方进………………………053（四）
张安世………………………385（五）
张苍…………………………343（二）
张敞…………………………045（二）
张飞…………………………157（五）
张纲…………………………083（一）
张颢…………………………060（六）
张钧…………………………323（三）
张楷…………………………200（四）
张宽…………………………192（三）
张良…………………………046（四）
张良…………………………117（一）
张良…………………………196（三）
张陵…………………………390（一）
张猛…………………………370（三）
张骞…………………………126（四）
张劭…………………………075（二）
张释之………………………103（二）
张松…………………………246（五）
张汤…………………………370（六）
张禹…………………………302（三）
张湛…………………………238（四）
张湛…………………………280（五）
张昭…………………………332（二）
赵苞…………………………069（四）
赵飞燕………………………307（四）
赵合德………………………307（四）
赵岐…………………………180（四）
赵佗…………………………238（二）
赵佗…………………………274（四）
赵温…………………………008（二）
赵壹…………………………172（一）
赵云…………………………352（四）
甄后（甄宓）………………289（三）
甄宇…………………………365（四）
郑弘…………………………142（五）
郑浑…………………………134（六）
郑均…………………………270（三）
郑玄…………………………066（二）
脂习…………………………162（一）
直不疑………………………214（二）
直不疑………………………240（四）
郅都…………………………280（六）
郅恽…………………………111（二）
终军…………………………061（三）
钟会…………………………036（三）
钟离意………………………043（四）
钟离意………………………353（二）
钟繇…………………………208（二）
钟毓…………………………036（三）
仲长子光……………………241（一）
周勃…………………………200（一）
周昌…………………………041（三）
周术（角里先生）…………037（一）
周亚夫………………………169（二）
周亚夫………………………293（二）
周瑜…………………………140（一）
周瑜…………………………161（一）
朱买臣………………………107（四）

朱穆…………………………060（五）
朱邑…………………………080（四）
朱云…………………………050（三）
朱云…………………………245（四）
朱震…………………………266（三）
诸葛亮………………………087（三）
诸葛亮………………………100（二）
诸葛亮………………………159（二）
诸葛亮………………………178（一）
诸葛亮………………………206（三）
卓茂…………………………410（三）
宗世林………………………213（三）
邹长倩………………………260（四）
左慈…………………………073（四）

魏晋南北朝

白堕…………………………190（一）
鲍靓…………………………318（一）
毕卓…………………………168（三）
彩鸾（吴猛之女）…………019（三）
蔡谟…………………………297（五）
蔡铁…………………………245（五）
蔡子尼………………………008（五）
曹景宗………………………089（二）
曹景宗………………………269（六）
曹丕…………………………329（一）
车胤…………………………139（二）
车胤…………………………193（五）
陈蒨（陈主）………………414（三）
陈显达………………………417（五）
陈暄…………………………317（一）
陈遗…………………………040（二）
褚澄…………………………286（二）
褚裒…………………………200（三）
褚彦回………………………292（二）
崔谌…………………………034（四）
崔挺…………………………353（一）
崔暹…………………………416（五）
戴逵…………………………207（五）
戴颙…………………………135（四）
戴渊…………………………173（二）
到溉…………………………403（五）
到恰…………………………403（五）
邓攸…………………………027（二）
东昏侯潘妃…………………257（五）
董奉…………………………211（一）
董京…………………………376（二）
窦毅…………………………077（四）
杜广…………………………320（一）
杜义…………………………029（二）
杜预…………………………213（四）
段晖…………………………268（一）
氾腾…………………………389（三）
范柏年………………………120（二）
范缜…………………………295（四）
冯诞…………………………055（四）
佛图澄………………………364（六）
苻坚…………………………125（二）
苻坚…………………………331（二）
傅翙…………………………305（一）
干宝…………………………299（五）
高昂…………………………170（二）
高道穆………………………271（四）

高欢……………………… 324（四）
高洋……………………… 369（二）
高祐……………………… 362（五）
高允……………………… 377（四）
葛洪……………………… 102（四）
葛洪……………………… 248（三）
葛玄……………………… 318（二）
古弼……………………… 167（一）
顾欢……………………… 319（五）
顾恺之…………………… 106（四）
顾恺之…………………… 309（一）
顾恺之…………………… 313（三）
顾恺之…………………… 348（二）
顾恺之…………………… 419（四）
郭翻……………………… 315（二）
郭讷……………………… 072（五）
郭璞……………………… 241（五）
郭璞……………………… 245（一）
郭璞……………………… 375（四）
郭文……………………… 415（四）
郭象……………………… 167（四）
郭象……………………… 182（一）
郭奕……………………… 105（二）
郝隆……………………… 047（四）
郝隆……………………… 129（二）
何点……………………… 104（二）
何点……………………… 143（三）
何敬容…………………… 340（四）
何敬叔…………………… 045（五）
何佟之…………………… 405（五）
何逊……………………… 216（二）
何远……………………… 419（五）
和峤……………………… 052（二）
贺循……………………… 139（五）
侯景……………………… 327（三）
胡芳……………………… 297（三）
胡质……………………… 303（一）
桓石虔…………………… 028（四）
桓温……………………… 246（二）
桓温……………………… 317（三）
桓温……………………… 355（三）
桓玄……………………… 309（一）
桓玄……………………… 370（五）
桓伊……………………… 214（三）
桓伊……………………… 227（二）
皇初平…………………… 073（三）
皇甫谧…………………… 374（五）
嵇康……………………… 117（二）
嵇康……………………… 134（三）
嵇康……………………… 207（四）
嵇康……………………… 276（三）
嵇绍……………………… 130（五）
嵇喜……………………… 207（四）
吉士瞻…………………… 333（五）
贾坚……………………… 121（三）
贾希镜…………………… 393（四）
江淹……………………… 155（四）
江总……………………… 239（一）
晋明帝司马绍…………… 049（二）
晋武帝…………………… 294（三）
晋武帝…………………… 297（三）
晋武帝…………………… 373（五）
晋武帝…………………… 386（三）
晋武帝…………………… 396（四）

阮咸…………………………227（三）
阮孝绪………………………316（一）
阮裕…………………………350（四）
桑虞…………………………362（四）
山涛…………………………039（三）
山涛…………………………411（二）
沈巑之………………………420（三）
沈麟士………………………224（二）
沈文季………………………185（四）
沈约…………………………188（二）
沈昭略………………………110（四）
沈纵…………………………349（一）
石崇…………………………006（二）
石崇…………………………242（二）
石虎…………………………277（六）
石勒…………………………159（三）
寿阳公主（宋武帝女儿）…174（二）
束皙…………………………133（五）
束皙…………………………282（三）
司马遹（愍怀太子）………049（三）
宋次道………………………053（一）
宋季雅………………………085（一）
宋武帝………………………371（三）
宋祎（绿珠弟子）…………045（三）
宋宗…………………………020（二）
苏绰…………………………407（三）
苏耽…………………………210（五）
苏蕙…………………………332（四）
苏琼…………………………151（二）
孙楚…………………………142（一）
孙绰…………………………076（四）
孙盛…………………………203（一）
孙盛…………………………245（三）
昙迁…………………………161（五）
檀道济………………………150（四）
檀道济………………………256（三）
檀道济………………………268（六）
桃豹…………………………324（一）
桃叶（王献之妾）…………156（四）
陶谷…………………………189（四）
陶弘景………………………105（三）
陶弘景………………………323（二）
陶侃…………………………048（五）
陶侃…………………………305（三）
陶侃…………………………326（四）
陶侃…………………………414（四）
陶侃…………………………419（二）
陶侃之母……………………219（三）
陶渊明………………………074（五）
陶渊明………………………129（三）
陶渊明………………………152（二）
陶渊明………………………189（五）
陶渊明………………………226（二）
陶渊明………………………381（四）
拓跋珪………………………293（四）
王琛…………………………045（四）
王丞…………………………184（一）
王澄…………………………373（六）
王澄…………………………392（五）
王摛…………………………254（二）
王导…………………………048（四）
王导…………………………059（二）
王导…………………………099（三）
王导…………………………122（四）

王导……………………………131（一）
王导……………………………418（四）
王敦……………………………141（三）
王恭……………………………142（二）
王胡之…………………………044（二）
王淮之…………………………171（二）
王徽之…………………………147（四）
王徽之…………………………207（五）
王济……………………………031（三）
王济……………………………362（二）
王景文…………………………178（三）
王敬则…………………………294（一）
王濬……………………………347（三）
王恺……………………………006（二）
王猛……………………………116（五）
王裒……………………………148（五）
王戎……………………………008（三）
王戎……………………………297（四）
王戎……………………………234（二）
王僧孺…………………………403（三）
王述……………………………359（六）
王肃……………………………057（四）
王肃……………………………187（四）
王坦之…………………………168（二）
王恬……………………………416（一）
王晞……………………………319（二）
王羲之…………………………181（二）
王羲之…………………………255（一）
王羲之…………………………259（二）
王羲之…………………………329（三）
王献之…………………………122（五）
王献之…………………………195（三）
王献之…………………………204（三）
王祥……………………………158（四）
王衍……………………………220（四）
王衍……………………………325（五）
王育……………………………319（四）
王镇恶…………………………309（二）
王质……………………………145（二）
韦逞母宋氏……………………013（二）
卫瓘……………………………092（二）
卫瓘……………………………169（一）
卫玠……………………………183（三）
卫玠……………………………314（二）
魏明帝…………………………237（二）
魏收……………………………399（六）
魏收……………………………400（一）
魏舒……………………………052（四）
魏舒……………………………277（二）
温峤……………………………070（五）
温峤……………………………079（二）
温峤……………………………130（二）
温子升…………………………186（四）
吴雷……………………………307（三）
吴猛……………………………251（一）
吴隐之…………………………034（五）
吴隐之…………………………120（三）
吴隐之…………………………278（四）
郗超……………………………084（五）
郗愔……………………………066（三）
郗愔……………………………221（五）
向秀……………………………071（五）
向秀……………………………167（四）
萧琛……………………………362（三）

萧放…………………………… 278（五）
萧锋（江夏王）………… 182（三）
萧钧（衡阳王）………… 269（四）
萧文琬………………………… 253（三）
萧友谅（衡王）………… 252（五）
萧子良………………………… 295（四）
萧子显………………………… 268（三）
萧子云………………………… 372（一）
解叔谦………………………… 389（五）
谢安…………………………… 099（一）
谢安…………………………… 104（三）
谢安…………………………… 133（一）
谢安…………………………… 260（三）
谢超宗………………………… 138（四）
谢朏…………………………… 392（四）
谢敷…………………………… 088（五）
谢灵运………………………… 157（四）
谢灵运………………………… 188（四）
谢尚…………………………… 325（四）
谢朓…………………………… 266（四）
辛姓酒保……………………… 340（五）
邢之才………………………… 347（四）
邢峙…………………………… 351（三）
熊安生………………………… 301（三）
徐广…………………………… 286（五）
徐陵…………………………… 195（二）
徐勉…………………………… 124（二）
许询…………………………… 188（三）
许逊…………………………… 132（二）
许允妻………………………… 248（一）
薛道衡………………………… 186（五）
薛孤延………………………… 333（二）
薛收…………………………… 160（一）
荀嵩…………………………… 353（三）
荀勖…………………………… 214（一）
荀勖…………………………… 415（二）
严续…………………………… 242（一）
颜峻…………………………… 413（五）
颜延之………………………… 039（二）
颜延之………………………… 345（一）
羊祜…………………………… 110（三）
羊祜…………………………… 185（二）
羊祜…………………………… 256（一）
羊祜…………………………… 378（三）
羊侃…………………………… 072（三）
羊侃…………………………… 320（三）
羊昙…………………………… 148（四）
羊琇…………………………… 363（二）
杨愔…………………………… 092（四）
姚馥…………………………… 352（一）
易雄…………………………… 235（五）
阴子春………………………… 155（一）
殷浩…………………………… 204（二）
殷浩…………………………… 235（一）
殷师…………………………… 308（一）
殷羡…………………………… 222（一）
殷羡…………………………… 306（一）
殷仲堪………………………… 309（一）
虞玩之………………………… 268（四）
庾杲之………………………… 084（三）
庾亮…………………………… 203（三）
庾亮…………………………… 216（五）
庾翼…………………………… 374（二）
庾子舆………………………… 341（三）

元琛（魏河间王）………… 350（一）
元克渊（广陵王）………… 288（六）
袁粲………………………… 323（一）
袁耽………………………… 202（三）
袁宏………………………… 180（一）
袁嵩………………………… 322（六）
袁毅………………………… 351（五）
袁湛………………………… 052（三）
乐颐之……………………… 291（一）
乐预………………………… 266（五）
张褒………………………… 054（一）
张敷………………………… 361（二）
张翰………………………… 059（四）
张华………………………… 104（四）
张华………………………… 249（五）
张华………………………… 335（四）
张华………………………… 398（二）
张率………………………… 096（二）
张融………………………… 012（一）
张融………………………… 187（三）
张融………………………… 294（五）
张僧繇……………………… 182（四）
赵孟………………………… 267（四）
赵僧岩……………………… 171（五）
甄明………………………… 407（一）
智永………………………… 306（四）
钟会………………………… 214（一）
周处………………………… 383（二）
周访………………………… 326（三）
周颉（伯仁）……………… 099（三）
周颉（伯仁）……………… 311（四）
朱序母韩氏………………… 013（二）
诸葛恢……………………… 048（四）
竹林七贤…………………… 117（二）
宗炳………………………… 168（一）
宗测………………………… 212（一）
宗悫………………………… 033（一）
祖逖………………………… 069（三）
祖珽………………………… 289（五）
祖莹………………………… 035（四）
祖莹………………………… 187（四）
左思………………………… 219（一）

隋唐五代

安金藏……………………… 212（四）
安禄山……………………… 348（三）
白居易……………………… 086（一）
白居易……………………… 113（二）
白居易……………………… 117（三）
白居易……………………… 228（一）
白居易……………………… 301（六）
白敏中……………………… 374（四）
碧玉（乔知之的妾）……… 309（四）
边镐………………………… 356（三）
辨才………………………… 313（二）
曹文姬……………………… 127（一）
岑羲………………………… 403（六）
柴绍………………………… 151（四）
陈继善……………………… 278（一）
陈陶………………………… 141（四）
陈子昂……………………… 214（四）
崔倕………………………… 344（一）
崔立之……………………… 148（一）

崔琳……………………………… 149（四）
崔琳……………………………… 208（六）
崔群……………………………… 371（二）
崔湜……………………………… 398（四）
崔信明…………………………… 021（三）
崔铉……………………………… 012（四）
崔郾……………………………… 226（四）
崔元徽…………………………… 313（一）
戴至德…………………………… 298（三）
道潜……………………………… 410（四）
狄仁杰…………………………… 010（三）
狄仁杰…………………………… 071（一）
狄仁杰…………………………… 090（一）
狄仁杰…………………………… 202（四）
狄仁杰…………………………… 228（二）
狄仁杰…………………………… 408（二）
窦轨……………………………… 235（三）
窦怀贞…………………………… 359（三）
窦禹钧…………………………… 071（三）
杜悰……………………………… 368（四）
杜甫……………………………… 193（二）
杜甫……………………………… 199（一）
杜牧……………………………… 309（五）
杜暹……………………………… 265（四）
杜暹……………………………… 305（五）
杜佑……………………………… 023（四）
杜佑……………………………… 400（四）
段秀实…………………………… 351（四）
方干……………………………… 267（五）
房玄龄…………………………… 283（一）
冯道……………………………… 110（五）
冯道……………………………… 128（一）
傅奕……………………………… 154（四）
高崇文…………………………… 368（三）
高骈……………………………… 340（二）
高适……………………………… 246（四）
高太素…………………………… 339（六）
高孝基…………………………… 374（三）
顾德玉…………………………… 170（一）
顾况……………………………… 183（四）
贯休……………………………… 255（四）
郭宏霸…………………………… 340（三）
郭威……………………………… 366（二）
郭元振…………………………… 251（四）
郭仲翔…………………………… 417（四）
郭子仪…………………………… 221（三）
郭子仪…………………………… 366（一）
郭子仪…………………………… 372（五）
韩翠屏…………………………… 108（五）
韩滉……………………………… 372（六）
韩会……………………………… 100（五）
韩浦……………………………… 123（二）
韩擒虎…………………………… 408（三）
韩熙载…………………………… 395（三）
韩休……………………………… 399（五）
韩休……………………………… 412（三）
韩愈……………………………… 018（四）
韩愈……………………………… 022（三）
韩愈……………………………… 137（一）
韩愈……………………………… 150（一）
韩愈……………………………… 154（三）
韩愈……………………………… 201（三）
韩愈……………………………… 232（五）
韩愈……………………………… 264（一）

韩愈…………………………315（四）
韩愈…………………………343（四）
何何尊师……………………255（五）
和凝…………………………010（二）
红线…………………………312（五）
侯思止………………………367（二）
侯思止………………………372（三）
怀素…………………………130（四）
黄崇嘏………………………296（一）
浑瑊…………………………418（三）
贾岛…………………………038（三）
贾岛…………………………135（五）
贾郁…………………………077（二）
贾直言………………………045（一）
蒋乂…………………………282（四）
来护儿………………………141（一）
来护儿………………………418（二）
来俊臣………………………327（二）
懒残（明瓒）………………039（四）
黎干…………………………390（二）
李白…………………………054（五）
李白…………………………100（五）
李白…………………………142（三）
李白…………………………175（四）
李白…………………………372（五）
李白…………………………405（一）
李泌…………………………005（四）
李泌…………………………039（五）
李泌…………………………081（三）
李泌…………………………154（一）
李德裕………………………123（四）
李德裕………………………190（四）
李德裕………………………363（三）
李德裕………………………406（五）
李藩…………………………093（四）
李藩…………………………371（五）
李封…………………………300（三）
李逢吉………………………326（一）
李纲…………………………411（五）
李皋（曹王）………………081（二）
李固言………………………017（三）
李固言………………………212（五）
李光弼………………………316（五）
李贺…………………………161（四）
李贺…………………………371（五）
李勣…………………………058（三）
李勣…………………………251（二）
李勣…………………………376（四）
李景达（南唐齐王）………347（六）
李景让………………………291（二）
李靖…………………………009（四）
李珏…………………………093（三）
李克用………………………419（一）
李揆…………………………223（一）
李林甫………………………360（二）
李茂贞………………………185（五）
李密…………………………124（五）
李讷…………………………147（二）
李潘…………………………356（五）
李峤…………………………092（三）
李单父………………………359（一）
李涉…………………………224（五）
李晟…………………………393（一）
李晟…………………………416（二）

李晟…………………………… 418（五）
李朔…………………………… 111（三）
李宪…………………………… 369（四）
李义府………………………… 058（一）
李义府………………………… 337（一）
李益…………………………… 265（一）
李邕…………………………… 249（一）
李邕…………………………… 322（五）
李祐…………………………… 396（五）
李元婴（滕王）……………… 127（二）
李愿…………………………… 022（四）
梁锽…………………………… 203（四）
廖凝…………………………… 339（四）
林仁肇………………………… 391（五）
刘伯玉妻段氏………………… 298（二）
刘鋹（南汉后主）…………… 320（五）
刘鋹（南汉后主）…………… 349（五）
刘鋹（南汉后主）…………… 401（五）
刘蕡…………………………… 128（三）
刘洎…………………………… 262（二）
刘沔…………………………… 347（二）
刘辟…………………………… 368（三）
刘仁轨………………………… 281（三）
刘仁轨………………………… 298（三）
刘行全………………………… 265（三）
刘晏…………………………… 191（四）
刘晏…………………………… 237（三）
刘晏…………………………… 415（五）
刘禹锡………………………… 137（五）
刘赞…………………………… 263（四）
刘子翼………………………… 087（五）
柳公权………………………… 215（三）
柳浑…………………………… 314（三）
柳俭…………………………… 250（一）
柳母（柳公绰妻）…………… 108（四）
柳毅…………………………… 243（五）
柳宗元………………………… 264（二）
娄师德………………………… 016（二）
卢承庆………………………… 401（一）
卢储…………………………… 054（三）
卢怀镇………………………… 310（四）
卢纶…………………………… 085（五）
卢杞…………………………… 012（二）
卢仝…………………………… 051（三）
卢携…………………………… 183（二）
卢肇…………………………… 128（四）
陆龟蒙………………………… 087（二）
陆龟蒙………………………… 361（五）
陆馀庆………………………… 267（三）
陆羽…………………………… 152（一）
吕岩…………………………… 223（二）
吕元膺………………………… 389（一）
罗公远………………………… 194（三）
罗黑黑………………………… 234（四）
罗珦…………………………… 153（四）
罗隐…………………………… 093（一）
马璘…………………………… 309（三）
马燧…………………………… 404（二）
孟浩然………………………… 021（六）
孟浩然………………………… 250（三）
孟郊…………………………… 135（三）
苗晋卿………………………… 272（五）
南霁云………………………… 307（一）
难佗僧………………………… 264（四）

倪若水………………………… 327（五）
聂夷中………………………… 060（一）
牛宏………………………… 377（二）
牛僧孺………………………… 075（五）
欧阳询………………………… 259（三）
潘妃………………………… 289（四）
庞严………………………… 252（四）
裴度………………………… 067（四）
裴度………………………… 223（四）
裴宽………………………… 320（二）
裴侠………………………… 379（五）
裴遐………………………… 360（一）
彭孙………………………… 369（四）
仆固怀恩………………………… 317（五）
钱镠………………………… 287（五）
钱镠………………………… 305（二）
钱镠………………………… 341（四）
钱镠………………………… 384（二）
钱起………………………… 334（一）
权德舆………………………… 203（二）
权龙褒………………………… 304（一）
任瓌………………………… 302（六）
汝阳王李琎………………………… 201（四）
桑维翰………………………… 380（二）
僧一行………………………… 222（四）
上官婉儿………………………… 019（二）
邵谒………………………… 353（五）
沈彬………………………… 088（四）
十八学士………………………… 183（一）
司空图………………………… 088（三）
司空图………………………… 322（三）
司马承祯………………………… 046（三）
宋璟………………………… 216（一）
宋璟………………………… 296（三）
宋齐邱………………………… 293（三）
宋若莘………………………… 296（二）
苏颋………………………… 252（一）
苏味道………………………… 196（二）
苏味道………………………… 290（一）
隋炀帝………………………… 198（二）
隋炀帝………………………… 273（四）
孙思邈………………………… 245（二）
谭峭………………………… 144（三）
唐临………………………… 405（三）
唐太宗………………………… 004（五）
唐太宗………………………… 015（二）
唐太宗………………………… 115（四）
唐太宗………………………… 182（五）
唐太宗………………………… 183（一）
唐太宗………………………… 249（三）
唐太宗………………………… 270（一）
唐太宗………………………… 325（二）
唐太宗萧后………………………… 325（二）
唐宣宗………………………… 249（二）
唐玄宗………………………… 157（三）
唐玄宗………………………… 198（一）
唐玄宗………………………… 366（三）
唐玄宗………………………… 373（四）
唐玄宗………………………… 375（三）
唐玄宗………………………… 396（三）
唐玄宗………………………… 397（一）
唐玄宗美人王氏………………………… 190（五）
田令孜………………………… 359（二）
田游岩………………………… 152（三）

田游岩…………………… 420（五）
同昌公主…………………… 289（四）
王播…………………… 153（五）
王勃…………………… 179（五）
王勃…………………… 181（四）
王锷…………………… 248（六）
王福畤…………………… 274（三）
王珪…………………… 234（一）
王积薪…………………… 222（五）
王灵智…………………… 349（三）
王毛仲…………………… 413（三）
王仁裕…………………… 162（二）
王嗣宗…………………… 337（六）
王维…………………… 031（一）
王维…………………… 127（三）
王彦章…………………… 373（三）
王忠政…………………… 337（二）
韦安石…………………… 023（四）
韦澳…………………… 083（三）
韦丹…………………… 311（六）
韦景骏…………………… 267（一）
韦绶…………………… 129（四）
韦述…………………… 062（二）
韦思谦…………………… 415（三）
沩山…………………… 098（二）
魏征…………………… 004（五）
魏征…………………… 165（二）
文鉴和尚…………………… 267（二）
吴兢…………………… 063（一）
武则天…………………… 113（三）
武则天…………………… 342（二）
武则天…………………… 408（二）
瑕丘…………………… 064（四）
萧遘…………………… 380（一）
萧翼…………………… 313（二）
萧颖士…………………… 096（三）
谢小娥…………………… 353（四）
辛公义…………………… 364（一）
徐晦…………………… 121（四）
徐延休…………………… 393（五）
徐佐卿…………………… 061（四）
许谨选（许慎）…………………… 084（四）
薛逢…………………… 120（四）
薛稷…………………… 084（一）
薛仁贵…………………… 394（四）
薛仁贵…………………… 404（一）
薛嵩…………………… 312（五）
薛涛…………………… 155（三）
郇模…………………… 280（四）
严安之…………………… 123（三）
严武…………………… 041（一）
颜杲卿…………………… 015（三）
阳城…………………… 107（三）
阳城…………………… 186（一）
杨崇义…………………… 355（六）
杨玢…………………… 301（二）
杨国忠…………………… 065（一）
杨国忠…………………… 384（一）
杨俊（隋代秦王）…………………… 325（一）
杨汝士…………………… 198（五）
杨素…………………… 028（一）
杨炎…………………… 414（五）
杨玉环…………………… 019（一）
杨玉环…………………… 131（四）

杨玉环…………………………174（一）
杨玉环…………………………256（五）
杨元琬…………………………350（三）
叶法善…………………………249（一）
叶法喜…………………………194（四）
叶静能…………………………359（四）
殷文亮…………………………264（三）
于佑……………………………108（五）
鱼朝恩…………………………312（四）
虞世南…………………………159（四）
宇文士及………………………395（五）
尉迟恭…………………………265（二）
尉迟恭…………………………385（三）
尉迟恭…………………………400（二）
元德秀…………………………036（一）
元延祖…………………………105（四）
元载……………………………129（五）
元载……………………………355（四）
圆观……………………………183（五）
昝君谟…………………………349（三）
张伯偕…………………………072（一）
张绰……………………………193（四）
张德……………………………413（四）
张公艺…………………………210（一）
张果（张果老）………………267（六）
张果老…………………………359（四）
张红红…………………………234（五）
张嘉贞…………………………024（三）
张嘉贞…………………………148（三）
张建封…………………………076（一）
张建封…………………………210（四）
张九龄…………………………062（五）
张九龄…………………………384（三）
张居翰…………………………419（七）
张路斯…………………………016（四）
张守珪…………………………262（四）
张象……………………………371（一）
张旭……………………………030（四）
张巡……………………………086（四）
张巡……………………………091（一）
张巡……………………………212（三）
张巡……………………………330（一）
张延赏…………………………264（四）
张延赏…………………………346（二）
张元素…………………………330（四）
张说……………………………195（一）
张蕴古…………………………215（四）
张瞻……………………………095（五）
张镇周…………………………053（二）
张志和…………………………184（三）
张鷟……………………………270（二）
长孙皇后………………………297（二）
长孙晟…………………………310（一）
长孙顺德………………………300（四）
赵光逢…………………………366（六）
赵轨……………………………237（五）
赵颜……………………………301（四）
赵昱……………………………324（三）
郑谷……………………………064（一）
郑珏……………………………153（一）
郑平……………………………181（一）
郑綮……………………………296（五）
郑虔……………………………130（三）
郑熏……………………………259（四）

钟馗…………………………260（六）
朱诚…………………………386（一）
朱仁轨………………………244（二）
朱遵度………………………279（五）
祝钦明………………………330（三）

宋 辽 金

白云端禅师…………………191（三）
包拯…………………………135（一）
包拯…………………………356（四）
蔡京…………………………258（三）
蔡确…………………………156（三）
蔡襄…………………………048（三）
蔡襄…………………………057（三）
蔡襄…………………………338（一）
蔡攸…………………………368（六）
曹彬…………………………051（二）
曹彬…………………………221（二）
曹彬…………………………299（三）
曹辅…………………………403（二）
陈瓘…………………………073（一）
陈禾…………………………355（二）
陈峤…………………………096（五）
陈亮…………………………313（四）
陈敏…………………………389（六）
陈敏修………………………096（四）
陈汝锡………………………042（四）
陈师道………………………127（四）
陈师道………………………404（三）
陈抟…………………………101（四）
陈亚…………………………048（三）
陈尧叟………………………321（一）
陈尧咨………………………263（六）
程松…………………………261（四）
程颐…………………………032（一）
程颐…………………………160（二）
程颐…………………………219（二）
程颐…………………………333（三）
楚渊材………………………361（六）
褚渊…………………………346（五）
狄青…………………………111（四）
狄青…………………………330（二）
狄青…………………………360（四）
狄青…………………………365（五）
狄青…………………………399（三）
丁谓…………………………007（四）
丁谓…………………………337（四）
丁谓…………………………341（一）
丁文果………………………246（一）
窦俨…………………………068（四）
窦仪…………………………368（一）
窦元宾………………………275（二）
杜镐…………………………291（五）
杜衍…………………………303（三）
法常僧………………………151（五）
范纯仁………………………016（五）
范纯仁………………………281（四）
范纯仁………………………304（五）
范镇…………………………378（二）
范仲淹………………………189（二）
范仲淹………………………225（一）
范仲淹………………………285（五）
范仲淹………………………401（二）

范仲淹…………………………420（四）
范祖禹…………………………300（一）
丰稷……………………………396（六）
冯京……………………………381（二）
傅霖……………………………327（四）
富弼……………………………315（三）
巩申……………………………278（二）
顾宪之…………………………395（二）
关澥……………………………273（二）
郭昱……………………………398（五）
韩琦……………………………016（一）
韩琦……………………………017（二）
韩琦……………………………038（二）
韩琦……………………………335（一）
韩琦……………………………384（五）
韩世忠…………………………014（二）
韩世忠…………………………023（二）
韩世忠…………………………272（二）
韩侂胄…………………………253（五）
韩侂胄…………………………315（五）
韩侂胄…………………………382（三）
韩亿……………………………387（二）
韩忠彦…………………………406（四）
何昌寓…………………………334（四）
何休……………………………279（四）
洪皓……………………………177（三）
侯仲良…………………………326（六）
胡安国…………………………038（四）
胡厉……………………………389（二）
胡铨……………………………411（四）
胡寅……………………………026（三）
怀丙僧………………………….301（五）
黄庭坚…………………………024（四）
黄庭坚…………………………251（五）
黄镒……………………………205（四）
黄致一…………………………292（三）
晦堂（僧）……………………098（一）
贾似道…………………………270（四）
贾似道…………………………328（三）
贾似道…………………………407（二）
蒋惟吉…………………………305（六）
蒋颖叔…………………………336（一）
金兀术…………………………418（一）
景焕……………………………192（四）
孔道辅…………………………244（三）
寇准……………………………076（三）
寇准……………………………077（五）
寇准……………………………119（三）
寇准……………………………163（四）
寇准……………………………170（四）
寇准……………………………295（一）
蒯鳌……………………………350（五）
李安期…………………………380（六）
李侗……………………………232（六）
李傅……………………………322（一）
李纲……………………………160（三）
李沆……………………………274（一）
李沆……………………………343（三）
李沆……………………………384（四）
李沆……………………………399（二）
李骥……………………………289（一）
李居仁…………………………344（五）
李纶……………………………302（四）
李若拙…………………………043（二）

李守忠……………………… 042（二）
李孝寿……………………… 277（一）
李巽………………………… 323（五）
李邺………………………… 233（五）
李章………………………… 273（三）
梁红玉……………………… 014（二）
林逋………………………… 075（一）
林可山……………………… 334（三）
刘安世……………………… 037（二）
刘敞………………………… 236（四）
刘遁………………………… 337（四）
刘焕………………………… 400（五）
刘煇（刘几）……………… 089（三）
刘琦………………………… 256（四）
刘少逸……………………… 009（一）
刘式………………………… 162（三）
刘蜕………………………… 306（五）
刘无言……………………… 292（四）
刘豫………………………… 160（四）
刘挚………………………… 344（四）
留正………………………… 254（五）
柳开………………………… 276（五）
柳开………………………… 291（六）
娄道………………………… 336（二）
鲁宗道……………………… 401（四）
陆九渊……………………… 329（四）
陆秀夫……………………… 276（二）
吕端………………………… 058（五）
吕端………………………… 366（四）
吕公弼……………………… 288（一）
吕晦………………………… 273（六）
吕惠卿……………………… 331（三）
吕蒙正……………………… 170（五）
吕蒙正……………………… 254（三）
吕蒙正……………………… 299（二）
吕蒙正……………………… 310（五）
吕琦………………………… 295（五）
吕夷简……………………… 242（三）
罗从彦……………………… 327（一）
毛惜惜……………………… 330（五）
梅询………………………… 275（二）
梅询………………………… 311（二）
米芾………………………… 368（五）
米芾………………………… 368（六）
米芾………………………… 405（四）
苗振………………………… 291（四）
穆修………………………… 395（四）
欧阳修……………………… 235（二）
欧阳修……………………… 236（四）
欧阳修……………………… 304（二）
欧阳修……………………… 393（三）
欧阳修之母郑氏…………… 108（三）
潘谷………………………… 122（三）
潘阆………………………… 189（三）
彭觉范（德洪僧）………… 032（二）
彭渊材……………………… 105（一）
彭渊材……………………… 290（四）
蒲宗孟……………………… 051（五）
钱昆………………………… 034（三）
钱颉………………………… 321（三）
秦桧………………………… 253（四）
秦桧………………………… 271（一）
秦桧………………………… 395（六）
琴操………………………… 019（四）

仇万顷…………………………414（六）
曲端……………………………099（四）
曲端……………………………236（一）
曲端……………………………320（四）
任福……………………………335（一）
任末……………………………139（四）
茹孝标…………………………253（一）
邵康节…………………………381（三）
邵雍……………………………197（二）
邵雍……………………………339（五）
沈晦……………………………135（二）
沈伦……………………………308（二）
沈义伦…………………………010（四）
石介……………………………058（四）
石延年…………………………106（二）
石延年…………………………142（四）
石延年…………………………246（三）
史弥远…………………………308（五）
司马光…………………………026（四）
司马光…………………………030（二）
司马光…………………………188（一）
司马光…………………………309（六）
司马光…………………………328（二）
司马光…………………………369（一）
宋徽宗…………………………287（一）
宋徽宗…………………………342（一）
宋徽宗显仁皇后………………260（二）
宋郊……………………………018（一）
宋祁……………………………018（一）
宋祁……………………………044（一）
宋祁……………………………253（二）
宋仁宗…………………………248（四）
宋仁宗…………………………388（二）
宋守约…………………………335（二）
宋太祖…………………………247（一）
宋太祖…………………………368（一）
宋太祖…………………………389（四）
宋太祖…………………………414（二）
苏轼……………………………074（四）
苏轼……………………………090（三）
苏轼……………………………112（五）
苏轼……………………………160（二）
苏轼……………………………161（二）
苏轼……………………………215（二）
苏轼……………………………259（五）
苏轼……………………………280（三）
苏轼……………………………287（一）
苏轼……………………………308（三）
苏轼……………………………334（五）
苏轼……………………………345（五）
苏轼……………………………347（五）
苏轼……………………………348（五）
苏轼……………………………354（四）
苏轼……………………………391（一）
苏轼……………………………393（二）
苏轼……………………………420（一）
苏舜钦…………………………124（四）
苏舜钦…………………………346（三）
苏易简…………………………126（二）
苏云卿…………………………187（二）
孙抃……………………………083（二）
孙昉……………………………210（二）
孙复……………………………285（三）
孙何……………………………147（三）

孙琏…………………………097（四）
孙山…………………………291（三）
孙奭…………………………333（四）
谭惟人………………………406（三）
唐介…………………………103（四）
唐坰…………………………095（四）
陶穀（谷）…………………210（三）
陶谷…………………………307（二）
陶谷…………………………391（三）
陶宗仪………………………184（四）
腾达道………………………170（三）
滕达道………………………284（三）
滕元发………………………275（三）
田登…………………………391（四）
童贯…………………………258（三）
童参…………………………221（四）
汪立信………………………306（六）
王安石………………………040（四）
王安石………………………196（一）
王安石………………………390（四）
王安石………………………417（一）
王达…………………………240（二）
王德…………………………360（五）
王黼…………………………386（二）
王鸿…………………………387（五）
王伦…………………………006（四）
王沔…………………………381（一）
王奇…………………………123（一）
王钦若………………………090（二）
王钦若………………………241（三）
王钦若………………………312（三）
王钦若………………………379（一）
王全斌………………………296（四）
王韶…………………………341（二）
王审奇………………………294（四）
王祐…………………………071（四）
王曾…………………………007（四）
王曾…………………………107（二）
王曾…………………………391（二）
王质…………………………122（一）
王仲冕………………………290（二）
魏野…………………………173（一）
文天祥………………………166（四）
文同…………………………321（四）
文彦博………………………113（一）
文彦博………………………166（三）
吴玠…………………………418（一）
吴文英………………………023（五）
夏竦…………………………195（四）
鲜于侁………………………387（一）
向敏中………………………242（四）
谢翱…………………………134（二）
谢泌…………………………262（三）
谢良佐………………………392（三）
谢逸…………………………063（五）
辛弃疾………………………124（三）
徐大正………………………186（二）
许叔…………………………009（三）
薛奎…………………………286（六）
颜延之………………………301（一）
晏敦复………………………213（二）
杨长孺………………………083（五）
晏殊…………………………134（四）
杨戬…………………………359（五）

杨璞…………………………334（五）
杨时…………………………033（二）
杨亿…………………………078（二）
杨亿…………………………205（五）
杨亿…………………………228（三）
杨亿…………………………241（三）
杨忠…………………………240（三）
杨仲希………………………054（二）
杨仲远………………………044（五）
耶律德光……………………358（一）
尹焞…………………………289（二）
莹娘…………………………257（一）
应用…………………………370（一）
雍冲…………………………044（五）
雍存…………………………186（三）
余玠…………………………028（三）
余良弼………………………039（一）
虞允文………………………392（六）
喻汝砺………………………311（一）
袁韶…………………………306（二）
袁枢…………………………063（二）
袁绚…………………………346（四）
岳飞…………………………003（二）
岳飞…………………………169（四）
岳飞…………………………236（三）
岳飞…………………………372（四）
岳飞…………………………413（二）
赞宁僧………………………263（一）
曾公亮………………………388（五）
张霭…………………………247（一）
张安道………………………379（三）
张邦昌………………………160（五）
张邦昌………………………397（四）
张方平………………………078（一）
张九成………………………379（四）
张浚…………………………099（四）
张浚…………………………160（三）
张浚…………………………236（一）
张浚…………………………236（三）
张齐贤………………………314（一）
张齐贤………………………382（五）
张舜民………………………381（二）
张威…………………………401（三）
张无垢………………………252（二）
张孝基………………………076（二）
张咏…………………………043（五）
张咏…………………………235（四）
张咏…………………………278（六）
张咏…………………………288（二）
张咏…………………………386（五）
张知白………………………384（六）
张子野………………………285（二）
章惇…………………………081（五）
章惇…………………………397（三）
赵抃…………………………059（三）
赵鼎…………………………060（四）
赵茂德………………………310（三）
赵普…………………………082（二）
赵普…………………………257（二）
赵普…………………………299（一）
赵普…………………………316（六）
赵普…………………………379（二）
赵师择………………………382（三）
赵彦彬………………………387（四）

甄龙友…………………………… 284（四）
郑辉…………………………… 344（五）
郑思肖…………………………… 321（五）
郑獬…………………………… 354（五）
郑毅夫…………………………… 275（三）
钟离瑾…………………………… 027（四）
周敦颐…………………………… 115（一）
周密…………………………… 023（五）
周仁轨…………………………… 368（五）
朱寿昌…………………………… 085（二）
朱熹…………………………… 074（三）
朱熹…………………………… 295（二）
朱熹…………………………… 329（二）
朱熹…………………………… 365（一）
卓彦恭…………………………… 013（一）
宗泽…………………………… 126（三）
宗泽…………………………… 262（五）
邹浩…………………………… 403（一）

元 明 清

常遇春…………………………… 352（五）
陈谔…………………………… 239（四）
陈铭…………………………… 323（四）
陈献章…………………………… 392（二）
戴浩…………………………… 399（四）
方叔邵…………………………… 100（一）
方孝孺…………………………… 373（一）
冯恩…………………………… 305（四）
高启…………………………… 024（二）
海瑞…………………………… 244（四）
弘光朝一丐…………………………… 247（三）
胡广…………………………… 278（三）
胡广…………………………… 282（五）
胡居仁…………………………… 295（三）
胡惟庸…………………………… 402（四）
黄治…………………………… 262（一）
贾鲁…………………………… 356（二）
蒋南金…………………………… 113（四）
金铉…………………………… 408（四）
景清…………………………… 381（六）
邝露…………………………… 408（一）
况钟…………………………… 279（一）
冷谦…………………………… 385（二）
黎淳…………………………… 303（二）
李春芳…………………………… 208（五）
李东阳…………………………… 042（三）
李国桢…………………………… 383（一）
李言吉…………………………… 286（一）
李远庵…………………………… 300（五）
李自成…………………………… 383（一）
廉希宪…………………………… 325（三）
廉希宪…………………………… 415（六）
刘基（伯温）…………………………… 022（二）
刘基（伯温）…………………………… 276（一）
刘吉…………………………… 372（二）
刘瑾…………………………… 416（四）
刘理顺…………………………… 316（四）
刘斯洁…………………………… 378（一）
陆时雍…………………………… 326（五）
马绎…………………………… 334（二）
梅传…………………………… 351（二）
明太祖…………………………… 005（三）
明太祖…………………………… 371（四）

明太祖…………………………410（五）
莫廷韩…………………………360（三）
涅古伯…………………………330（六）
濮真……………………………402（五）
钱唐……………………………247（二）
秦起宗…………………………285（四）
沈练……………………………381（五）
盛时泰…………………………343（一）
史天泽…………………………290（三）
史忠……………………………342（五）
汤文琼…………………………247（四）
田尔耕…………………………338（五）
铁铉……………………………412（四）
汪怜怜…………………………330（六）
王敕……………………………243（四）
王大用…………………………113（四）
王琎……………………………378（六）
王省……………………………407（五）
王守谦…………………………338（五）
危素……………………………317（二）
魏忠贤…………………………417（二）
夏寅……………………………411（一）
解缙……………………………278（三）
解缙……………………………282（五）
徐达……………………………366（五）
徐孟凌…………………………412（二）
许衡……………………………419（六）
轩輗……………………………284（二）
薛瑄……………………………334（六）
杨继盛…………………………411（三）
杨一清…………………………023（一）
姚广孝（道衍）………………317（四）
姚康……………………………099（五）
姚涞……………………………322（二）
叶宗人…………………………233（一）
元明善…………………………212（二）
元顺帝…………………………356（二）
袁珙……………………………287（六）
袁珙……………………………405（六）
袁履善…………………………360（三）
云奇……………………………402（四）
张居正…………………………375（二）
赵璧……………………………239（三）
周颠……………………………332（三）
周新……………………………321（二）
卓敬……………………………068（五）

神仙怪异传说故事

八哥指认管家偷物…………355（五）
伯乐（孙阳）………………209（一）
痴人破瓮……………………316（二）
尺郭食鬼……………………260（五）
虫叫怪哉……………………293（一）
刍狗验梦……………………024（一）
楚国昭氏妻…………………275（四）
楚王妃孕铁…………………374（六）
崔山遇仙……………………375（五）
达摩面壁……………………220（一）
道士画鹤……………………340（五）
邓仁凯窃鞋…………………289（六）
邓绍见仙童…………………361（三）
东桑生骑鹤飞升……………354（二）
董霭以叶代简………………288（三）

鄂王降乩…………………… 287（二）
扶南国女王………………… 238（三）
负局先生磨镜赠药………… 377（一）
傅说星……………………… 025（二）
改县名义乌………………… 380（四）
高车国……………………… 364（四）
顾光宝画狮………………… 358（四）
关中人恐怖螃蟹…………… 352（二）
鬼赠谈生珠袍……………… 349（二）
郭璞………………………… 241（五）
汉明帝南宫云台…………… 074（二）
汉章帝青龙堕宫中………… 383（五）
汉昭帝钓蛟………………… 383（四）
虎跑泉……………………… 133（四）
蕉鹿………………………… 205（三）
金人三缄其口……………… 228（五）
精卫………………………… 055（五）
九华真妃…………………… 361（四）
俱胝和尚…………………… 364（五）
夸父追日…………………… 286（三）
狂夫渡河…………………… 397（二）
冷谦隐于瓶中……………… 385（二）
黎邱奇鬼…………………… 243（二）
李文记载借书还酒………… 261（二）
李增射蛟…………………… 345（三）
澧水人民拜骆驼…………… 352（三）
临濑木魅…………………… 382（一）
临洮大汉…………………… 042（一）
凌烟阁……………………… 182（五）
刘纲唾出鲤鱼……………… 248（二）
柳融（南极子）…………… 241（六）
龙女牧羊…………………… 243（五）
鲁国义姑…………………… 275（五）
吕洞宾……………………… 098（四）
吕洞宾……………………… 172（二）
律吕………………………… 156（二）
麻姑………………………… 056（一）
马戏猴……………………… 174（四）
梦穴唾金…………………… 216（四）
弥勒同龛…………………… 220（二）
猕猴雪愤…………………… 398（三）
民人王某听蚁言语………… 314（五）
闽县榴花洞………………… 065（四）
南越有冶鸟………………… 345（四）
鸟名希有…………………… 292（五）
平康人煮龟………………… 335（三）
齐国有贪夫拿金子………… 402（三）
秦吉了……………………… 174（三）
琴高赤鲤…………………… 197（四）
鹦鹆学语…………………… 194（一）
人柳（三眠三起）………… 021（二）
塞翁失马…………………… 163（二）
三生石……………………… 183（五）
三字经……………………… 191（二）
沙鸥可狎…………………… 205（二）
神荼………………………… 246（七）
神仙桂父…………………… 304（三）
首阳山晚虹………………… 237（二）
受降城……………………… 023（三）
蜀女化蚕…………………… 410（一）
宋国田父送日给君王……… 248（五）
宋人投马滩水……………… 393（六）
孙忭改名…………………… 383（三）
唐宫女红膏印臂…………… 351（一）

唐有囚徒善绳技…………… 390（三）
田螺姑娘………………………… 239（五）
驼背人逮蝉……………………… 340（六）
王敕煮云之母…………………… 243（四）
王良星座………………………… 025（一）
王延寿骂鬼……………………… 299（四）
未央宫麒麟阁…………………… 074（一）
文子卖药散……………………… 376（五）
乌台……………………………… 077（三）
王老游河………………………… 144（一）
吴人卖呆………………………… 293（五）
武都山精………………………… 382（二）
武陵渔父………………………… 065（三）
萧至忠打猎……………………… 412（一）
谢生拜檎………………………… 403（四）
杏花村…………………………… 156（五）
许彦相…………………………… 240（一）
阳翁伟听鸟语…………………… 413（一）
阳雍玉田………………………… 079（一）
杨崇义养的鹦鹉举报东邻… 355（六）
杨玠偷书………………………… 406（二）
杨子华画马……………………… 358（五）
叶迁韶救雷公…………………… 337（三）
莺脰湖…………………………… 133（三）
鹦鹉颂经………………………… 194（二）
郁垒……………………………… 246（七）
鹬蚌相争………………………… 065（五）
郓州虎石………………………… 395（一）
臧谷亡羊………………………… 163（三）
枣阳怪童………………………… 243（三）
战国时一农夫不识玉……… 402（二）
张审通三耳秀才……………… 294（二）
张氏祝鸠………………………… 394（一）
治国审案六件事……………… 342（四）
朱詹抱犬而卧………………… 415（一）
祝鸡翁…………………………… 067（二）
拙妇凿裈………………………… 316（三）

故事梗概
索引

上古

仓颉造字，惊天地，泣鬼神…… 055（一）
大舜南巡，死于苍梧，她的两个妃子娥皇和女英，为追寻他来到洞庭之山，泣恸挥泪，滴到竹子上成了斑…… 078（四）
大禹治水到衡山，梦到玄彝苍水使者，按照指点进行斋戒，后果然得到治水宝典…… 026（二）
大禹治水功成，受舜禅而王…… 136（一）
帝尧到华山，华封人祝他多福、多寿、多生男孩…… 149（二）
帝尧时，命羲、和二氏制历法，羲叔掌夏时…… 198（三）
凤凰出现，是天下大安的预兆，黄帝虔心斋戒祈求，后果然凤凰云集，在阿阁筑巢…… 020（一）
伏羲看到黄河浮现一匹龙马，马背上旋涡形成一个个圈，受此启发，画成了八卦…… 025（三）
伏羲氏用桐木造琴，以丝作弦…… 211（五）
盘古是首先出现在世界上的统治者…… 157（一）
上帝之女令仪狄造酒，献给大禹。禹饮了觉得甘甜，说“后世必有以酒亡其国者”…… 190（三）
上古皇帝命会唱歌的伶人定下黄钟之音，称十二律吕…… 156（二）
蜀王杜宇禅位后居住在西山，道成升天…… 110（一）
舜对父母非常孝顺…… 003（一）
舜的眼中有两个瞳孔…… 003（四）
泰豆是古代会驾车的大师…… 166（一）
尧的眉毛有八种色彩…… 003（三）
尧想把天下禅位给隐士巢父，巢父听了就去水边洗耳朵，说听了贪婪的话，耳朵弄脏了…… 138（二）
羿的箭术十分高超…… 158（二）
禹告诫人当珍惜每一寸光阴…… 211（三）

先秦

阿馀子在齐晋战争之后丢了戟，得到矛，听了孤叔无孙话后，他回还，再战，战死…………………………………………………………………… 400（三）
百里奚出游前，妻子把家里的老母鸡杀了，用门栓当柴火煮熟了为他送行…………………………………………………………………… 035（一）
鲍焦因高洁之志不吃种在君王土地上的蔬菜，最后饿死………………… 336（四）
杯弓蛇影…………………………………………………………………… 153（三）
扁鹊是上古时代传说中的名医…………………………………………… 038（一）
卞和在荆山得一璞玉，献给楚厉王、武王，反以欺诈罪得刑。楚文王继位，卞和抱璞泣血陈言。文王叫玉匠剖开琢成美璧，史称和氏璧…………… 216（三）
卞庄子好勇，他曾去刺杀老虎…………………………………………… 175（三）
伯奇被同父异母的弟弟常说坏话，父亲偏信，把他逐出到野外。他十分伤心，作《履霜操》歌唱，希望感悟父亲……………………………… 163（一）
伯夷和叔齐品格高洁，反对武王伐纣，谏争无果，隐居首阳山，不食周粮，采薇而食，终致饿死…………………………………………………… 047（一）
成汤自我检讨，为民祈雨………………………………………………… 004（一）
楚汉相争时，项羽威胁刘邦要烹杀其父母，刘说“可以分给我一杯肉羹”…………………………………………………………………… 251（三）
楚惠王吃寒菹，发现一条水蛭（蚂蟥），恐怕庖宰监食者会因此依法处死，就把它吞了下去…………………………………………………… 345（二）
楚邱求见孟尝君，孟说“先生老了”，楚邱说“我深谋远虑，决疑难，还当是壮年”………………………………………………………… 200（六）
楚王重用孙叔敖，但叔敖死后儿子很贫困，优孟穿着叔敖的衣服见楚王，启发他要善待叔敖的儿子……………………………………………… 101（二）
楚王派人请陈定做官，陈妻说为了高车大马和肉，却丢了性命不值得，于是夫妻逃走，为人家管理菜园………………………………………… 187（一）
楚襄王游兰台宫，宋玉、景差随侍。一阵风吹来，楚王敞开衣襟，说好风啊，寡人与庶人同享。宋玉说不可，这个是大王的雄风，而庶人的是雌风，一派奉承，就是《风赋》………………………………………… 217（一）
楚庄王伐宋，楚人有犒军送来醪酒，庄王命其倒入河水中，使每个人都能饮到…………………………………………………………………… 348（一）

鉏麑受晋灵公之命刺杀赵宣子，见他举止恭敬，知道是君子，心不忍，不能忠信两全，便触槐而死……078（五）
淳于髡窃笑齐王向赵国请救兵所备礼物不够规格……046（二）
刺客聂政，严仲子请他报仇杀侠累，聂因母亲在世未应允。母亲去世后，他刺杀了侠累，恐连累其姐，自己挖掉眼睛毁容而死……209（四）
妲己貌美倾城，纣亡宠幸她，终至亡国……173（四）
代妃因为代王被杀，便把笄磨锋利而自杀……285（一）
端木赐，字子贡。齐国举兵伐鲁，子贡前去游说吴、越伐齐，得以保存鲁国……196（五）
敦洽长相丑，说话笨拙，但陈侯喜欢他，让他管理对外事务。因说话触忤了楚国人，楚国引兵伐陈……283（二）
范宣子，廉洁自守，好友韩伯赠绢，一匹也不要……326（二）
范增在鸿门宴上三次举玦，示意项羽下决心杀掉刘邦……110（二）
范增七十多岁在家时，就有安天下的奇计……133（二）
冯煖为孟尝君到薛地收债，他把债券全烧了，说为孟尝君买了“义”……348（四）
傅说是殷王武丁的有名的相国……136（二）
负荆请罪……176（四）
高渐离欲杀秦王，藏匿于宋。始皇察知，挖其眼，留他击筑。他以铅置筑中，演奏时举筑扑始皇，不中，被杀……398（六）
公输般刻成一凤，振羽飞去，三天仍在飞……279（三）
公孙敖请叔服给他的两个儿子谷和难相面，叔服说谷可以供养他，难可以为他收葬……394（三）
勾践卧薪尝胆……057（二）
寡妇清，守业有成，秦始皇待以礼，筑“怀清台”……255（二）
韩非曾写《孤愤》等十多万字的著作，阐释法家思想……034（一）
韩昭侯说贤明的君主都注意细微的言行，他有条旧裤子，叫人收藏起来，不随便打赏出去，而是要慎重地赏给有功之人……136（三）
机汜七十岁了，坚持恭谨防止犯错误……238（五）
纪昌向飞卫学射箭，终成神射手……166（二）
纪渻为周王养斗鸡，驯得像木鸡了，才说差不多了……279（二）
季文子做过三朝宰相，但家中毫无长物，生活简朴，人们都知道他是忠臣……128（二）

季札出使经过徐国，所用的佩剑，徐君很喜欢，但因还要出使鲁国就没有赠送，回来时徐君已死，他就把剑挂在冢上的大树上……………………… 140（四）
姜太公年八十在渭水钓鱼，遇周文王，车载而归，后辅助武王起兵伐纣，建立周朝…………………………………………………………………………… 080（五）
姜太公在齐地诛杀了不向天子称臣、不和诸侯打交道的华士…………… 082（三）
胶鬲在殷末大乱时，贩鱼卖盐谋生………………………………………… 225（五）
介子推曾经跟随晋文公重耳出奔…………………………………………… 177（一）
晋悼公夫人款待去杞国筑城的人，其中有个绛县老人，实际是位被埋没多年有才能的人，赵武想请他做官，以年老辞，最后安排去管理衣服，做绛县师…………………………………………………………………………… 084（二）
晋悼公少年时便很聪明，但他的哥哥先天弱智…………………………… 031（二）
晋公子重耳在齐国安心享乐，随从们谋划回晋国，被蚕妾听到，告知齐姜，齐姜杀了她以灭口，奉劝公子回去，后来果真将他送走…………………… 369（六）
晋国害怕投奔秦国的士会被重用，就派了魏寿馀也去投秦，趁机挑拨。秦大夫绕朝早已看穿，劝谏无果，他就送给士会一个简策，说秦人已有人识此计谋……………………………………………………………………… 125（一）
晋侯与齐侯宴饮，以投壶为乐，中行穆子预言他们皆能投中，果真如此 … 281（二）
晋平公出行，见虎伏而不敢动。师旷说因为骑的骏马像吃虎的驳………… 249（四）
晋平公说师旷天生无眼睛，墨墨也（漆黑一团）。师旷便以天下有五大墨墨回答平公，说自己不在其中，无害于国家………………………………… 388（一）
晋文公出奔外国十九年，后复国登位，一战而成为霸主…………………… 068（一）
晋文公攻打卫国，国人献出君主成公来讨好，大夫元咺便奉他的弟弟叔武守国…………………………………………………………………………… 115（六）
荆楚，字子推，年十五为楚相……………………………………………… 189（一）
久居芝兰之室不闻其香……………………………………………………… 102（三）
孔伋恭敬地推辞鲁缪公赠送的一大鼎肉，坚决不接受…………………… 151（一）
孔子的德行像春风…………………………………………………………… 006（一）
孔子对周朝流传的三千多首诗歌进行了删节，这是后来《诗经》形成的基础…………………………………………………………………………… 025（四）
孔子说颜回不笨……………………………………………………………… 056（五）
孔子门下的弟子优者有十人，被称为“十哲” …………………………… 079（三）
孔子代理宰相时，杀掉了乱正的大夫少正卯……………………………… 082（四）

孔子弟子澹台灭明，一次持玉璧过河，河伯想得璧，掀起风浪。他说可以义求，不可威劫。他左手持璧，右手操剑斩蛟，投璧于河三次，璧跃出，用剑毁之而去……………………………………………………………… 218（四）
孔子在后稷庙见到黄金人像，口贴三封条，背后有铭文说这是古之慎言人。孔子让弟子记住这些铭文，因为说得很有道理………………………… 228（五）
老莱子耕于蒙山之阳，一次楚王来说要见他，他答应了。其妻知道后丢下箕畚走入山中，随后老莱子亦隐居………………………………………… 272（三）
李耳骑青牛西出函谷关，关吏尹喜望见“紫气东来”………………………… 197（五）
李牧常驻雁门关以防备匈奴，张弛有度，治军有方，堪称良将……………… 116（一）
廉颇老矣，尚能饭否…………………………………………………………… 106（三）
两儿童争论太阳远近…………………………………………………………… 011（三）
蔺相如完璧归赵的故事………………………………………………………… 176（三）
蔺相如让秦王在渑池会上为赵王击缶………………………………………… 281（一）
令狐策做梦立于冰上，与冰下人说话。索统说，冰上为阳，下为阴，站在阳地与阴说话，你大约要为人做媒了………………………………………… 218（二）
鲁隐公要去棠地观鱼，对臧僖伯的劝谏完全不理会，后来还在那里建了观鱼台………………………………………………………………………………… 049（五）
吕锜在鄢陵之战射中楚共王眼睛，共王给养由基两支箭，命他射吕锜。养一箭射中吕项颈，拿另一支箭回来复命…………………………………… 349（四）
虑子到单父做地方官，他的朋友以钓鱼的经验，告诉他如何远小人、亲君子………………………………………………………………………………… 053（三）
马的量词为匹的来源…………………………………………………………… 153（二）
毛遂自荐………………………………………………………………………… 061（二）
茅焦不顾下油锅被炸死而向秦王进谏，希望秦王以统一天下为重，说完就自行解衣走向油锅。秦王立马阻止他，听从其劝告……………………… 178（四）
茅濛不愿为官，入华山修道。孙子茅盛，得道于句曲山。句曲山改名茅君山………………………………………………………………………………… 304（四）
孟贲勇猛非常，有次过河抢先上船，被船夫呵斥。他发怒时，眼眶裂开，头发竖起，一船人吓得跳到河中……………………………………………… 095（二）
孟母砍断织机上的织物教育孟子学习要坚持不懈，才能有所成……………… 049（一）
宓不齐任鲁国单父宰相，善用人，即使自己很安闲，依旧把单父治理得很好………………………………………………………………………………… 188（五）

闵子骞是大孝子，继母对他苛刻也不忌恨…………………………………… 164（三）
墨子看到人们将丝染成不同的颜色而有所触发…………………………… 029（四）
宁越小时候种地觉得辛苦，朋友告诉他勤学苦读三十年可免此苦，他说别
人休息自己不休，发愤苦读了十三年，齐威王请他去做了军师………… 091（四）
宁戚家贫，但每晚都唱歌，齐桓公听到，以为异人，就拜他为上卿……… 101（三）
齐国陈仲子，与国君同姓，恨宗人作乱，避兄离母逃亡…………………… 225（三）
齐国一寡妇，人叫庶女，被诬告，她以冤诉天，大风袭扫了齐王宫殿…… 312（二）
齐国欲伐魏国，淳于髡给齐王讲故事，说天下跑得最快的狗，去追最狡猾
的兔子，绕山跑了三圈，精疲力尽，种田的田父毫不费力地捕捉了他们 … 066（一）
齐桓公在鲍叔牙、管仲的辅助下，大兴齐国，成为霸主…………………… 068（二）
齐桓公攻鲁，在柯地会盟。鲁国曹沬持匕首劫桓公，逼他退还鲁地，桓公
答应，不仅把这次鲁国献的隧邑退还，还把曹沬三次败仗丢掉的土地退
还。桓公信守承诺，诸侯纷纷归附于齐…………………………………… 217（二）
齐景公年间，天空出现彗星，众人以为不祥，君臣悲戚，晏子极力劝谏无
果，景公坚持要祭禳………………………………………………………… 068（三）
齐景公渡河，船沉入水，有鼋把左骖马拖走，众人皆惊。古冶子仗剑追击，
最后左手持鼋头，右手持左骖马，仰天大呼，水也为之倒退三百步…… 094（一）
齐景公名杵臼，昼伏夜动，行动似老鼠…………………………………… 336（五）
齐景公游乐于海上，六个月不归，颜斶进谏说他乐于治海不乐于治国。齐
景公醒悟，回国……………………………………………………………… 356（一）
齐景公在泰山置酒，西望而泣，左右三人跟着哭，晏婴却看透国君的胆小
和臣子的谄媚而仰天大笑…………………………………………………… 378（四）
齐人田横，被汉高祖召入朝廷做官，他在距洛阳三十里处自杀………… 177（四）
齐威王杀掉了众人赞誉但把阿城治理得乱糟糟的阿城大夫，提拔了常有人
说坏话却把即墨治理得井井有条的即墨大夫，从此齐国大治…………… 144（五）
齐宣王大兴宫殿，众人不敢言，只有香车大胆直谏……………………… 154（二）
蒙恬创新了毛笔……………………………………………………………… 211（四）
秦朝灭亡在秦始皇的次子胡亥手中………………………………………… 020（三）
秦西巴随孟孙氏打猎，不忍心小鹿失去母亲，便放生了。孟孙氏决定聘他
为自己儿子的老师…………………………………………………………… 069（一）
卫鞅伐魏国，写信给魏国公子卬，欺诈与他见面，互立盟约，公子卬信以
为真，上了当，卫鞅大破秦………………………………………………… 185（一）

秦始皇焚书坑儒…………………………………………………………… 056（三）
秦武王时的乌获，力能扛鼎，是个大力士………………………………… 095（一）
秦昭王被蔺相如逼迫击缶…………………………………………………… 281（一）
秦昭王要为范雎报仇，向平原君索要魏齐，写信说想请平原君一起痛饮十天，平原君虽然畏惧秦国但还是去了，共饮了数日…………………… 123（五）
琴牢的朋友去世了，他鼓琴而歌。子贡以为不合礼义，孔子说他们是世外人，自己是世俗之人……………………………………………………… 215（一）
禽奚向秦穆公荐百里奚不成，以头撞车门明志………………………… 050（四）
屈到爱吃菱，关照后人他死后用菱祭供，遭到屈建的反对……………… 288（五）
蘧伯玉五十岁时知道了前四十九年所犯的错误………………………… 047（三）
荣启期行为放达，曾向孔子解说自己的人生“三乐”…………………… 043（一）
商鞅变更秦国法令，严厉推行以法治天下，使民勇于公战而怯于私斗…… 082（一）
商子以乔木、梓木告诉伯禽与康叔道理…………………………………… 361（一）
尸佼是春秋时的思想家，据说商鞅曾拜他为师…………………………… 134（一）
师经鼓琴，用琴去撞文侯，他说只撞桀纣之主，不撞尧舜之君。文侯于是把琴挂在室中，引以为戒…………………………………………………… 399（一）
史官董狐记事不畏权贵，秉笔直书………………………………………… 060（三）
叔隗、季隗被狄人逮获，献给晋公子重耳，他要了季隗，赐叔隗给赵衰为妻……………………………………………………………………………… 338（二）
叔向的母亲坚决不吃偷羊人送来的羊，而是把它埋了…………………… 159（一）
思革子、成文子、叔儋子三人友好，在投奔楚王的路上，衣寒食乏，二人认为思革子最有本事，便把衣粮都给了他…………………………… 271（二）
宋景公为君，颇有仁爱之心，他有至德之言三段，使已经出现的预示国家有祸事的星象又消退了……………………………………………………… 089（一）
宋就做边地县令，引导当地人以德报怨，偷偷帮楚国瓜地浇水，楚王知道后重金感谢，并请求交好…………………………………………………… 090（四）
宋玉为屈原弟子。屈原被逐，他作《九辩》悲悯，名句有“悲哉秋之为气也”……………………………………………………………………………… 198（四）
苏秦发愤苦读，用铁锥刺股………………………………………………… 058（二）
孙膑曾因同学庞涓的谗言，受魏王刖刑，后来他去到齐国，拜为师，巧用计策，大败魏兵，庞涓自杀而终……………………………………………… 119（一）
孙叔敖小时候杀掉了两头蛇，又将其掩埋，母亲说这是积的阴德………… 150（二）

孙武教吴王后宫美人练习兵法，三令五申无果，就斩杀了为首的两个，严肃军纪，果然令行禁止。吴王大喜，重用他为将…………086（三）
唐举善于给人看相…………037（四）
陶答子违背豹子隐藏在雾中保护自己的智慧…………018（三）
田子方自认为是贫贱的骄人…………008（一）
王豹善于唱歌，家乡周围的人由此几乎都被教化了，而且也都善歌…………060（二）
王次仲改旧文为隶书，秦始皇屡次征召不去，在被押送途中化成大鸟，翻飞而去，留下三根大羽毛在山上…………062（一）
王斗修道不做官，有一次要见宣王，但不进宫，而是让宣王出来见他。后王斗荐五人于宣王，齐国大治…………363（五）
王孙贾母亲的家国情怀…………013（四）
王蠋很有见识，乐毅攻齐时想收为己有，以屠城威胁，他便自刎而死，说忠臣不事二主…………129（一）
尾生曾与一女子相约于桥下，女未至而水暴涨，他守约不离开，抱桥柱溺亡…………225（二）
卫国同意了新筑人希望悬挂繁缨入朝见国君的请求，孔子听说后感到可惜…………175（二）
卫懿公十分喜欢仙鹤，封它为将军大夫，将士们非常不满，后狄人来侵，果然大败…………049（四）
魏公子节的乳母为公子挡箭，身中数十下，与公子俱死…………312（一）
魏绛出使劝和了戎人…………007（一）
魏牟去见赵王，赵王正请良工艺匠给他用绸纱做帽子。魏牟对赵王说，大王治国态度超过这做帽子，天下就大治了…………223（三）
魏太子击在中山生活，他长大后，文侯派人送衣一箱暗示太子应该回宫了…………292（一）
魏文侯与虞君约好了去打猎，当天下雨，仍冒雨而去…………388（三）
魏武子有一个宠妾，本来说死后让她改嫁，临终又说让殉葬，他的儿子颗把妾改嫁了。魏颗为将，大战秦国，妇人之父把草打结，串成绳子一样，把秦将的马绊住，大获全胜…………146（五）
吴起在鲁任职，齐兵来伐，为求将位，便杀掉了为齐国人的妻子…………070（一）
伍子胥率吴兵伐楚，一雪杀父之耻…………057（一）
伍子胥投奔吴国，在溧阳遇到女子在水边洗衣，就向她讨了吃的…………109（三）

武王伐纣，造访箕子咨询治国大法，箕子就献出《洪范》中的九类规范，其中一类是“飨用五福”…………………………………………………… 149（一）
武乙昏庸无道，用皮囊盛血，仰头而射，说这是射天，极其荒唐………… 115（三）
西门豹治邺…………………………………………………………………………… 064（五）
郤克脚跛，他出使齐国时，齐国派跛者给他驾车。郤克大怒，后引发鞍之战…………………………………………………………………………………… 283（三）
夏桀暴虐，大臣关龙逄极力劝谏，夏桀把他杀了………………………………… 220（三）
夏桀得两女子，叫琬和琰，他把名字刻在苕华之玉上，苕刻琬，华刻琰 …… 350（六）
项羽破釜沉舟，鼓舞士气，楚军以一当十，大破秦军，解了赵国巨鹿之围…………………………………………………………………………………… 119（二）
项羽灭秦后，称楚霸王，将楚义帝密杀于江中…………………………………… 165（一）
萧史善于吹箫，能吹出鸾鸟和凤凰的叫声，秦穆公把女儿弄玉嫁给他，居住在凤楼，教她吹箫…………………………………………………………… 131（五）
信陵君将一只受惊躲在桌下的鸠赶走，不想被屋顶上的鹞捕杀了，他下令捉住三百多只鹞，最后只杀掉了那只认罪的，其他全部放走，从此公子的仁慈之声传天下…………………………………………………………… 069（二）
信陵君窃符救赵……………………………………………………………………… 197（一）
须贾曾和范雎有过节，后来不知范已拜相，见他穿着破烂，就赐给了他一件绨袍。范雎说你还有朋友的情意，就把他放了………………………… 136（四）
荀息用“危如累卵”的比喻劝谏晋灵公…………………………………………… 204（五）
颜叔子居一室，一天夜雨，邻家屋倒塌，一女来投奔，让她手持点燃的蜡烛，审慎避嫌…………………………………………………………………… 224（四）
颜乌幼时曾救乌鸦，父死，他负土为坟，众乌鸦衔土助他，因为这更县名为义乌………………………………………………………………………………… 380（四）
晏婴非常节俭，并且身体力行……………………………………………………… 112（四）
晏婴使楚，楚王捉弄他，反被他说得下不了台…………………………………… 308（四）
燕雀安知鸿鹄之志哉………………………………………………………………… 063（三）
燕人伐齐，连城皆降，惟即墨、莒久攻不下。即墨人立田单为将，以火牛阵破燕……………………………………………………………………………… 206（四）
燕昭王欲招天下贤才，听从郭隗的建议，为他建黄金台，抛砖引玉，不久果然吸引了更多贤士到来……………………………………………………… 126（一）
羊殖是贤大夫，他的好朋友成抟说，随着年龄的增长，他一直在进步，品

格修养越来越好…………………………………………………………………… 091（三）
伊尹在有莘国之野耕作，商汤三次派使聘请，后来佐助汤伐夏救民……… 081（一）
易水送别………………………………………………………………………… 146（四）
易牙是佞臣，善调味，一天齐桓公说蒸婴儿的味道未尝过，这易牙就把自
己的儿子蒸了献上…………………………………………………………… 217（四）
阴阳家邹衍喜欢谈天事，号为“谈天衍”…………………………………… 180（二）
殷纣王时，朝中有三位仁人，分别是微子启、箕子和比干………………… 079（四）
尹喜以风占卜知老子…………………………………………………………… 011（二）
隐士黔楼死后盖一布被，头足不能两全，学生建议斜着盖，他的妻子说，
斜而有余，不如正而不足…………………………………………………… 101（一）
虞卿是游说士人，得赵孝成王礼遇，拜为上卿，他著书八篇，称《虞氏
春秋》………………………………………………………………………… 055（二）
越国大夫范蠡，辅佐勾践灭吴后，携西施泛舟五湖，浮海入齐，变姓名 … 226（一）
乐正子爱信用…………………………………………………………………… 244（一）
乐羊三年攻下中山国，回来后等待记功，魏侯出示给他一箱谤书………… 420（二）
展获死后被妻子评价为“惠”………………………………………………… 011（一）
张仪能言善辩…………………………………………………………………… 030（一）
张仪替人抄书，见到圣人之文，无题记的，就记在手掌和大腿上，回家砍
下竹子做竹简，匆匆记录下来……………………………………………… 139（三）
召公在巡行南国的棠树下处理政务，爱民如子，死后人们为怀念他做《甘
棠》诗，其树也不忍砍伐…………………………………………………… 163（五）
赵盾曾经给倒地的饥饿人灵辄吃了东西，后来晋灵公杀赵盾时，灵辄倒戈，
奋力保护，赵盾得以脱身…………………………………………………… 147（一）
赵氏孤儿………………………………………………………………………… 164（五）
曾参生病，对儿子们说，君子应当务求增进品德…………………………… 101（五）
曾子在瓜地除草，不小心把瓜根除掉，父亲用大棒子打他也没有逃跑。孔
子教育他在大棒面前不逃跑，就容易陷父亲于不义，不符合孝道……… 090（五）
郑国大夫子产，回赠吴使季札白纻衣，因当时郑国以纻为贵……………… 227（四）
郑国渠开凿的始末……………………………………………………………… 051（一）
郑褎哄骗美人见到大王后要捂住鼻子。美人照做，大王问及缘由，郑却说
美人捂鼻子是因为不想闻到大王身上的臭味，最终美人被楚王割了鼻子
……………………………………………………………………………………… 298（一）

智伯被赵襄子杀了，门人豫让坚决要报仇，就用漆涂身体让皮肤变癞，口吞炭变哑，在大街上行乞，伺机行动……………………………… 125（三）
钟离春长得丑，四十岁时自己去见齐宣王，宣王召见她，谈话后拜其为皇后……………………………………………………………… 328（一）
钟子期通音律，俞伯牙善鼓琴，子期听到后说巍巍乎若泰山。伯牙又鼓琴，子期说荡荡乎若江河。后子期死了，伯牙认为世无知音，挑断琴弦不再鼓琴……………………………………………………………… 218（一）
周朝由太史籀作篆书，又称大篆，有别于秦始皇后的小篆……………… 208（一）
周灵王的太子晋，在嵩山修炼多年，后来在缑氏县的山头乘鹤拜谢世人，数天后羽化成仙而去…………………………………………………… 114（二）
周文王曾被纣王囚禁在羑里，他在那儿推演出了《周易》……………… 159（六）
周武王灭商后，归马华山之阳，放牛桃林之野，表示天下休兵，不复用马……………………………………………………………………… 067（三）
周武王伐纣，夜渡河，有大蜂飞集于武王舟中，后来纣亡，封此船叫"蜂舟"…………………………………………………………………… 396（二）
周宣王姜后以自己待罪的行动来劝谏宣王不要懒睡，要勤于政事………… 219（四）
朱亥勇猛而有侠肝义胆…………………………………………………… 028（五）
朱文子学仙，有物化为白霓，他用长戈刺它……………………………… 286（四）
专诸与人斗，伍子胥知道他必为勇士……………………………………… 273（一）
庄周梦中化身为蝴蝶，飘飘然，又疑惑是不是自己在蝴蝶梦中………… 098（三）
庄子借神龟为喻，婉拒楚王邀请………………………………………… 037（三）
庄子借鹓雏鸟和鸱鸟的故事嘲讽梁相惠施气量狭隘……………………… 041（五）
庄子的妻子死了，他蹲坐着，敲门而歌，抒发慨叹……………………… 096（一）
庄子到楚国，见到空髑髅，用鞭子打它，说它贪生失理而至于此………… 203（五）
子贡去楚国，路过汉阴，见一老翁抱瓮来灌溉园圃……………………… 404（五）
子路少时贫穷，走百十里路背米供养二亲，自己吃藜藿草类……………… 225（四）
子思称赞苟变为"大材""干城之将"，劝谏卫侯重用他…………………… 178（二）
子夏儿子死了，他终日叫喊自己无罪，曾子明确指出他三个错误，他才恍然大悟…………………………………………………………………… 047（二）
子夏很贫穷，穿的衣服如鹌鹑毛一样，凌乱不齐………………………… 048（一）
子舆与子桑为好友，有次下了十天雨，子舆裹了饭前去看望子桑………… 271（三）
邹衍蒙冤入狱，不能辩白，仰天悲愤大哭，夏天里天降大霜……………… 158（三）

两汉三国

安童伯性贪婪…………………………………………………………409（二）
百里嵩，字景山，为徐州刺史，境内大旱，他行车视察，所到之处皆下雨，
时称“刺史雨”…………………………………………………………386（六）
班超起初为官府抄书养家，劳苦不堪，他把笔扔了说，大丈夫要立功于异
国，以取封侯，怎能在笔砚间忙碌。后来他平定西域，被封定远侯……127（五）
班超遭李邑谗言，说他“拥爱妻、抱爱子，安乐外国”，为了表示清白，他
就把妻子逐出…………………………………………………………339（二）
班固评价霍光不学无术……………………………………………………298（五）
班婕妤推辞和皇帝同辇，她说古往今来，圣贤君主旁边都是名臣，末世君
王身边才会出现受宠的姬妾…………………………………………055（三）
班昭有文才史识，哥哥班固未完成《汉书》就去世了，她经数年续写完成
…………………………………………………………………………155（五）
鲍宣妻桓少君出嫁时，把丰厚的嫁妆退了，着布衣同鲍宣推鹿车回乡……272（四）
鲍宣为了平息知府薛映的怒气，献《孤雁诗》一首，后被称赏，号“鲍
孤雁”…………………………………………………………………340（一）
鲍永好文，老穿着黑围裙，称“鲍尚书兵马”……………………………416（三）
鲍昱为官廉洁，家中三代都是司隶，但共用一匹青骢马…………………236（二）
丙吉为相，宽大礼让，一次碰到民人斗殴，他不问死伤，关心道旁的牛……209（二）
卜式不肯做官，以耕畜为事。皇帝让他到上林苑牧羊，一年多，羊肥羔多
…………………………………………………………………………266（二）
蔡衡能辨认不同的名鸟，他说栖息在隐士辛缮家偏青色羽毛的鸟是鸾不
是凤……………………………………………………………………057（五）
蔡伦总结前人经验，仿制缣帛的方法造出了纸……………………………050（一）
蔡琰通音律，被胡人掳去二十年，曹操重金赎回，她有感作《胡笳十
八拍》…………………………………………………………………156（一）
蔡琰听蔡邕夜弹琴，忽断弦，蔡琰由是辨别所断之弦……………………332（五）
蔡邕的邻居蒸酒召他去饮，刚到，听琴声有杀心，就回家了。原来是弹琴
的人看见螳螂要捕蝉，杀心表现于琴声中……………………………402（一）
曹操多智谋…………………………………………………………………056（四）
曹操说卢植的学术当为儒家之宗，为人是当世人的楷模…………………062（三）

曹操机警多权术，但临死前暴露了自己的小格局，人说这是平生奸伪，死见真性，其人如鬼…………………………………………………… 100（三）
曹操久攻不克吕布据守的下邳，采用许攸、郭嘉的计策，最后擒获并斩杀了吕布…………………………………………………………… 118（五）
曹操会见匈奴使者，让身姿俊雅的崔琰代替自己，他就握刀站在旁边，结果匈奴使者却认为这位握刀人有真英雄风采………………………… 121（二）
曹操率大军攻吴，许多人想投降，独周瑜请战，最后火烧赤壁，大破曹军………………………………………………………………………… 161（一）
曹操认为江陵富庶，怕被刘备占据，就出精骑三千，迅速追击，夜行三百多里………………………………………………………………… 206（一）
曹操大军进逼江东，周瑜进谏力拒曹兵，孙权用剑斫奏案角，以示抗敌决心………………………………………………………………… 318（五）
曹丕大兴土木，王基上疏说古人以水喻民，水能载舟，亦所以覆舟……… 205（一）
曹丕曾临江观兵，叹息“长江天堑”………………………………………… 256（二）
曹丕的甄后入宫，宫中有绿蛇，每当甄后梳头时，蛇就盘个髻形，每日不同，称“灵蛇髻”…………………………………………………… 289（三）
曹丕好学，手不释卷………………………………………………………… 329（一）
曹丕田猎，尚书古弼尽供弱马，以此劝告人主要全心治理国家…………… 365（三）
曹丕想要伐蜀，刘晔为了迎合魏文帝，说可以，但他却对别人说不可伐蜀 … 367（三）
曹参得知萧何去世，催家人准备进京，说将任宰相………………………… 199（四）
曹植登鱼山听到清远嘹亮的诵经声，肃然有灵，就跟着唱，并由此喟然感叹，想在此终老…………………………………………………… 021（四）
曹植文采斐然………………………………………………………………… 029（五）
常林当刺史，司马懿以长辈见贤之礼待他，每见必拜……………………… 407（四）
晁错崇尚法家，能言善辩，被太子家号称是“智囊”……………………… 159（五）
车夫喝醉后吐在了丞相丙吉车上，主吏要赶走他，但丙吉宽恕了他……… 298（四）
陈谌、陈纪年少时，有一次听到父亲和客人的谈话非常有趣，便被吸引，结果把锅里的饭煮成了糊糊………………………………………… 036（四）
陈蕃仰慕徐孺子，常设一张床榻礼待他……………………………………… 111（一）
陈蕃十五岁时替父亲投书郡功曹薛勤，第二天薛来访，说“足下有个不凡的儿子，我来教育”………………………………………………… 229（一）
陈琳文采斐然，曹操军队的书报檄文大都出于他手，一次曹操头痛发病，

看到了陈琳的文章，说“这个可以医我的病”…………………………091（二）
陈琳很有才气，好朋友称赞他，他说“河北与天下隔绝，这里少有好文章，我能被称为文伯，受之有愧”……………………………………137（四）
陈茂和周敞渡海遇风，陈拔剑大骂水神，风居然停止了………………233（四）
陈平家穷，以破席当门，但门外多长者车辙，于是娶到了乡里富人张负的孙女……………………………………………………………………070（二）
陈平因为胖被人问平时吃什么，其嫂子就说吃的是糠（猪食），有叔如此不如无。陈伯听说后逐其妇………………………………………………374（一）
陈平用计离间项王和范增，项王果中计………………………………392（一）
陈寔正读书时，有偷者在梁上不下来。他召弟子们说，不好的人未必恶，梁上那君子就是。偷者大惊，跳下来，陈说大约是贫穷所致，赏他两匹绢……………………………………………………………………227（一）
陈咸刚直不屈。其父万年教导他巴结奉承别人，他听着睡着了，头触到屏风……………………………………………………………………387（三）
陈重和雷义为好友，情义非常，人称“胶漆自谓坚，不如陈与雷”………075（三）
陈遵十分好客，每次召集宴会饮酒，就把客人的车辖投入井中，使朋友着急想走也走不掉………………………………………………………………097（二）
程普因为自己年长，常凌辱周瑜，但周瑜宽容大度，始终不计较，他后来告诉别人说，和周瑜交往，如同饮醪糟………………………………140（一）
楚王刘英最先信佛……………………………………………………056（二）
楚元王对穆生礼遇有加，每次设宴都为不喝酒的他单独设置醴。等刘戊即楚王位后，有次忘了置醴，穆生说可以离开了，就决意离去…………077（一）
崔烈用五百万钱买来了司徒官职，问儿子外面议论如何，儿子崔钧回答，大家都嫌有铜臭味……………………………………………………065（二）
崔琦以文章著名，梁冀看出文章讽他，便派刺客杀崔琦，刺客不忍加害，让他逃走了……………………………………………………………311（三）
大乔、小乔有国色，孙策自纳大乔，周瑜纳小乔…………………………338（三）
戴和每结交到亲密朋友，就书写在名为《金兰簿》的书简上………………064（二）
戴良自认为独步天下，无人可以相匹敌…………………………………020（五）
戴凭善于谈经，京师谣语“说经不穷戴侍中”……………………………192（一）
邓艾口吃，自称常说“艾，艾”，但做事却应对敏捷 ……………………041（二）
邓通每入朝常坐皇帝身边，宰相申屠嘉训斥他是小人，当斩，皇上派使者

持节，说“他是我的弄臣，放了他吧”…………………………………… 239（二）
第五伦，字伯鱼，娶过三位孤女，别人却说他鞭打岳父，颠倒黑白……… 240（五）
第五伦承认有私心………………………………………………………… 254（四）
刁存年老口臭……………………………………………………………… 369（三）
丁固梦到松，占卜人说是未来仕途的征兆………………………………… 017（一）
丁兰早年丧母，刻一个木像，天天供奉，像活着一样…………………… 145（一）
丁仪有一眼看不清，但曹操爱慕他的才，说即使两个眼睛都盲了，也要把
女儿嫁给他…………………………………………………………… 179（二）
东方朔学书三冬，积累了丰富的文史知识………………………………… 017（五）
东方朔诙谐幽默，一次皇帝赐肉，没等大官来就割了一块走了。皇帝让他
自我反省，他就自我表扬，非常风趣………………………………… 168（四）
东郭痴等朝廷招揽，等得贫困饥寒，连鞋子都破了……………………… 011（四）
董宣正义杖杀湖阳公主管家，拒绝道歉，欲触头自杀，未遂，光武帝称其
“颈项强直”…………………………………………………………… 332（一）
董昭渡过钱塘江时救了一只大蚂蚁，蚂蚁感念。后来董昭被诬告入狱，众
蚁帮他脱身，最终遇赦得免…………………………………………… 032（三）
董卓专权，袁绍抗争，手持佩刀，横于胸前，向董卓揖别……………… 277（四）
窦武出生时，有一蛇同时产出……………………………………………… 078（三）
窦宪、耿秉北征匈奴，大破之，命中护军班固刻石记功，勒于燕然山…… 193（一）
窦宪纳妾，四方送贺礼，南郑太守也打算遣使往贺，府吏李郃劝说，不听。
李就说他去送贺礼，走在路上，故意迟留。才到扶风，就得知窦宪败落，
而南郑太守免于牵连…………………………………………………… 206（二）
杜畿夜谈，被隔壁荀彧听到，十分惊异，于是把他推荐给了朝廷………… 031（四）
杜钦字子夏，有眼盲当不了官，别人为了区分同名同姓的，就称他“盲子
夏”。他很不高兴，去定制了一顶小帽，到京城后人们称他“小冠子夏”… 103（三）
杜微自称耳朵聋，不肯做官………………………………………………… 241（二）
樊通德与丈夫讲赵飞燕姐妹宫中故事……………………………………… 014（五）
樊英有次见暴风从西方起，说成都火灾，含水向西嗽去………………… 250（五）
范滂为光禄勋陈蕃主事，范去拜见陈，陈不谦受，范滂怀恨，弃官投笏
而去…………………………………………………………………… 380（五）
范冉小时候和同郡尹包要好，出入共穿一件红袍，到家门口时，尹年长，
先穿衣进去，出来后再脱给他换上…………………………………… 086（五）

范冉坚持不做官，居住简陋，穷居自甘……………………………… 280（一）
方士栾大说，自己往来海上，可将仙人招来，汉武帝深信，叫人给他治行
装入海……………………………………………………………………… 116（三）
防年的继母杀掉了他的父亲，他便把继母杀了，被判为大逆之罪，汉景帝
对此迟疑不决，年幼武帝一语道破案情轻重，防得以减刑……………… 040（五）
费长房学道于壶公，遣归时，他骑着壶公给的一根木杖回到了家………… 385（一）
冯邈说等大兵压境，他就降，妻子唾他一脸。后冯降，他妻子自缢……… 263（五）
冯太后当年为汉元帝勇挡熊…………………………………………………… 014（三）
冯正、冯立兄弟为人称颂德化治理…………………………………………… 233（二）
伏湛做官关心疾苦，捐俸禄赈济，还请求奉行乡俗饮酒礼………………… 108（一）
服虔准备为《春秋》作注，很有见地，大学者郑玄听说了，就把自己的未
完稿给了他，成了现在的《春秋》服氏注…………………………………… 139（一）
傅介子好读书，十四岁时，曾丢弃写字用的木牍而慨叹说，大丈夫应该在
外地立功，怎能坐在家中当老儒生…………………………………………… 063（四）
甘宁侍从皆被文绣，常以缯锦缆舟以停船等，以示其奢…………………… 419（三）
高凤妻子叫他拿着竹竿赶鸡，保护晒的麦子，结果他看书太认真，麦子被
暴雨冲走了也不知道…………………………………………………………… 103（一）
睾通制造了一种神弩，一发可杀人三百，赵佗进攻安阳时因此而大败。后
来赵佗得此神弩，出其不意攻打安阳，安阳王大败而逃…………………… 238（二）
盖勋与苏正和有矛盾。有个州刺史梁鹄想杀苏正和，有人劝盖勋乘机报复，
盖说乘人之危，不仁，并劝谏梁鹄…………………………………………… 209（三）
耿纯为东郡太守，被免职。后来东郡盗贼群起，光武帝拜他为大中大夫去
东郡，九千多人向他投降……………………………………………………… 303（四）
耿恭率兵被匈奴断绝城中水源，凿井无水，便下拜祈祷，一会儿泉水奔出
……………………………………………………………………………………… 050（五）
耿恭字伯宗，以毒药敷在箭矢上射杀匈奴，匈奴惊于“汉家神箭”，引
兵退…………………………………………………………………………… 373（二）
公沙穆想入太学没钱，就充当吴佑家的舂米佣人，吴一次跟他交谈大惊，
在杵臼的地方与他建立了兄弟之谊…………………………………………… 102（二）
公孙弘家贫，替人放猪，四十多岁才学《春秋》，武帝时拜为博士、丞相，
他打开东阁招贤谋政…………………………………………………………… 202（一）
公孙弘举贤良，故友邹长倩赠以素丝，并修书信表述人之功勋也当由微

而著……………………………………………………………………………… 260（四）
龚胜做汉哀帝的谏议大夫，王莽专权就隐居了，朝廷想方设法征召他，坚决不去，最后绝食而死……………………………………………………… 146（三）
龚遂被任命治理渤海郡，他到郡里，下达文件，劝课农桑等，于是盗贼瓦解……………………………………………………………………………… 405（二）
古代曾建筑过多座受降城……………………………………………………… 023（三）
关羽义盖云天，神勇无比……………………………………………………… 158（一）
关羽字长生，华佗给他胳膊刮骨疗毒，血流淋漓，他依旧谈笑自若……… 365（二）
管辂喜天文，邻人孩子玩土，他在地上画天体图像………………………… 234（六）
管辂被人视为奇人术士，一次在安德令刘长仁家，听懂喜鹊的叫鸣，说有案子要判……………………………………………………………………… 314（四）
管辂看相，说邓飏是为鬼躁，何晏是为鬼幽，是无福之相………………… 394（二）
管宁因为华歆读书不专心，就割开和他同坐的席子，拒绝和他做朋友…… 052（一）
灌夫刚直爱喝酒，酒后爱闹事，贵戚中有地位的，一定要去凌辱，而贫贱的反而尊敬………………………………………………………………… 087（四）
光武帝刘秀打算带兵到邯郸，耿弇建议应向北发展，大干一场，众人都不赞同，因为困难很多。刘秀力挺耿弇，最终取得胜利……………………… 075（四）
光武帝外出打猎，半夜才回，郅恽是上东门守备将军，严格执行规定，不开城门…………………………………………………………………………… 111（二）
光武帝郭皇后弟弟受赏丰厚，黄金过亿，人称“金穴”………………………… 111（五）
光武帝喜欢用图谶决疑惑，桓谭不同意，上书极力谏争…………………… 146（一）
光武帝称徐宣铁骨铮铮，人中佼佼者………………………………………… 377（五）
光武帝刘秀，因蓟中起兵造反，他急忙出城，至滹沱河，趁着河水结冰，率众人渡河。还有几人未过去，河冰就化了…………………………… 388（四）
郭丹去长安求师，花钱买了通行证才进函谷关，立志以后不乘使者车，终不出关。后来果然如其志……………………………………………… 324（二）
郭伋任太守，有恩于民，一次出巡，数百名儿童骑竹马拜迎，还与他约定了回来的日期，他按期而返……………………………………………… 051（四）
郭巨家贫，老母的饭食常被儿子分走一半，便决定将儿子埋掉，挖土三尺后，竟得到黄金一罐……………………………………………………… 027（三）
郭亮是李固的弟子，李固得罪梁冀，被杀弃尸于大街上。郭亮宁死也要给师傅收尸，太后听见他的话后，同意让他收葬……………………… 367（四）

郭林宗讲学，有童子叫魏德公，请求为其做饭洒扫。郭偶不舒服，叫魏熬粥，且三次都把粥倒掉，大声呵斥，魏依旧和颜悦色。郭见此才真正了解了他，教给他学问……………………………………………… 185（三）
郭泰深通经典，学识渊博，被魏昭称为“人师”，这是因为讲课的老师容易找，而能当人的老师却难求………………………………………… 031（五）
郭泰称赞黄宪的品格“如汪汪千顷波水”……………………………… 171（四）
郭宪拔刀斩断车鞧，极力劝谏光武帝不要征战陇西，皇上不从。后颍川盗起，皇上悔不当初………………………………………………………… 355（一）
韩伯俞犯错，他的母亲会用竹片打他。有一次，他因感受到母亲不如往日康健，逐渐衰老，便悲伤地哭泣了………………………………… 029（三）
韩康隐居在长安采药卖药，三十多年，从不虚报药价，不讨价还价，因此他的名字还是被很多人称道……………………………………… 036（五）
韩信落魄时，淮河边洗衣的大嫂曾分他一点饭吃，他功成名就后，以千金回谢……………………………………………………………………… 109（二）
韩信封为楚王，刘邦用陈平计，说游云梦，韩出迎，即被捉………… 199（二）
韩信被吕后杀死后，萧何托南越王赵佗抚养韩信的儿子……………… 274（四）
韩延寿赴任时，见百姓中兄弟二人争讼田亩，自感不能宣明教化，于是闭门思过，最后感化百姓，终死不争……………………………… 096（六）
汉朝七位可以称道的皇帝……………………………………………… 015（一）
汉朝元、成帝时，王氏五侯有矛盾，而楼护周旋其间。五侯送来的奇膳，他合起来炒饭，叫五侯杂烩………………………………………… 206（五）
汉成帝时，京城无故谣传要发洪水，一片混乱，王商力陈皇帝，不能相信以讹传讹，不久，果然安定了……………………………………… 146（二）
汉初“商山四皓”……………………………………………………… 106（一）
汉高祖有病不让臣下去看他，如此十多天。樊哙推门直入，进去规谏…… 258（五）
汉高祖为雍齿追击，躲于井中，有蜘蛛结网封井口，得以脱身。汲黯立神蛛庙祀之…………………………………………………………… 396（一）
汉景帝时，诸藩王来朝，皇帝命其歌舞，长沙定王刘发只抖手，以此暗示自己国小地狭不足回旋…………………………………………… 302（一）
汉明帝时，思念中兴大臣，画“云台二十八将”于洛阳的南宫云台，亦表彰其功勋………………………………………………………………… 074（二）
汉明帝因事对郎官药嵩不满，用手杖撞他……………………………… 250（四）

汉明帝马皇后是马援之女，常穿素裙，称宜于染色…………………………… 307（五）
汉文帝宠信邓通，赐他蜀中铜山来铸钱币，景帝即位就把他罢免了，最后饿死街头……………………………………………………………………… 112（一）
汉武帝时，暴胜之等被派为特使，持斧头，穿专门的绣衣，逮捕泰山琅琊的群盗……………………………………………………………………… 082（五）
汉武帝宠爱的李夫人去世，方士少翁设法招魂，以解武帝的无限思念…… 116（二）
汉武帝托孤时观察群臣，发现只有霍光忠厚，可委任大事…………………… 145（三）
汉武帝末年，政令崇尚严酷，只有黄霸坚持宽和，后被召为廷尉正，平反了许多冤狱……………………………………………………………… 145（四）
汉武帝经过渭桥，看见一个乳长七尺的女子在洗浴，张宽说她是主祭祀的天星，因为斋戒不严，则女人星出现…………………………………… 192（三）
汉武帝把东方朔采集的元精露诏赐群臣，尝饮的人能去病、长寿………… 237（一）
汉武帝时汾阳掘得大鼎，无款识，称宝鼎……………………………………… 260（一）
汉武帝去甘泉宫，见一红虫，当时东方朔在随从车中，去看，他说这虫叫怪哉………………………………………………………………………… 293（一）
汉武帝思念李夫人，东方朔献上一支梦草，武帝将其放于怀中，夜里果然梦见李夫人……………………………………………………………… 358（六）
汉武帝时，建章宫后阁出土一物，惟东方朔所识，他说是驺牙，远方来归之义。果应验…………………………………………………………… 363（一）
汉宣帝时，天下太平，念及股肱之臣的功劳，便画了他们的画像悬于未央宫中的麒麟阁，一共十一人……………………………………………… 074（一）
汉宣帝时请通晓阴阳者四人，各主管一个季节，修续高祖时令…………… 211（二）
汉宣帝时霍氏骄横，徐福上书请求抑制他，言词恳切………………………… 386（四）
汉苑中有状如人形的柳树，一日中三眠三起的时间十分精准……………… 021（二）
汉昭帝即位后，遣使去匈奴，曾和苏武一起出使的常惠夜间去见，他教汉使对单于说，汉天子得一飞雁，有帛书，说苏武还在北海边。单于听后大惊，遂放苏回去………………………………………………………… 177（二）
何比干做廷尉，为人宽厚，常给人活路，因此得到了一个老婆子赐给的简册，说可使他的后代繁荣……………………………………………… 112（二）
何晏面孔俊美而白，皇帝常常怀疑是他施了脂粉的缘故…………………… 029（一）
何晏小时候聪明如神，被曹操养在宫中，他站在自己画的方框里，说是何氏的房子，曹操明白后，就把他送回去了………………………………… 080（一）

何晏精通《易》学，还曾向管辂请教…………………………………… 167（三）
何晏、邓飏、丁谧三人，被称为“三狗” ……………………………… 338（四）
何晏字平叔，梦见他鼻子上有数只青蝇，正预示了次年他被诛杀一事…… 390（五）
侯瑾好学，给人家作佣工，晚上燃荆柴读书………………………………… 288（四）
胡广虽然有能力，但是取媚于时，无忠直之风，人们瞧不起他………… 409（一）
华歆一次与王朗乘船避难，有一大汉要搭船，华似不允，而王同意。后来有贼人追来，王想把刚才那大汉丢下，华说人家把身家性命托于我们，不可抛弃…………………………………………………………………… 224（三）
桓典执法公正常骑青骢马巡视………………………………………………… 005（一）
桓景向费长房学道，长房说桓景家九月九日有灾厄，可采茱萸登高免灾 … 282（二）
桓嫠夫死子夭折，依旧不肯改嫁……………………………………………… 255（三）
桓荣自小学习欧阳的《尚书》，后能辩明经义，考究古今学说，光武帝时官至太子少傅，明帝时，仍尊以师礼…………………………………… 180（三）
黄皓是三国蜀汉的宦官，专权用事，自作主张。后人议论说，因为黄皓这样的人，蜀汉最终会被灭掉………………………………………………… 081（四）
黄琬七岁时，提供给祖父向太后巧妙汇报日食具体形象的说法………… 118（一）
黄香母亲早亡，对父亲至孝，夏天用扇子扇凉枕席，冬天用身体温暖被窝…………………………………………………………………………………… 164（四）
季布有一诺千金的好名声，是有人宣扬…………………………………… 228（四）
祭遵以儒术带兵，即使军队里也不忘记祭祀礼仪………………………… 151（三）
贾逵以教学生为业。有人说，贾逵这收入是靠舌头耕种所得…………… 181（五）
贾逵守绛邑，叛将郭援攻城，绛州父老呼吁不要杀贾逵，不然同他一起死…………………………………………………………………………………… 258（二）
贾让上奏汉哀帝称治河有上中下三策……………………………………… 342（三）
隽不疑叫人把自称卫太子的人绑起来，用《春秋》经术阐释他是罪人…… 397（五）
贾谊遭人诽谤被贬为长沙王太傅。文帝思念他，又把他召回问鬼神方面的事，谈至半夜，文帝不自觉移座向前，靠近贾谊……………………… 191（一）
建安七子………………………………………………………………………… 085（四）
姜维母亲借“当归”想让他还家，他说有远志不可回…………………… 047（五）
金日磾素立忠勋，两个儿子是侯爵，戴七叶貂珥，在汉代衣冠中十分显眼…………………………………………………………………………………… 148（二）
阚泽家贫好学，他就替人家抄写书籍，得此看遍所抄之书。后官至太子

太傅……………………………………………………………………………… 179（三）
孔融力赞祢衡的才能………………………………………………………… 016（三）
孔融向恒帝推荐边让，说让边让做能盖九州的被子不足，但做长袍子则有余………………………………………………………………………… 277（三）
寇恂留守黄河北岸…………………………………………………………… 007（二）
蒯彻给淮阴侯韩信看相，并劝说他………………………………………… 406（一）
郎药崧受杖责时逃到床下，皇帝对他怒吼，他大胆谴责皇帝的言行有失尊崇………………………………………………………………………… 022（一）
李充推荐隐士大儒，但不合邓陟的心意，邓就拿肉让李充吃想要堵住他的嘴，但是李充把肉吐在地上，说完就走了……………………………… 237（四）
李充字大逊，因妻子提议与兄弟分家而将她逐出家门…………………… 339（一）
李固遇难，留有一子名李燮，门人王成把其藏匿起来，等仇人伏诛后，他才让李燮出头露面……………………………………………………… 275（一）
李广是抗击匈奴的重要将军，汉武帝说他口不能生词，惶恐的样子像个下等人，但天下人都尊敬仰慕他………………………………………… 070（三）
李广与匈奴大小数百战，但不得封侯。卫青击匈奴，李广多次请战，被允许了。但皇上背后关照卫青，说李广运气不好……………………… 263（二）
李广夜间带随从骑马外出，晚归，到霸陵，守关的校尉醉酒，呵叱不让入关，让他夜宿于关外亭下………………………………………………… 354（一）
李衡为丹阳太守，派人在龙阳洲种橘千株，临终时告诉儿子家有木奴千头，可供衣食……………………………………………………………… 208（四）
李陵征战匈奴兵败，最后力尽投降………………………………………… 128（五）
李谧只爱整理图书，朝廷屡次征召都不就，他说大丈夫拥书万卷，无空闲去当百城的官员……………………………………………………… 052（五）
李平诡诈狡猾，机心深峻…………………………………………………… 178（一）
李少君，死后一百多天被人看见乘青骡，皇上听说后，开棺看，果然棺中一无所有……………………………………………………………… 354（三）
李少君游海上，生吃的枣大如瓜…………………………………………… 357（二）
李郃知天文，汉和帝派二位使者要入蜀，他在益州观天象就知道了……… 143（四）
李膺执法严格，把贪残无道的张朔从躲避的夹柱中抓出，按律正法……… 168（五）
李元礼初见同乡聂季宝，就断言他当作国士，后来果然如此……………… 059（五）
郦生入驿站旅舍见汉高祖，高祖蹲在床上，郦生说他见到长者不应该如此

据傲。高祖起身，延之上座……………………………………………… 368（二）
梁鸿出函谷关，见宫室崔嵬，不禁作《五噫歌》…………………………… 034（二）
梁鸿小时候失去父亲，常孤独行动，邻人做饭结束，让他借灶做饭，他说不依靠别人的热灶…………………………………………………………………… 080（二）
梁冀妻孙氏喜为妖态………………………………………………………………… 327（六）
梁冀一门出了三位皇后……………………………………………………………… 357（四）
梁竦自负有才，郁郁不得意，曾登高望远，叹息大丈夫应一展宏图，或者闲居养志，不做郡守之类的小官………………………………………………… 141（二）
梁孝王刘武邀司马相如等在兔园吟玩赋雪…………………………………… 005（二）
梁媛貌美，梁王派人来聘，她用刀割去鼻子，梁王为其大义所动，称之为“高行”………………………………………………………………………………… 247（五）
谅辅当太守求雨，发咒求不成雨就自焚……………………………………… 233（三）
刘邦和家乡父老一起唱歌…………………………………………………………… 004（二）
刘邦对话项羽被箭射中胸部，刘邦机警地说敌箭射到自己的脚啦………… 015（四）
刘邦破秦灭楚，建立汉朝，国运由此延续了四百多年……………………… 020（四）
刘邦在家乡时，醉酒晚归，遇白蛇当道，便拔剑斩断。有人称那蛇是白帝的儿子，刘邦是赤帝的儿子…………………………………………………… 026（一）
刘邦说仰赖张良、萧何、韩信三位人杰，才可得天下……………………… 117（一）
刘邦被围荥阳，无计可施，部下纪信冒充他乘车突围，被项羽抓住烧死，刘邦得以从小道逃走………………………………………………………… 137（二）
刘邦登位，大封同姓为王，诸将不满，就封了最讨厌的雍齿为侯，安定人心…………………………………………………………………………………… 144（四）
刘邦曾与吕后论宰相，说周勃厚朴少文，但安定刘姓天下的必定是周勃 … 200（一）
刘备继承汉献帝，以为正统………………………………………………………… 196（四）
刘备在涿县家院墙东南角有桑树，遥看如车盖。他幼时常戏于桑阴下，说必乘这羽葆盖车……………………………………………………………… 213（一）
刘备推让给袁术担任徐州牧，孔融说袁术乃塚中枯骨……………………… 331（五）
刘表有大小三个酒爵，并在一个杖头上设一勺，可以验客人真醉假醉…… 284（一）
刘蔡向扬雄学习写奇字，扬雄爱喝酒，人就携酒来问字…………………… 261（一）
刘晨和同乡阮肇在天台山采药迷路断粮，就摘吃了山头的桃子，没想到遇到了仙女，经历十分传奇…………………………………………………… 114（三）
刘谌因后主投降而哭于昭烈刘备庙，先杀妻子，后自杀…………………… 408（五）

刘宠任会稽太守，离任时山阴有五六位老者各持百钱饯行，他各取一钱聊表心意……115（五）
刘均所治之地皆仁风大行，为人质讷，不善言行……297（一）
刘宽以为人仁厚宽容闻名……104（一）
刘胜退官回乡，拒绝干预地方用人，没有举荐被罢官的同郡人杜密，被杜讥讽说隐蔽情绪不说话，吓得如同秋冬的蝉，不敢叫唤……121（一）
刘向专注校订国家藏书，成《七录》，是古代目录学的发端……050（二）
刘秀巡行河北建立东汉……004（三）
鲁恭在中牟做县令，当地三件奇异事：蝗虫不入境，仁心照应到禽兽，儿童也有仁爱之心……026（五）
陆绩六岁作客时，怀揣橘子拟奉给母亲……234（二）
陆绩返乡时因舟太轻无法渡海，就在舱中装满石头……339（三）
陆贾引经据典，著述存亡之道文章十二篇，高祖说好，命名为《新语》…318（三）
吕范年轻时为县吏，乡里有个姓刘的，富有，器重他，把女儿嫁给了他…346（一）
吕蒙受到鲁肃劝说，乃博览群书，尤其是《易》……243（一）
吕太后令朱虚侯刘章行酒，刘章请以军法行酒。吕姓一人逃席，被刘章追斩……271（五）
吕太后砍断戚夫人手足、挖其眼、聋其耳、吃哑药，放于厕中，成为“人彘”……357（六）
吕后当政时，遭到匈奴单于侮慢，樊哙主动带兵，说要横行匈奴中……379（六）
罗敷作《陌上桑》，自明心志……014（四）
罗威见邻居家牛经常来吃他家禾苗，就割嫩草每天饲其犊子……410（二）
马良眉边有白长毛，为人正直善良，被人称颂……033（四）
孟仁年少时从李肃学习，母亲给他做了一个大厚被子褥子，说因为儿子不会广交朋友，希望借此能与人同气相求……087（一）
马融被称通儒，从学者众多，堂前设红纱帐，在帐前授课，帐后设女乐…161（三）
马融在梦中吃了林中花后，天下文辞无所不知，时人呼为“绣囊”……367（一）
马援志存高远，六十二岁仍披甲上马，请战杀敌，皇帝见他神采，称赞说，好精神的一个老人……138（一）
马援征战交趾时，战士得了湿气，用土方法薏苡仁治疗。班师回朝时装了几车回来却遭到了诬告……282（一）
满奋怕风……333（一）

毛经一边下棋，一边剖析府尹的案子，棋也赢了，案子也清楚了………… 398（一）
毛义非常孝顺，得知被封安阳令，手捧檄文，喜不自胜，原来他家境贫寒，
是为了他的母亲才高兴…………………………………………………… 130（一）
茅容早晨杀鸡做饭，侍奉母亲，自己和留宿的客人郭林宗吃粗蔬淡饭…… 071（二）
枚皋才思敏捷，扬雄称赞他可在军旅之间快马传书………………………… 035（二）
孟尝任合浦太守，革除前任的贪暴之策，使逃亡外地的珠蚌又重新回归，
商贾流通，百姓日渐富裕，极受爱戴………………………………………… 061（一）
孟敏手中的甑不慎坠地，他头也不回地离去，不看一眼……………………… 043（三）
孟宗于宴会上被强劝喝酒，喝一杯就吐了，吐的全是素饭，皇上说他道德
清纯………………………………………………………………………… 351（六）
民和氏两姓之间的转换………………………………………………………… 088（二）
闵贡是节士，家贫，每天只买猪肝一片。县令知道后让人每天送猪肝给他，
他就到别的地方居住了……………………………………………………… 104（五）
闵贡接受了周党送给他的生蒜，但不食用…………………………………… 336（三）
缪彤见弟媳妇们为分家互相争斗，因无能齐家深感愧疚，乃闭门自己打自
己，众人听到后知错，成为敦睦之家……………………………………… 358（三）
南阳曾有过召信臣、杜诗两位太守，都为官公正，爱民如子，当地百姓称
他们是“召父杜母”………………………………………………………… 044（四）
难兄难弟的由来………………………………………………………………… 107（一）
兒宽雍容儒雅…………………………………………………………………… 108（二）
牛郎织女………………………………………………………………………… 085（三）
牛牢少与刘秀交游，说他当为天子。后刘秀称帝，召之不去……………… 363（四）
庞德公不去做官，刘表亲自问他没有官禄，留什么给子孙，他说留下安定、
安全………………………………………………………………………… 102（一）
庞德公和司马德操志趣相投，常往来。一天德操来访时正好庞公不在，他
就叫庞妻烧饭，说要招待客人，妻子忙得团团转，德公回来直接入座，
不知道何人是客……………………………………………………………… 140（二）
庞淯不畏生死，亲临刺史邯郸商的丧礼，还为徐揖服丧三年……………… 367（五）
逄萌去长安求职，当时王莽杀了儿子，他断言说祸事不远，就挂冠东都门
走了………………………………………………………………………… 107（五）
彭宠自恃有功被讽……………………………………………………………… 012（三）
蒲元性为孔明铸刀，能分辨出淬火的水来自哪个河流……………………… 143（一）

秦彭的六世祖彭袭做太守，他的五个堂兄弟俸禄也同是二千石，官场称为“万石秦氏”…………149（三）
黥布长大后犯法，就刑。后封为九江王…………385（四）
仇览教化陈元，晓以大义，使他成为一个孝子…………094（三）
任棠有不同于常人的气度和节操…………167（二）
任文公被益州人民歌颂为“任公智无双”…………250（二）
任文公请求刺史预防五月初一的大水，刺史不听，到那天果真大雨，数千人遇害…………283（四）
上官桀负责养马，武帝病愈看马大多数都瘦了而大怒，上官桀说日夜担心皇上，无心管马…………266（一）
少年董仲舒放下帷幕，专心读书，三年时间里从没到花园闲逛…………030（三）
少时了了，大未必佳…………171（三）
邵平封东陵侯，秦亡后种瓜长安城东，瓜有五色，很好吃，称东陵瓜……208（三）
申屠蟠隐居不仕，倚松树架屋，闭门养心…………172（四）
时苗做县令时，为自己驾车的黄牛产了一头小牛，他离任时坚决不带走…131（三）
叔孙通主动要求确立朝仪…………257（三）
疏广和侄子都在朝廷做官，人都称赞是贤大夫…………105（五）
疏广因避乱徙居，子孙改为束姓…………252（三）
司马徽称庞统为南州士之冠冕…………202（二）
司马季主游学长安，卖卜隐于市…………376（一）
司马迁撰写《史记》不仅利用图书资料，还亲自进行实地山川调查………118（四）
司马相如作文要构思很长时间，扬雄评价说这适合书写朝廷上的高文典册…………035（三）
司马相如打算出川东游，在成都升仙桥柱上题“不乘高车驷马，誓不过此桥”，后果被封为中郎将…………136（五）
司马相如得知富翁卓王孙的女儿文君新近成了寡妇，故奏琴倾诉，文君心悦，夜奔相如…………218（三）
司马懿不愿辅佐魏主，在家装风痹，但一次偶然，被家中唯一奴婢看见他能起来收书，夫人张后便杀了奴婢以灭口…………369（五）
宋登号称“神父”…………364（二）
宋弘被湖阳公主看中，托光武帝表达意思，但他秉持节操，拒绝了湖阳公主…………347（一）

宋弘看中桓谭才能，举荐他，于是召为给事中。皇上每次宴集就令桓谭鼓琴，宋弘听说后，后悔举荐他，认为他非忠臣…………411（六）
宋均做九江太守，此地多虎为患，他让残酷的小吏除去奸贪，转化为忠诚善良，不再为民所害，老虎就都向东渡江而去了…………054（四）
苏武出使匈奴被扣留，坚贞不屈，靠吃雪、啃毡、放羊为生，十九年才被放还…………125（四）
苏章去朋友任所调查他的奸赃，朋友设酒款待，说人都有一个天，但苏章是他的另一个天，以示友好，苏不为所动，秉公办理…………124（一）
孙策渡江南下建立都城…………004（四）
孙登是个隐士，阮籍来访，不说话也不回答，返回走到半山腰听到他在独啸，像鸾凤的鸣叫，林谷为之反响…………144（二）
孙皓打压贾充的气焰…………007（五）
孙敬勤奋读书，晚上怕看书疲倦，就用绳子扣着鬓发簪系在梁上…………164（二）
孙堪当县令时，拜谒知府，门人责难他走得慢，他解印而去…………277（五）
孙期研习《京氏易》和《古文尚书》，为人家放猪养老母。从学的人到地垄前向他学习…………272（一）
孙权的叔叔孙济，爱喝酒，不治产业，常喝醉，别人嘲笑他，他就说平时欠的酒钱，要拿这锦袍去还呢…………086（二）
孙权饮酒，大醉，令人以水浇群臣，张昭不悦…………332（二）
弹冠相庆…………099（二）
陶安公七月七日骑赤龙而去，应验了时人所言…………337（五）
田豫年老，请求让位，他说年过七十还任职，像半夜三更夜行不休，就称病退休…………201（一）
童恢为即墨县令，此地有虎为患，下令捕到了两只虎，最后只杀掉了低头伏罪的，放走了号鸣无辜的，百姓称颂…………093（五）
王粲来到了蔡邕的门口，蔡邕听说他很有才华，来不及穿鞋，把拖鞋都穿倒了去迎接他…………092（一）
王璨好学驴叫，其死后，吊客皆学驴叫…………382（四）
王昶给侄子和儿子起名字后，写文训诫，希望他们顾名思义，修养身心，学会辩证看问题…………040（三）
王崇孝心感动上天，冰雹只在他的田里停止…………010（一）
王烈为人孝义，感化乡里…………226（五）

王陵母亲知道汉王仁厚，终得天下，让王陵一心跟随他。为了不使王陵分心，陵母自刎而死……197（三）
王莽专权，陈咸辞官回家，过年过节腊祭等，仍遵汉家祖制……192（二）
王莽未建新朝前，为人谦恭俭让。一次他说朱子元人好，但无子，王莽为之买婢……261（三）
王莽相貌丑陋，常用云母屏风遮住脸……287（三）
王乔做叶县令，每次来京城还朝都不见车骑，原来是永平四年赏赐的尚书鞋会化作飞鸟来帮忙……114（一）
王商形貌有威，汉成帝时为宰相，单于拜谒他，十分恭敬，成帝称他为“真汉相”……370（四）
王素有个女儿年十四嫁于江郎，一年后有孕，产一物如绢囊……375（一）
王修七岁时母亲亡于社日，次年，邻人知道他非常思念母亲，社日的庆贺活动就为之停止……380（三）
王玄隐于侯山，汉景帝时，不应召，就封其山为侯山，自己为隐侯……201（五）
王阳为孝子，王尊为忠臣……013（三）
王允巧借吕布杀掉奸臣董卓……028（二）
王章家境贫困，只能穿着给牛身上御寒的粗布保暖，忍不住在临行前哭泣。他的妻子怒斥他要自我激昂，将来是要受人尊敬的，怎能如此卑下……048（二）
王尊为徐州刺史，迁东郡太守。河水涨溢，他亲率吏民坚守金堤，堤决口，他始终站于堤上不动……283（五）
韦诞字仲将，善书。魏明帝建凌云台，工匠误把未题字的匾先砌好了，只好用笼子装上韦诞，在半空中题榜书……370（二）
卫青七次出击匈奴，威震漠北，封长平侯……221（一）
渭南对阵时，司马懿见到诸葛亮戴青色头巾，手持羽扇指挥，三军调度有方，慨叹他真是一位名士……087（三）
魏豹举兵造反，刘邦派郦生前去说服……182（二）
魏勃想见齐相曹参，家贫没有门路，就经常早起去齐相舍人的门前扫地，最后被成功引荐……097（三）
魏相、丙吉同辅朝政，魏相尚严毅，而丙吉尚宽和……414（一）
文翁崇尚教化，兴建学校以改变风俗，惠及学子，开汉朝风气之先……080（三）
吴国使者来访蜀汉，提出了天是否有头、耳、足、姓的刁钻问题，秦宓机智地做了回答，让使者惊服……118（二）

吴汉的威名可抵一国之兵…………………………………………………… 376（三）
吴祐为官仁简，部下一小吏私取民财为父买衣，被其父斥责自首，吴氏认为他有仁孝之心，仍将衣服送与他父亲来穿…………………………… 046（一）
吴祐施政仁简，民有争讼者，常闭门自省，引为自责……………………… 358（二）
夏侯玄为人清净温和，时人称赞他朗朗如日月入怀………………………… 200（二）
襄阳侯刻二石鹿在山中寺庙的神道口，被称鹿门山，隐士庞德龙携妻儿在此采药隐居，后来不知所踪………………………………………………… 021（五）
向长隐居不仕，读《易》的损卦益卦，深悟，不问家事，同朋友游五岳，不知所终…………………………………………………………………… 201（二）
萧何留守关中地区…………………………………………………………… 007（三）
萧何第一次见到韩信，和他交谈，甚以为奇，认为国士无双，力荐于高祖刘邦…………………………………………………………………………… 094（二）
萧何跟从沛公刘邦入关，唯独他只收缴了丞相御史的图书、法律法令文献等材料…………………………………………………………………………… 175（一）
徐干对当时文人创作只追求形式而没有内容非常反感，著《中论》行事，辞文典雅，为时人所重…………………………………………………… 094（四）
徐光在街上玩幻术，向一卖瓜者要瓜，人家不给，他就用幻术把瓜全弄没了……………………………………………………………………………… 357（三）
徐邈在曹操手下任职，有时人以为他通达，有时又显得耿介，让人困惑 … 226（三）
徐稚曾在江夏黄琼部下，黄去世，他拟去参加葬礼，带着磨镜工具，沿路磨镜，收取工钱前往……………………………………………………… 224（一）
许劭喜与堂兄许靖评论乡党人物，每月换题，人戏称为“月旦评” ……… 202（五）
许慎博学经书，造诣很高，被人称为“五经独步” ………………………… 021（一）
许汜在刘表席上谈论陈登，说他是在江湖上混的人，对自己无礼，刘备强烈反对并毫不客气地批判了他…………………………………………… 118（三）
许元长能看到鬼。一次抛符击中鬼臂，乃一枯木…………………………… 276（四）
许褚归曹操，曹把他比作樊哙，军中称许为“痴虎” ……………………… 394（五）
薛方婉辞拒绝王莽以轿车迎他……………………………………………… 207（三）
荀采，阴瑜的妻子。阴瑜去世后，荀父同意把荀采改嫁给郭奕。荀采不肯，怀藏一刀，表示不嫁之誓…………………………………………… 284（五）
荀巨伯情义高尚感动强贼…………………………………………………… 009（二）
荀淑有八个儿子，都很有名，县令称之为“八龙” ………………………… 095（三）

荀彧是曹操的重要谋士，军中大事常赖以咨询……………………………… 116（四）
严光少时与刘秀是同学，光武帝请他，不去，归隐富春山，前有桐江，建钓台…………………………………………………………………………………… 207（二）
严君平曾在成都市上占卜以自给，不做官，以注《易》为事……………… 179（四）
严延年是个酷吏，人称他为“屠伯”……………………………………… 331（四）
阎敞任郡秘书，太守被征召，将俸钱一百三十万寄放在他那里，数年后孙子来取，敞如数奉还………………………………………………………… 120（一）
颜驷头发都白了，年老时才当了个郎中官……………………………………… 172（三）
扬雄跳下天禄阁……………………………………………………………………… 014（一）
扬雄读经典后写了许多文章，其中以《论语》为对象创作了《法言》，堪称代表作……………………………………………………………………………… 094（五）
扬雄的二儿子扬信，九岁能预知父亲的《太玄》是不凡之作……………… 117（四）
扬雄跟随汉成帝打猎，先后作《羽猎赋》《长杨赋》加以讽谏 ……………… 169（三）
扬雄写《甘泉赋》，做梦口吐白凤 ……………………………………………… 263（三）
扬雄的《琴清英》《雉朝飞》琴操，是卫女傅母（卫母）所做 …………… 409（五）
羊续清廉耿介，把曾经有人送的一条生鱼挂在堂上，任其干腐，再有人送，就指给他看，以示拒绝…………………………………………………… 131（二）
阳雍伯免费供应行人浆食三年，受一人馈赠的种子种下，得白璧五双，作聘礼，得以迎娶了妻子…………………………………………………… 079（一）
杨宝救了一只受伤的鸟雀，精心照料，后来鸟雀变成黄衣童子，送他四枚白玉环，说可使子孙显贵清白……………………………………………… 112（三）
杨秉为杨震子，自称“三不惑”，指酒色财三件 ………………………… 261（五）
杨沛在新郑做长官，教百姓贮存桑葚干和野豆，曹操率部下路过，杨沛进呈，解千人无粮之急…………………………………………………………… 040（一）
杨修随曹操过江，见《曹娥碑》背后的字，曹不懂，问杨修，杨修解说。从此深忌杨修……………………………………………………………………… 204（四）
杨震拒收贿赂，称天地有四知……………………………………………………… 027（一）
杨震明经博学，从游者非常多，因为是华阴人，所以人称“关西孔子”… 059（一）
阴子方腊祭日见到灶神，宰了家中的黄羊荐神，由此暴富………………… 246（六）
应玚不得志，作《愍骥赋》，表达怀才不遇，常被后人引用 ……………… 165（五）
颍川太守黄霸的长史姓许，人称许丞，老且耳聋…………………………… 179（一）
雍闿降吴，煽动少数民族部落叛乱。诸葛亮率兵征讨，到南中，先杀掉雍

阊，再战孟获，先后七次活捉他…………………………………………… 217（三）
于定国任廷尉，和父亲一样秉公执法，百姓说天下都会认为自己不冤…… 097（一）
虞翻准备写《易注》，奏皇上说梦中有道士，画易的六爻烧了三个让我和酒
喝了，后来成书传世……………………………………………………… 132（四）
虞翻性疏直，触怒孙权，被放逐至交州…………………………………… 199（三）
虞翻上奏“陈桃梦见我与道士相遇，道士画《易》的六爻，给我吃了三爻，
所以注定要受命作《易》注”…………………………………………… 343（五）
虞诩被一万多羌人围困，守兵只有三千，他让士兵换衣服来回穿梭，迷惑
敌人，最后大败敌军……………………………………………………… 150（三）
御史台衙门有大批柏树，喜鹊成群，又被称为“乌台”，这名字和它监察
管理的职能有暗合之处…………………………………………………… 077（三）
元嘉正月群臣朝贺，梁冀带剑入朝，张陵令人夺其剑且弹劾他………… 390（一）
袁安下雪时僵卧城门洞，问他为何不外出乞食，他说大雪天不宜出去求人
…………………………………………………………………………… 089（四）
袁闳至孝，被汉桓帝征召，后来发生朋党之事，他就筑一土室，潜居十八
年，除每日向母亲行礼外，连儿子也不见……………………………… 072（二）
袁谭和袁尚两兄弟互相攻伐终被曹操所灭………………………………… 018（二）
辕固钻研《诗经》作传注，传弟子，成了齐诗学派……………………… 242（五）
乐羊子外出求学七年没有回家……………………………………………… 017（四）
翟方进做廷尉时，宾客盈门，等他罢官，门可罗雀……………………… 053（四）
凿壁偷光……………………………………………………………………… 164（一）
张安世博学，武帝丢了三箱子书，只有张熟知都是什么书，后来得到箱子
后，相校验，一无所遗，因号为“张三箧”…………………………… 385（五）
张苍身体肥大，白而且长像个瓠…………………………………………… 343（二）
张敞任京兆尹，赏罚分明，有人以他为妻子画眉向皇帝进谗言，皇帝爱其
才能未责备………………………………………………………………… 045（二）
张飞神勇威武非常…………………………………………………………… 157（五）
张纲和其他七位使者被派去各地调查民情，唯独他将车轮埋在驿站，因为
他认为大将军梁冀乱政，不想做无用之事，于是决定大胆上疏弹劾…… 083（一）
张颢看到像山雀的鸟坠地成石，捶破后得到一个金印，写“忠孝侯印”… 060（六）
张季礼赴京师，过寒水时车坏了，困在路上，刘翊路过，把车让给他，且
不告姓名…………………………………………………………………… 315（一）

张俭被追索，逃到孔褒处，只有孔融在家，就收容了他，被问罪时，兄弟二人和母亲都争着承担罪名……………………………………………… 137（三）
张钧上书弹劾张让……………………………………………………………… 323（三）
张楷精通《春秋》，所居之处，门徒宾客慕名而来，成了繁华市井 ……… 200（四）
张良运筹帷幄，辅助刘邦建功立业，封侯以后，开始学辟谷之道………… 046（四）
张良家五世为韩国相，秦灭韩之后，张良辅佐汉王刘邦灭了秦。后来项羽杀了韩王，张良又归刘邦，策划消灭项羽，为韩王复仇………………… 196（三）
张猛进言皇上必须走桥的原因，皇上听后心服口服………………………… 370（三）
张骞出使西域…………………………………………………………………… 126（四）
张劭和范式是挚友，范式约定两年之期，去张家拜望尊亲。时间快到时，张劭告诉母亲杀鸡煮黍准备，张母犹疑不信，到期那天，范式果然前来……………………………………………………………………………… 075（二）
张释之是廷尉，好友王生年老，在堂上袜子掉了就叫他来系，释之跪蹲着给他系好。别人问这是何故，王生说自己帮不了什么，借此可以抬高廷尉的声望……………………………………………………………………… 103（二）
张松有才辩，看书一遍就能背诵……………………………………………… 246（五）
张汤不主张与匈奴和亲，博士狄山说他是"诈忠" ………………………… 370（六）
张禹乘船过江到郡去察访。人说江中有子胥神，不可过。张说子胥有灵，不会危害自己……………………………………………………………… 302（三）
张湛严谨守礼，有人说他是装的，他说装个好人有何不可………………… 238（四）
张湛见光武帝偶尔倦惰，就力谏。他常骑一白马，光武帝见到骑白马的，就说那小伙子又来谏议了…………………………………………………… 280（五）
昭君出塞………………………………………………………………………… 173（五）
赵苞母亲被鲜卑人劫走做人质，他为保全国家，选择进兵杀敌，母亲因此遇害……………………………………………………………………………… 069（四）
赵飞燕误唾了妹妹赵合德的黑衣袖，妹妹说这唾如石上花，号"石花广袖" ……………………………………………………………………………… 307（四）
赵岐因指责唐玹无德，遭逮捕，他就改名换姓在北海市上贩卖大饼……… 180（四）
赵温感叹男子应胸怀大志……………………………………………………… 008（二）
赵壹，本名赵懿，恃才倨傲，羊陟认为他不是平常人……………………… 172（一）
赵云字子龙，与曹兵战于汉中，见曹操兵至，打开营门，偃旗息鼓。曹军怀疑有埋伏，引兵退去。赵云擂鼓震天，强弩射曹军，大胜……………… 352（四）

甄宇主动拿最瘦的羊，平息争论，人称“瘦羊博士”……………………… 365（四）
郑弘年轻打柴时，捡到一支箭，还给了来寻找的人，那人帮他改变了风向，
利于他早晚运柴……………………………………………………………… 142（五）
郑浑任邵陵令，改善生产，人民逐渐愿意生孩子，取名也多用郑字……… 134（六）
郑玄家的奴婢都读书，出口不俗…………………………………………… 066（二）
脂习和孔融友善，孔融被杀，无一人敢收尸抚恤，只有他抚尸而哭……… 162（一）
直不疑为郎官，同室官员告老，误拿走另一官员的金子，失金官员怀疑，
而直不疑不多辩解，用自己的钱买金子赔了失主………………………… 214（二）
直不疑没有兄弟，他升中大夫，有人诋毁他偷嫂子………………………… 240（四）
郅都敢于直谏，执法苛严，外号“苍鹰”………………………………… 280（六）
终军从济南到关西，关吏给他一块繻作为出入关卡的凭证，他豪气拒绝，
说大丈夫西游，志在四方…………………………………………………… 061（三）
钟离意主持修孔庙，堂下挖出空瓮的背后有预言文字……………………… 043（四）
钟离意字子阿，为尚书，不领赃秽珠玑…………………………………… 353（二）
钟繇善隶书………………………………………………………………… 208（二）
钟毓、钟会两兄弟趁父亲睡着时偷酒喝，钟毓喝前先拜，钟会则不拜，两
人的举止完全不同………………………………………………………… 036（三）
仲长子光，服丹药隐居，长官来访，不见，说嗓子发不出声……………… 241（一）
周昌口吃，但为人耿直敢言，刘邦想更换太子，他怒气反驳，言辞激切 … 041（三）
周术作《采芝歌》表达自己的志向………………………………………… 037（一）
周亚夫带兵驻军细柳，军纪严明，连皇帝前来劳军也要遵守军规，皇帝
赞叹………………………………………………………………………… 169（二）
周亚夫吃大排骨，景帝未给筷子，亚夫愤愤，大叫侍官。他出去后，景帝
说这愤愤的样子，不能做新君少主的臣子啊，借口除掉了他…………… 293（二）
周瑜请鲁肃资助粮食，鲁肃赠给他一囷…………………………………… 300（六）
朱买臣早年贫穷，被封官后仍穿旧衣，把印绶放在口袋里………………… 107（四）
朱穆小时候非常专心读书，不管人间事，有时不知不觉丢失了衣帽或者掉
入了坑中，他的父亲感觉他是不是有些愚笨……………………………… 060（五）
朱邑天性廉正，爱民如子…………………………………………………… 080（四）
朱云因上疏言辞激烈要诛佞臣，被皇帝定罪。他爬到殿槛上，结果槛被拉
断，大呼自己死而无憾。皇帝气消，保留断槛，以彰忠臣………………… 050（三）
朱云与五鹿充宗辩《梁丘易》，结果大胜，人称“五鹿岳岳，朱云折

其角”…… 245（四）
朱震字伯厚，举报济阴太守单匡，牵连中常侍车骑将军单超，谚云“车如鸡栖马如狗，疾恶如风朱伯厚”…… 266（三）
诸葛亮被徐庶称之为“卧龙先生”…… 100（二）
诸葛亮年少时，晨起抱膝读书长吟，以管仲、乐毅自比…… 159（二）
诸葛亮六出祁山，以木牛流马运粮…… 206（三）
祝恬在国家征召途中得了瘟病，汲县令应融听说他是不世英才，将他从旅舍接来，悉心安排衣物，还亲自调制丸药…… 119（四）
卓茂不喜欢与人争是非。一次出行，有人指认说他骑的马是自己丢失的马，他心知其谬，还是将笼头卸下，把马给了那个人…… 410（三）
子晋是气功家，牧豕放猪，年七十也不娶妻，且不老，终年只吃菖蒲根、喝水…… 067（一）
宗世林不与曹操交往，自称松柏之志犹存…… 213（三）
左慈有仙术，曹操想学不成要杀他。他把送来的一杯毒酒分成两边，喝掉左边，另一半给曹操时，趁机将杯子投到房梁，让众人瞩目，自己就消失得无影无踪…… 073（四）

魏晋南北朝

白堕善酿酒…… 190（一）
鲍靓为南海太守时，一邑人教他长生术。一天，他巡视至海边时饿得很，煮石头吃了…… 318（一）
北魏兵南下，梁元帝还在讲玄学，城破，他把40万卷图书全焚烧了，叹“读书万卷，乃至今日”…… 273（五）
北魏庄帝姐寿阳公主行车犯规，执法小卒呵喝，车不停下，御史尉高道穆命令打碎她的车子…… 271（四）
毕卓嗜酒，邻居家酿酒刚熟，他忍不住趁夜里半醉偷偷去喝…… 168（三）
蔡铁善占卜…… 245（五）
蔡子尼是陈留的名士…… 008（五）
曹景宗攻克敌军，宫中设宴时要限韵联句，联到最后，只剩“竞”“病”两字，他提笔即吟，语惊四座…… 089（二）
曹景宗是一名将，他当了刺史后非常想念以前在乡里打猎的生活…… 269（六）

车胤去听讲《孝经》，听完有疑难，但又不敢问，担心劳烦他人 ………… 139（二）
车胤好读书学习，家穷无灯油膏脂，夏天就把萤火虫装在纱布里借光读书………………………………………………………………………… 193（五）
陈显达大破桂阳贼党于新亭，但其左目被箭射中，箭镞取不出，地黄村的潘老太用气功将其取出……………………………………………… 417（五）
陈暄狂妄，后主不能容忍。用艾草编帽套在他头上，用火灸……………… 317（一）
陈遗母亲爱吃锅巴焦饭，他就每次做饭都留存，后战败遇难，他靠积攒的锅巴焦饭活了下来，人说这是孝心的报答……………………………… 040（二）
陈主蒨深知百姓疾苦，发奋为民办事，规定传更时一定要把更签投到阶石上，让它锵然有声，这样即使睡着了，也会惊起…………………… 414（三）
褚澄为吴郡太守，有个人叫李道念，腹病，褚说因吃白鸡蛋太多，令服来苏子，吐出一物，剖开是一鸡雏…………………………………………… 286（二）
褚季野少言寡语，桓彝说他有“皮里春秋” ……………………………… 200（三）
崔谌仗着弟弟的权势向李绘索要麋鹿，被李回信讽刺……………………… 034（四）
崔挺为光州刺史，不接纳一老人送的美璧…………………………………… 353（一）
崔暹为人巧诈，怀揣名片拜见高澄，故意把名片掉在澄面前，并说要拜问公主…………………………………………………………………………… 416（五）
戴颙说黄鹂鸟叫可以医治世俗的耳朵，还可以激发写诗的灵感…………… 135（四）
到溉字茂灌，弟到恰字茂沿，都是文学家，有才名善玄理，当时人比之为二陆…………………………………………………………………………… 403（五）
邓攸全家逃难时，为保全早亡弟弟的儿子，忍痛把自己的儿子丢弃了，结果后来他再没有儿子……………………………………………………… 027（二）
东昏侯畏惧潘妃……………………………………………………………… 257（五）
董奉会道术医药，住庐山上，为人治病不收钱，叫病家种杏，形成一片杏林…………………………………………………………………………… 211（一）
董京行乞于市………………………………………………………………… 376（二）
窦毅的女儿气质不凡，他不肯轻易嫁于人，在屏风上画两个孔雀，要射中眼睛者才行，结果李渊二箭各中一目………………………………… 077（四）
独孤信有次于傍晚骑马入城，帽子微微有些歪，第二天满城人的帽子都歪戴着………………………………………………………………………… 310（二）
杜广给刘景养马，从未懈怠，刘就把女儿嫁给他…………………………… 320（一）
杜乂、殷浩并有才名，而庾翼独不以为然…………………………………… 374（二）

杜义皮肤温润白皙，被赞“神仙中人”…………………………… 029（二）
杜预钻研《左传》，作释例，到老了才成书，人尚不知。他对晋武帝说臣有《左传》癖 ………………………………………………………………… 213（四）
段晖求学于欧阳汤，有一小孩与他同学。第二年小孩请段晖找一匹马，准备回去，段做了个木马给他………………………………………… 268（一）
氾腾举孝廉，为郎中，因天下兵乱弃官还家，再也不出仕………………… 389（三）
范柏年家在梁州，在廉泉和让水之间………………………………………… 120（二）
范晔被杀，无人敢去吊丧，只有好友高僧昙迁，卖掉部分衣物为他送葬 … 161（五）
冯诞受孝文帝恩宠，常和皇帝同车、同食、同席而卧…………………… 055（四）
佛图澄左肋乳旁有一孔，斋罢就到水边从孔中把肠取出洗涤一下………… 364（六）
苻坚北定中原后，想大举南伐，苻融建议不可，苻坚不听，他说我的百万人马，每人投一个鞭子到大江中，足以隔断江水流动。到淝水，就被谢玄击败了………………………………………………………………… 125（二）
苻坚末年，掘井得龟，先养于池，其死后藏之于太庙…………………… 331（二）
傅翙有能干之名，他说没有别的道理，就是勤和清……………………… 305（一）
干宝的哥哥死了但身体久久不冷，醒来后说见到鬼神，干宝因作《搜神记》…………………………………………………………………… 299（五）
高昂姿体雄异，不好读书，骑马纵横，自恃甚高，说河伯是水中之神，高敖曹是地上之虎…………………………………………………………… 170（二）
高欢为一匹凶悍的马剪毛，他不套马络头就剪，并说驾驭恶人也如此…… 324（四）
高洋内明外晦，父亲看中他。一天父亲让儿子们整理一团乱丝以考他们的志向，高洋拿刀砍断，其父更觉奇异……………………………………… 369（二）
高允喜欢直言劝谏，很出众，有高节……………………………………… 377（四）
葛洪家贫，但勤学，每天背着书包徒步而行，不仅上山砍柴，还借书抄写……………………………………………………………………………… 102（四）
葛洪为客人表演，吐出口中饭都成了飞蜂………………………………… 248（三）
葛玄能把散在井底的钱叫出来……………………………………………… 318（二）
古弼以忠直闻名……………………………………………………………… 167（一）
顾欢好学，父亲叫他去驱赶田中鸟雀，他作《黄雀赋》而归，麻雀吃掉许多稻谷……………………………………………………………………… 319（五）
顾恺之有“三绝” …………………………………………………………… 106（四）
顾恺之以一橱画稿寄存桓玄处，橱上再糊一画作封记。桓玄从橱背后偷走

了画，仍糊好封卷送还…… 313（三）
顾恺之字长康，桓玄拿一片柳叶哄他说人可以用它隐身，恺之信以为真，拿叶子遮住自己…… 348（二）
顾恺之在殷云那儿作荆州佐史，请假东回，哭求殷云借给他布帆。幸亏得此布帆，拯救了船上的行人…… 419（四）
顾飏赠给隐士郭文一件皮裤，郭不要，直到皮裤烂在家里也没有穿…… 415（四）
广州有贪泉，人说饮了这水会有无限贪欲，吴隐之完全不理睬，大胆饮水后依旧严格自律，保持清廉…… 120（三）
郭翻过河时，刀掉入水里，过路人捞到给他，他不要…… 315（二）
郭讷听到艺人唱歌，就说唱得很好，即使不知曲名，也照旧称赞…… 072（五）
郭璞让王导用二瓮装水，盖上镜子可免灾。后来忘记撤镜子，发现镜子钻入瓮中。郭用火烧，就出来了…… 241（五）
郭璞把赵固的马复活了…… 245（一）
郭璞有异术，爱上庐江太守胡孟康家的婢女，没法得到，就散赤豆给他的住宅施咒。如愿得此女后，把咒符丢进井中，住宅恢复正常…… 375（四）
郭象并不是注《庄子》的真正作者…… 167（四）
郭象能清谈，被王衍称为“如悬河泄水”…… 182（一）
郭奕三次见羊祜，了解逐渐深入，每次回来的感叹都不一样…… 105（二）
郝隆借中草药巧讽谢安…… 047（四）
郝隆在七月七日仰卧太阳下，说这是在晒腹中书…… 129（二）
何点不应召，曾以手拭梁武帝的胡须说“想让我称臣于老头子吗？”…… 104（二）
何点和哥哥何求、弟弟何胤都隐遁不做官，人称“何氏三高人”…… 143（三）
何敬容为了迎合梁武帝注重整洁的意图，直接把穿在身上的衣衫熨平，有时在暑天背部都烫焦了…… 340（四）
何敬叔于灾年突然张榜受礼，然后把收到的粮食全都用来帮贫苦农民交租…… 045（五）
何佟之有洁癖，每天洗澡十多遍不止，时人嘲笑为“水淫”…… 405（五）
何逊在扬州任法曹，他办公处有梅一株，常行吟于梅树下。后来到洛阳，想梅花而不可得，请求再任扬州，到任时，梅正开，宴名士醉赏…… 216（二）
何偃叫颜延之“颜公”，颜延之以为他轻佻而自作解释…… 345（一）
何远出言不妄…… 419（五）
和峤鄙视按规定和他同乘一车的苗勖，就自己乘专车入朝…… 052（二）

贺循任太常，宋帝称赞他冰清玉洁，位于上卿，居室只能遮风雨而已…… 139（五）
衡王萧友谅献瑞麦，梁武帝说宋州大水成灾，这样干什么，便免去宋州县令，调走衡王…………………………………………………………… 252（五）
侯景叛乱，攻历阳，羊侃领兵抵抗。侯抓住羊侃长子，作人质招降，羊侃举弓射之………………………………………………………………… 320（三）
侯景被杀，暴尸于市，市民争着吃他的肉……………………………… 327（三）
胡质为荆州刺史，他的儿子胡威来看望，他给儿子绢一匹，是俸禄省俭下的……………………………………………………………………… 303（一）
桓石虔矫健敏捷，异于常人…………………………………………… 028（四）
桓温邀集各臣僚为去当郡守的人践行，罗友来晚了，问他原因。他说在途中遇到一个鬼，鬼讽刺他说只看到你送别人去当郡守，不见人家送你去当太守……………………………………………………………………… 122（二）
桓温少时赌博输了，求救于袁耽（字彦道）。袁善赌博但债主不认识他，他盘盘全赢，并掷下帽子说今天认识袁彦道了吧………………… 202（三）
桓温北行，见到少年时在琅琊种的杨柳，粗至十人合抱，叹息“树都这么大了，人何以不老”…………………………………………………… 246（二）
桓温存背叛之心，常抚枕而叹………………………………………… 317（三）
桓温有一督将得了一种叫“茗瘕”的病……………………………… 355（三）
桓玄与殷仲堪、顾恺之互说令人害怕的危险之语。有一个参军在座，因看见殷有一只眼渺盲而趁机讥讽他…………………………………… 309（一）
桓玄篡立，让皇甫希冒充隐士，时人称为“充隐”………………… 370（五）
桓伊善音乐，号称江左第一，他得了蔡邕一支“柯亭笛”，自己吹奏，有高朋邀请也吹弄…………………………………………………………… 214（三）
桓伊精通音乐，一时称妙，谢安说他是一往情深…………………… 227（二）
皇初平放羊遇到一道士，就跟他学了四十多年，哥哥找到他时，他把当初用羊变化成的白石头又变化成数万只羊…………………………… 073（三）
皇甫谧举孝廉不做官，其堂姑儿子梁柳将上任郡守，他也不去饯行……… 374（五）
嵇康的儿子嵇绍气质非凡，有人说他昂首的样子像野鹤立于鸡群………… 130（五）
嵇康拒绝山涛的荐官，写信说自己性懒，每常小便，也不愿起身……… 134（三）
嵇康弹琴，忽来了一个人，由小变大，嵇吹灭烛火，说不同鬼魅争光…… 276（三）
吉士瞻把所获三万匹绢，做成数百条裤子，自己留一条，其余分赐军士 … 333（五）
季雅花了一千一百万买了吕僧珍宅旁的房子，他说一百万买宅，一千万买

个好邻居……………………………………………………………………085（一）
贾坚善射，燕王亲自考察他，射了两箭，都分别从牛脊梁上和牛腹下擦过
……………………………………………………………………………121（三）
贾希镜为皇上解释铜镜上的铭文内容………………………………………393（四）
江总不亲政务，倚候后主奢华，人称他“狎客”…………………………239（一）
晋明帝小时候常坐在父亲膝上玩耍，被问到长安和太阳的远近问题，他的
两次回答都很机智…………………………………………………………048（二）
晋室南渡后，国库空虚，只有葛麻布几千匹，王导召集群臣做单衣，穿着
上朝，一时成为风尚，葛价也一下上涨了许多……………………………122（四）
晋武帝时，一次宫中失火，登楼观火势，五岁的孙子牵扯着他的衣服让他
进入暗处，说事发突然，以防不测…………………………………………049（三）
晋武帝征召李密为太子洗马，李上表陈情，请求让他归养祖母，情真意切，
得武帝表彰…………………………………………………………………176（二）
晋武帝登基，卜帝位能传多少代，抽得“一”，群臣害怕。裴楷称天得一
以清，地得一以宁……………………………………………………………294（三）
晋武帝贵嫔胡芳，不同意武帝用良家子女充内宫职务，只是哭，左右劝，
她说“死都不怕，还怕陛下？”……………………………………………297（三）
晋武帝司马炎喜欢驾羊车游宴，宫妃为了招引皇上，就在门口插竹叶，撒
盐，引羊过来…………………………………………………………………373（五）
晋武帝问刘毅他可与汉朝哪个皇帝相比，刘答桓帝、灵帝………………386（三）
晋武帝时，太医司马程献上雉头裘，武帝以为是奇技异服，便把它烧了…396（四）
晋元帝生了儿子，遍赐群臣。殷羡说“我无功”，帝大笑…………………306（一）
京洛一带称魏收“惊蛱蝶”，讥讽他恃才轻薄……………………………400（一）
孔奂为晋陵太守，清白自持，人称“神君”………………………………306（三）
孔觊居都市，因大旱，米贵，其弟弟派吏给他运去五百斛，但是他廉洁，
坚决让吏把米载还给弟弟……………………………………………………378（五）
孔稚圭著《北山移文》………………………………………………………134（五）
库狄连见房中有苍蝇，认为看门的不负责，把看门的小吏打了一顿………257（四）
李崇为尚书令，很俭约………………………………………………………362（一）
李楷善用他的短处……………………………………………………………287（四）
李琬之字景珍，自称“既精且博”…………………………………………300（二）
梁武帝造萧寺，令萧子云写“萧”字，后人珍视此字，李约将其载归洛阳，

造一小亭，把“萧”字嵌在墙上珍玩，称“萧墙”…………………… 372（一）
廖冲见武帝衰老而几个儿子奸诈，于是就挂冠而去…………………… 322（四）
刘昞十四岁就跟随博士郭瑀学习，郭想从弟子中找一位女婿，就特设一位子试探，刘举衣而坐，正合郭心意…………………… 181（三）
刘公荣好饮酒，不论人和场所，有酒就喝…………………… 190（二）
刘弘有威行而众人佩服，每有兴废之事，就亲手写信给守令和府相。人们都说“得刘公一纸书，贤于十部从事”…………………… 417（三）
刘画曾以“六合”为名作赋，自谓绝伦，但邢子才把他的文章比作生病的骆驼，不妩媚…………………… 399（六）
刘绘的妹妹为鄱阳王妃，鄱阳王被宋明帝诛，她追伤成疾。刘绘请人画了个鄱阳王与别的宠妃的画，她悲痛稍歇病也好了…………………… 302（五）
刘琎对哥哥非常恭敬，整齐衣冠后才回哥哥的话…………………… 377（三）
刘琨被胡兵围困，乘月登楼长啸，敌人听了都凄然长叹…………………… 162（四）
刘伶有一次和一个俗人吵架，那人抡起胳膊要打，他说一个像鸡肋一样的人，犯得着动用你尊贵的拳头吗…………………… 138（三）
刘伶性嗜酒…………………… 193（三）
刘穆之家贫，到妻兄江氏处乞食，常被辱，后为丹阳尹…………………… 323（六）
刘侨家贫，他儿子要把《汉书》当掉换钱，他大骂宁可饿死，不可拿书去当铺…………………… 265（五）
刘实编卖牛衣谋生，手编绳子口诵书…………………… 269（五）
刘惔隐居陋巷，织草鞋奉养母亲。时孙盛喜谈《易》，谁都辩不过他。皇上说让刘惔来，孙盛马上辞归…………………… 245（三）
刘显在沈约座前对策，十对其九，沈约佩服…………………… 254（一）
刘孝标是《世说新语》注者。爱读书，只要听说有异书，一定设法借来。人称他是“书淫”…………………… 213（五）
刘孝标自称与东汉冯敬通有三个共同点：慷慨，不遇，怕老婆…………………… 241（四）
刘勰著《文心雕龙》…………………… 165（四）
刘訏和堂兄刘歊、阮孝绪，称为“三隐”，以高尚德操扬名…………………… 140（三）
刘曜隐于管涔山，一天夜里闲坐，管涔王派两童子献上一口剑，剑上铭文“神剑，服御除众毒”，他佩着四时变五色，毒不侵凌…………………… 350（二）
刘殷至孝，有七个儿子，五个学经，两个学史，七业俱兴…………………… 143（二）
刘邕喜欢吃疮痂…………………… 155（二）

刘裕曾在新州砍荻柴，遇到大蛇并击伤它……………………………… 331（一）
刘之亨梦见二人自称姓李，求他救命。次日有人送鲤鱼两条，他把它们
　放生……………………………………………………………………… 311（五）
柳恽有一次赋诗未完成，就用笔捶琴，坐客以箸和之。恽惊其哀韵，乃新
　制雅音…………………………………………………………………… 404（四）
陆机有一只名叫黄耳的狗，长期被羁留京师时，常能往返吴中传递家书 … 062（四）
陆机西行回洛阳，遇到打劫，他见指挥者戴渊在岸上调度有方，不禁称赞
　并劝他走上了正途，最后仕至征西将军……………………………… 173（二）
陆玮与弟弟陆恭之，被贾祯称为“双璧” ………………………………… 274（二）
陆云有大笑的病，一次在船上看到自己的影子，大笑落水……………… 264（五）
吕安是嵇康的好友，只要是想到他，就不远千里，驾车前往……………… 207（四）
吕虔有把佩刀，工匠说登上三公位的人可佩带，就送给了有才能的王祥 … 140（五）
吕僧珍是开国元勋，其侄儿求他谋个县官，他训诫侄儿坚守自己的谋生生
　计，当个贩葱的菜农…………………………………………………… 238（一）
罗友好学而嗜酒，常喜欢到祠堂里去拣食物，好友桓温劝阻，他以戏谑之
　词回答…………………………………………………………………… 044（三）
毛宝曾把一只渔翁钓的白龟放生，后来他兵败投江时，又被这只龟所救 … 032（四）
孟嘉是名士，他当桓温的参军。一次摆宴，恒温令属下身着戎装，一阵风
　吹过，孟嘉帽子落了，他神色泰然…………………………………… 216（五）
孟郧任东郡太守，管辖境内有一茎九穗的麦子，称为嘉禾，人们说这是他
　的仁政感化使然………………………………………………………… 152（四）
妙笔生花…………………………………………………………………… 155（四）
“牛继马后”的谶语 ……………………………………………………… 088（一）
潘岳文章绚丽，才华纵横，当地人称他是奇童…………………………… 035（五）
潘岳西去长安任县令，作《西征赋》 …………………………………… 184（二）
裴楷清流通达会办事……………………………………………………… 008（四）
裴楷任中书令，请贵重于当时的梁王、赵王出租税钱百万，以救济贫困
　的人……………………………………………………………………… 083（四）
裴侠为河北郡守，爱民俭素。他去职时人们称颂他“裴公贞惠，为世规矩”
　…………………………………………………………………………… 258（一）
裴侠因为清慎，太祖让他单独列班站立，没有人敢与他并列，号“独立
　使君” …………………………………………………………………… 379（五）

齐高帝为齐王置酒为乐，上羹脍，崔祖思说“这风味为南北方所推崇”，沈文季便与他争辩不休…………………………………………………………… 185（四）
任昉任御史中丞，每次上奏弹劾都先说“臣谨奉白简（白纸写的文书）汇报”。弹劾文，以白纸为重，黄纸为轻 ………………………………… 171（一）
任昉八岁能文，为政清廉。褚彦对其父亲说，你有个好儿子，一百个不算多，一个也不算少………………………………………………………………… 228（六）
阮孚喜欢穿木屐，去拜望他的人，常见他为木屐上蜡……………………… 280（二）
阮孚总置一钱于黑色小口袋里…………………………………………………… 333（六）
阮籍会翻青眼白眼，俗客来就用白眼对着，名士到来便青眼相对，以表示喜恶………………………………………………………………………………… 033（三）
阮籍为避祸作《咏怀》诗八十多首，独具风骨，被选入《文选》十七首，严羽称之为“正始之音” ………………………………………………………… 073（二）
阮籍猖狂，不拘小节………………………………………………………………… 165（三）
阮咸七夕在院子里用竹竿挂着短裤来晒，说未能免俗………………………… 097（五）
阮咸喜欢姑妈家鲜卑族的婢女，搬家时婢女走了，就穿戴整齐骑着毛驴去追，追回来说“人种不可以丢掉” …………………………………………… 126（五）
阮孝绪屏居一室，其姐是鄱阳王妃，来访，他凿墙洞逃走不见…………… 316（一）
阮裕有一辆好车子，知道有人不敢向他借车后，感叹要这车无用，就把它烧了………………………………………………………………………………… 350（四）
桑虞见有人翻墙偷菜园的瓜果，认为墙上多荆棘有刺，命人开一条好路让他走。小偷见有路，知道缘由后，叩头认错………………………………… 362（四）
山简向王衍推荐蔡子尼，只说了一句“蔡子尼今之正人” ………………… 297（五）
山涛的器量难以估量，很多人都佩服他的远见卓识…………………………… 039（二）
山涛推举嵇康为曹吏郎，嵇康以“七不堪”拒绝……………………………… 411（二）
沈巑之为丹徒令，因清廉不与左右人相沟通而被人谗言，逮到京师，后复任丹徒令……………………………………………………………………………… 420（三）
沈麟士家贫，一边织帘谋生，一边口诵读书，手和口都不停息…………… 224（二）
沈约聪明过人，藏书二万卷，撰《四声韵谱》 ……………………………… 188（二）
沈昭略酒醉后说王约胖而痴，王反击说他瘦而狂，两人互相戏谑………… 110（四）
沈纵家贫，与父亲一同入山，看见一个称“斗山王”的人，沈求其保佑，那人给了一个玉枕，沈从此如意………………………………………………… 349（一）
石崇的美姬绿珠善吹笛……………………………………………………………… 045（三）

石崇宴客，常令美人行酒，客不尽欢，则斩美人…………………………… 242（二）
石虎造桥，用工五百多万而不成，派人祭祀，沉璧于河………………… 277（六）
石勒以谦虚自持……………………………………………………………… 159（三）
寿阳公主睡在含章殿檐下，梅花落在额头，映出其妩媚。后来人们效仿，
名“寿阳妆”………………………………………………………………… 174（二）
束晳作《近游赋》，以与楚辞《远游》相附 ……………………………… 133（五）
束晳博学多闻，辨认出竹简上的蝌蚪文字是明帝陵中的策文…………… 282（三）
司空桓豁作荆州军事长官时，有个参军养了一只鸜鹆鸟，能学说人话…… 194（一）
宋次道家中藏书都校雠三五遍，堪称世间藏书的善本，众人皆爱。他说校
书如扫尘，随扫随有………………………………………………………… 053（一）
宋明帝病重，赐王景文死，他淡定下完棋，遂饮所赐鸩酒，身亡………… 178（三）
宋明帝病重，召褚彦回入宫，赠一套乳母之衣，彦回悲甚，知道命他辅
少帝………………………………………………………………………… 292（二）
宋武帝清心寡欲，北伐时，武帝让人把他所得琥珀枕捣碎，分给将士治疗
金创………………………………………………………………………… 371（三）
宋宗做兖州刺史，得到一只长鸣鸡忽然能和他谈玄学，并使他大有长益 … 020（二）
苏绰襄助宇文泰改革大业，很有成绩。他病逝后，宇文泰以酒祭奠，放声
恸哭………………………………………………………………………… 407（三）
苏耽极孝敬其母。传说他成了仙，预料二年后有瘟疫，就种橘挖井，对母
亲说食橘一瓣，饮水一盏，病可愈。后来他母亲以此救活了许多人…… 210（五）
苏蕙思念丈夫窦涛，织回文《璇玑图》诗寄给他………………………… 332（四）
苏琼当太守，一点也不接受别人的馈赠…………………………………… 151（二）
孙楚为人豪迈不群…………………………………………………………… 142（一）
孙绰想辞官，就学道学仙，非常向往天台山，就借图遥作赋。他的好朋友
范荣期看了，称赞说其赋掷到地下，当有金石之声发出………………… 076（四）
孙盛著《晋阳秋》，世称良史。桓温找到他儿子，威胁他修改，孙大怒不改
……………………………………………………………………………… 203（一）
檀道济伐魏军粮不足，夜晚让士兵唱筹，一斗一斗地量沙，最后用少量米
盖在上面，成功迷惑敌人…………………………………………………… 150（四）
檀道济北伐，雄镇北魏，魏国人画他的像来禳鬼………………………… 256（三）
檀道济功高，几个儿子均有才气。宋文帝病重，从浔阳召回他，立即逮了
起来。他掷头巾于地下，怒说“自毁长城” ……………………………… 268（六）

桃豹曾说大话，称不封万户侯位列上将者，不是大丈夫……………………… 324（一）
陶弘景隐居茅山，每有大事，梁武帝都向他咨询，人称“山中宰相”…… 105（三）
陶弘景性爱山水，吟咏盘桓……………………………………………………… 323（二）
陶侃任刺史时，州里无事，就早晚搬砖，人问何故，他说自己立志收复中原，为防止安逸，影响将来，所以要坚持磨炼身体…………………… 048（五）
陶侃母湛氏，一天名士范逵来访陶侃，她不愿因贫困失了礼数，就剪了自己的长发，换钱办了酒席款待贵客……………………………………… 219（三）
陶侃左手有竖纹，看相的说如再向上一点就贵极了……………………… 305（三）
陶侃饮酒有限度………………………………………………………………… 326（四）
陶侃小时候梦见自己有八翼飞进天上的八重门，想拼进九重门，翅膀折断了坠下。后来他为将军，都督八州。每想到折翅之梦，自己就适可而止 … 414（四）
陶侃转任荆州刺史，当时杜弘与温邵、刘沈共谋反。陶击破杜弘逮住刘沈，诸将要乘胜追击温邵，陶说“我军威名已显，一纸文函足矣”，果真温见文书惧而逃走…………………………………………………………………… 419（二）
陶渊明听说了关于武陵渔父的故事，写成《桃花源记》…………………… 065（三）
陶渊明种菊东篱下，重阳节无酒，便采了一大把菊，坐在那里怅望了很久…………………………………………………………………………… 074（五）
陶渊明不为五斗米折腰………………………………………………………… 129（三）
陶渊明以松菊自怡悦…………………………………………………………… 152（二）
陶渊明嗜酒，一次邻家叫他去喝酒，见酒中有糟渣，拿下头巾滤酒……… 189（五）
陶渊明作《归去来辞》，中有“三径就荒”语，千古流传 ………………… 226（二）
陶渊明有责子诗一首…………………………………………………………… 381（四）
拓跋珪问博士李先天下什么东西可增强神智，李说莫若书籍。他就命令郡县大肆搜书，运往平城…………………………………………………… 293（四）
王琛的婢女善吹篪，曾扮为贫穷妇人在阵前吹奏，引得敌军伤怀而归降 … 045（四）
王丞辞官东渡，道路堵塞，大家都畏惧，他却处之泰然…………………… 184（一）
王澄劝嫂子郭氏不要让婢女在路上担粪，结果惹其大怒，欲杖打他，他逾窗逃走………………………………………………………………………… 373（六）
王澄的别驾郭舒因阻止醉酒的王澄杖打宗钦，王就叫人掐郭的鼻子，烧其眉毛……………………………………………………………………… 392（五）
王导和诸葛恢争执姓族的先后………………………………………………… 048（四）
王导说“我虽不杀伯仁，伯仁却因我而死” ……………………………… 099（三）

王导神采超群，桓彝在路边看到他都不禁感叹…………………………… 131（一）
王导不满皇帝让庾亮执朝政，正遇西风起，他举扇子遮着说元规是尘土污人…………………………………………………………………………… 418（四）
王敦醉后常用铁如意击打唾壶，唱道“老骥伏枥，志在千里；烈士暮年，壮心不已”…………………………………………………………………… 141（三）
王敦喜欢王羲之，让他睡于中军帐。王羲之在帐中听见王敦密谋造反，假装醉后酣睡而逃过一命………………………………………………………… 255（一）
王敦作乱时，周顗被抓，押经太庙，周大叫神祇有灵，应当杀王敦，话未说完，押他的人用戟戳断其舌…………………………………………… 311（四）
王恭自负才华出众，认为可当公辅，就表现得清操过人……………………… 142（二）
王胡贫穷，但坚决拒绝了陶范送来的一船大米……………………………… 044（二）
王准之熟知江左旧事，就把记录的相关文件锁在青箱子里，人称“王氏青箱”……………………………………………………………………………… 171（二）
王徽之非常喜欢竹子，到苏州时知道士大夫家有竹，径直过去，啸吟良久，都不知道主人的存在…………………………………………………… 147（四）
王徽之在山阴，雪夜初霁，月白风清，忽然想念在剡溪的戴逵，驾一叶小舟前往，一夜方至。到了门口不进去，说乘兴而来，尽兴而返………… 207（五）
王浑争抢王濬的军功……………………………………………………………… 006（三）
王济的叔叔王湛为人低调，三十多年被误认为是痴呆，实际上才学惊人 … 031（三）
王济是司马昭之婿，非常奢侈…………………………………………………… 362（二）
王俭府中华贵，人称莲花池，他任用庾杲之做秘书。萧缅写信说庾杲之在府中绿水泛舟，身边都是荷花，景色极美………………………………… 084（三）
王俭叫宾客起草公文处理公务，做得多者有赏，何宪胜出得五花席和白团扇。王摛迟到了，但立马写成，他夺走奖品离开……………………… 254（二）
王敬则封浔阳郡公，加都督，生有四乳………………………………………… 294（一）
王濬梦见屋梁上有三把刀，一会又加了一把，李毅解说他要到益州当官，不久，果应验……………………………………………………………………… 347（三）
王恺和石崇比拼财富……………………………………………………………… 006（二）
王猛是苻坚的相国，使得前秦日益强大………………………………………… 116（五）
王裒对父母的离世非常痛心，他的门人不敢读思念父母的诗歌《蓼莪》，怕引起他的悲伤…………………………………………………………………… 148（五）
王戎为人简约扼要能抓住重点………………………………………………… 008（三）

王戎遭大丧，没有大哭大泣，但悲伤得瘦如鸡骨，勉强撑在床上………… 176（一）
王戎能分辨出李子的甘苦…………………………………………………… 234（三）
王戎为司徒，阮孚去拜见他。王问孔子、老子有何异同，阮说“当不同”。王戎召他为秘书，人称“三字秘书”………………………………… 297（四）
王僧孺五岁时有人送他父亲冬李，先以一枚给他，他不要……………… 403（三）
王述被谢奕骂，他不敢说话，只面壁……………………………………… 359（六）
王肃开始不吃羊肉和酪浆，后来在魏孝文帝那里就吃了，还说茗茶和奶酪相比，只能做奴仆。人们因此称茗饮为酪仆……………………………… 057（四）
王坦之不必上班，整天下围棋，他说“这是隐居呢”…………………… 168（二）
王晞坚决不受侍郎一职……………………………………………………… 319（二）
王羲之看到门生家素几平净，就在上面写开字了………………………… 259（二）
王羲之偷着阅读前人《笔说》……………………………………………… 329（三）
王献之睡的书房被小偷潜入，东西几乎被偷光，但王献之只关心作教习的青毡子，是家里几代人的旧物，请他特意放下………………………… 122（五）
王献之曾到一个地方渡江，爱妾桃叶唱歌送别，他就命名这个渡口叫“桃叶渡”……………………………………………………………………… 156（四）
王献之曾经看到羊欣午睡，就在他的白裙子上写了数幅字而去，羊欣书法由此大长进…………………………………………………………………… 195（三）
王献之幼时见到他父亲王羲之与门生掷樗蒲玩，说对手水平一般，门生讥笑他，他怒而拂袖去…………………………………………………… 204（三）
王祥非常孝顺，继母冬天想吃活鱼，他就去河边，解开衣服，化冰求鱼 … 158（四）
王衍常拿着与手同色的玉柄尘尾，口中雌黄，整天清谈………………… 220（四）
王衍为司徒，以其弟王澄督荆州，王敦为青州刺史，说“足成三窟矣”… 325（五）
王育替人放羊，每经过学校时就专心听讲，忘了放羊之事。主人责怪他丢失了羊，他就卖身为奴偿还羊钱……………………………………… 319（四）
王镇恶是王猛的孙子，喜论军事。宋文帝说将门有种…………………… 309（二）
王质进山砍柴，看童子下棋，结束时发现斧头已烂，原来已过了百年…… 145（二）
韦逞和朱序的母亲都是奇女子……………………………………………… 013（二）
卫瓘被惠帝说资质愚钝，借醉酒向惠帝陈情欲言又止，遂以手抚床说“这座位可惜了”，惠帝有所领悟 ……………………………………………… 169（一）
卫玠神清韵远，当时人称之为“璧人”…………………………………… 183（三）
卫玠善清谈，有个王平子很自负，但佩服他……………………………… 314（二）

魏舒小时候被风水先生预测将是贤能之人，他就立志说必使此应验，后来果然如此…………052（四）
魏舒被称为“堂堂人之领袖”…………277（二）
温峤称赞王导像管仲能辅佐齐桓公称霸一样，说他是“江左夷吾”…………059（二）
温峤博学能文，相中了姑姑的女儿，用玉镜台一枚为聘…………079（二）
温峤奉命去建康，他的母亲拉着他的下摆苦劝不要去，他心意坚决，就撕坏衣服下摆走了，后来母亲去世，也没能回来…………130（二）
温子升博学有文才，被王晖称为“江左文人”…………186（四）
吴彩鸾的丈夫家境贫寒，她每日写韵书一部卖掉度日，二人最后各跨一虎而去…………019（三）
吴雷一脚伤残，伸不直。他说“现在天下扰乱，我却屈居”，就割断筋，把脚扯直…………307（三）
吴猛以白羽扇画水上渡江…………251（一）
吴隐之家境贫寒，女儿将要出嫁，他的长官谢石主动把家里的陈设借给他装饰，差人去办理时，看到吴家的一个婢女牵一条狗在卖…………034（五）
吴隐之为母执丧事，无鼓，有两只鹤在鸣叫…………278（四）
郗超每当听说有高尚隐退者，就筹办百万资金给他建屋…………084（五）
郗鉴派门人来王导丞相府上求女婿，王逸少坦腹在东床上，不闻不问。后被看中…………181（二）
郗愔家有个奴仆善于文章，王羲之还经常夸赞他…………066（三）
郗愔其子郗超为桓温秘书。郗超临死，托人把一个竹箱给父亲，说他打开看了就不至过分悲伤…………221（五）
相传，牛渚桥下多怪物，深不可测，温峤点燃犀角灯下去查看…………070（五）
向秀是“竹林七贤”之一，和嵇康、吕安等交好，一同劳动学习，曾和嵇康在洛阳打铁，与吕安在山阳种地，志同道合…………071（五）
萧琛赴御筵，喝醉了，就伏于案上。武帝以枣投他，惊醒，乃取栗还掷…………362（三）
萧放居丧时，两只乌鹊悲鸣…………278（五）
萧锋从四岁起就勤于练字，五岁时齐高帝让他学凤尾捺，一学便学得很好…………182（三）
萧钧自书小楷《五经》放巾箱中…………269（四）
萧文琬与邱令楷、江拱击铜钵催诗，击一下写一句…………253（三）
萧子良好佛，范缜大呼无佛，作《神灭论》…………295（四）

萧子显负才气，见各类宾客，不说话，只举扇子一挥…………………………268（三）
解叔谦听到得丁公藤为酒可治母亲的病，四处搜寻，终于在宜都山中老人那得到，依照老人告诉他的方法医治，果真病除…………………………389（五）
谢安的侄儿打了胜仗的捷报传来，他在客人面前面无喜色，故作镇静，回内室时，因为抑制不住内心的激动，连鞋底的屐齿都撞断了…………………………099（一）
谢安不想出仕，但身处望门，门前车马喧哗，夫人调侃他说“大丈夫不当如此吗”，他摸摸鼻子说“我正担心免不了这样”…………………………104（三）
谢安常和文人雅士游山水，咏作文，意趣不凡，王俭称他是江左的风流宰相…………………………133（一）
谢安赠袁弘扇子，袁说当用它扬仁风，合座称好…………………………260（三）
谢朏指着兄长的口说“此中唯宜饮酒”…………………………392（四）
谢敷在若耶溪隐居十多年，是有名的处士…………………………088（五）
谢灵运在梦中获得堂妹的灵感，得出了有如神助的佳句…………………………157（四）
谢灵运，小名叫客儿，喜欢游历，有情致…………………………188（四）
谢尚被客人称赞为座中颜回…………………………325（四）
谢朓喜好奖掖人才…………………………266（四）
谢万不听劝告独自拜见郡守王恬，王见了他，神气傲慢且没有要和他说话的意思，万生气，就回去了…………………………416（一）
谢宗超好学有文采，梁武帝称赞他是凤毛，不可多得…………………………138（四）
辛姓酒保不收道士的酒钱，这道士在墙上画一鹤，招引它下来跳舞，从此吸引很多客人。辛大富，建黄鹤楼，道士跨鹤飞去…………………………340（五）
邢之才常常当着客人面，一边解衣服逮虱子，一边同人高谈…………………………347（四）
邢峙劝谏太子不要吃“邪蒿”这一道菜，因为其名不正…………………………351（二）
熊安生通过投名刺选择见朋友，因朋友讳雄，另一讳安，避讳写成“触触生”…………………………301（三）
徐广是晋朝末年秘书监，见刘裕要废晋称帝，悲恸流涕…………………………286（五）
徐陵的母亲曾经梦见五色云化为凤鸾集息于左肩，后来生下了他…………………………195（二）
徐勉做吏部尚书，和门人夜坐，有人想借此求官，他说今晚只可谈风月 …124（二）
许询好游山水，而且身体健朗，便于登陟。当时人说“许不但徒有胜情，实在还有胜任的工具”…………………………188（三）
许逊弃官途中遇谌母传他道术，从此斩蛇诛蛟，为民除害…………………………132（二）
许允妻，阮卫尉之女，奇丑…………………………248（一）

薛道衡到南方陈国出使，作《人日思归》，被人称赞，名副其实 ………… 186（五）
薛孤延敢于和雷斗…………………………………………………………… 333（二）
薛收听说唐高祖李渊举义，就逃入首阳山，准备响应义举……………… 160（一）
荀灌率勇士数十人，逾城突围，求救于平南将军石览，替父解围………… 353（三）
荀勖主张正雅乐，每奏乐时，阮咸都说音不对，就把阮调走。后有耕夫在田间得一玉尺，为周朝尺，荀用之校自己的乐器，发现都低了一个调，赞服阮咸………………………………………………………………… 227（三）
荀勖字公鲁，其自中书监迁为尚书令，人们恭贺他，他因不能在中书令之地办公而发怒…………………………………………………………… 415（二）
颜峻、谢庄相继为吏部尚书。颜严毅会干事，谢不会干事，常以欢笑回答宾客的喧诉…………………………………………………………… 413（五）
颜延之性格刚烈狂放，言语无所忌讳，称这一点他的儿子们没有谁能比得上…………………………………………………………………… 039（二）
兖州东郡获一异兽，只有高祐认识，他说这叫鲮鲤，可能预示吴楚之地将归北魏。后来应验…………………………………………………… 362（五）
羊祜在小的时候，忽然有一天叫母亲到邻居桑树下取金环……………… 110（三）
羊祜镇守襄阳，对周边仁厚坦诚…………………………………………… 185（二）
羊祜喜山水，常登岘山，山上设酒吟咏…………………………………… 256（一）
羊祜请求伐吴，贾充认为不可以。羊祜浩叹上天给予的不取，会使人悔恨………………………………………………………………………… 378（三）
羊侃性豪爽，初到衡州，在两船之间起三条通梁水斋，设锦帘帷幕，任性喝酒，行动洒脱，好不风流让人羡慕………………………………… 072（三）
羊昙是谢安的外甥，颇受喜爱。谢安死后，他一年多没有心情听丝竹之声………………………………………………………………………… 148（四）
羊琇冬天酿酒，叫人轮流抱着瓮，酒很快酿成，味美…………………… 363（二）
杨愔六岁读史，十一岁读《诗》《易》，性格恬淡有礼，他的堂兄说“这是我们家的龙文良马，将来当是千里马” ………………………………… 092（四）
姚馥嗜酒，好饮浊醪，称渴于醇酒。晋武帝时，提拔他为朝歌宰，馥坚辞不去，改为醴泉太守……………………………………………………… 352（一）
易雄认为他当县吏，未能尽才，把官帕头巾挂县门而去………………… 235（五）
阴子春几年洗脚一次，说洗一次就会失一次财…………………………… 155（一）
殷浩喜读《老》《易》，为清谈家推崇…………………………………… 204（二）

殷浩整日用手“书空”写字，人家发现写的是“咄咄怪事”…………………… 235（一）

殷师心悸，听床下蚂蚁在动，怀疑说是斗牛……………………………………………… 308（一）

殷羡为豫章太守，郡中多人附书信给他，希望带到朝中有人说话。他到了石头城，把百多封信函全投入水中……………………………………………………… 222（一）

虞玩之常常拖着木屐上席………………………………………………………………………… 268（四）

庾亮镇守武昌，秋夜僚属们登南楼吟咏，他巡视而来，与大家咏吟通宵…… 203（三）

庾子舆要奔丧过巴东时，原本迅猛的瞿塘水也为他减退。他过了险滩之后，水势如旧………………………………………………………………………………………… 341（三）

元琛派人到西域求名马，以银为槽，以金为锁，非常富豪……………………… 350（一）

元克渊梦自己穿华丽衣服立于槐树下，问汤元植，说是三公祥兆。随后，汤对别人说槐是木旁鬼，他要死了……………………………………………………… 288（六）

袁粲喜逛园林。有一家园多竹石，他不告主人就进去逛……………………… 323（一）

袁宏少时帮佣为人运租，船泊于牛渚，中秋夜咏诗为征西将军谢尚所识，即上船畅谈，于是声名日增………………………………………………………………… 180（一）

袁嵩说《尚书》有五点难处……………………………………………………………………… 322（六）

袁毅为政贪浊，曾赠山涛素丝百斤，山涛命人悬于梁上。袁事情败露，查百官，得梁上素丝，印封如故……………………………………………………………… 351（五）

袁湛的外甥对他无礼，他慨叹世间舅甥之间本无情…………………………… 052（三）

乐广善谈论，他常以简短的语言析明事理，卫瓘称奇，说他是人中水镜，见到他就像拨开云雾，见到青天那么明亮清晰………………………………… 092（二）

乐颐之性大孝，一次生病，口咬被子，忍住不叫，怕被他妈妈听到……… 291（一）

乐预受到人民敬爱。他死时，一老妇挑担子准备去赶集，听说县令死了，丢下担子嚎啕大哭………………………………………………………………………………… 266（五）

张褒被御史弹劾，他就把代表官阶的银鱼袋烧掉，长啸而去……………… 054（一）

张敷小名楂，他父亲名邵，小名梨。宋文帝开玩笑问楂和梨相比如何，张说梨是百果之宗，楂不敢和梨比……………………………………………………… 361（二）

张翰本是齐王的小秘书，担心天下有变，借思念家乡鲈鱼驾车走了，躲过了后来的八王之乱，人们叹服他的先见之明…………………………………… 059（四）

张华见到朋友送他的咸鱼，说这是龙肉啊，后来一问，果然是用白鱼腌的…… 104（四）

张华多才多艺，他向一农夫解释他见到的羊是痴龙…………………………… 249（五）

张华欲以千年神木烧烹经千年化为一书生的狐狸……………………………… 335（四）

张华有白鹦鹉一对。张华有次外出，鹦鹉说昨夜梦恶，不宜出户。张不听，刚到庭外就被鹯所击。张华教鹦鹉啄鹯的脚，才脱险…………398（二）
张率为人疏脱，叫家僮送米回吴，中途损失大半，询问原因，被告知是鼠雀吃掉了，他也不追究…………096（二）
张融常穿粗旧衣服上朝…………012（一）
张融曾作《海赋》…………187（三）
张融说自己陆处无屋，舟处无水，说他堂兄张绪用小船住岸上，引武帝大笑…………294（五）
张僧繇绘画神妙，曾给壁上的一条龙点睛，一会儿这条龙便腾飞而去……182（四）
张绪风姿清雅，风流倜傥，甚至后来的齐武帝看到风流可爱的柳枝，就联想到他当年的神采…………036（二）
赵孟善言谈…………267（四）
赵僧岩为人寥落无常，人们总是猜不透他…………171（五）
智永和尚学书三十年，用坏的笔五大筐，把笔头埋葬叫“退笔塚”………306（四）
钟会得知堂甥荀勖有宝剑值百万，由他母亲钟夫人收藏，钟从母亲那儿把剑骗到手就不还了…………214（一）
周处臂力过人，不拘小节品行，乡人讨厌他。后来跟随陆机、陆云受学，一年后州里府里都在征召他，终以节义著称…………383（二）
周访为荆州刺史，有人劝王敦说荆州重要，要自己去管。王敦于是改周访为梁州刺史，劝慰并送玉环。周大怒，丢环于地…………326（三）
竹林七贤…………117（二）
宗炳常游览山水佳处，流连忘返，晚年体力不支，就说此后就当卧游吧…………168（一）
宗测不乐人间烦躁，携《老》《庄》上了庐山。有人看望他，不受馈礼 …212（一）
宗悫年少时被问到志向如何，他回答说“愿乘风破万里浪”………033（一）
祖逖听到早起的鸡叫，就和刘琨一起立马起床舞剑…………069（三）
祖逖年轻时曾唆使人在南塘打劫…………173（三）
祖珽有文无行，一次陪宴时偷一金爵…………289（五）
祖莹八岁便能看懂《诗》《书》，夜晚读书，家人发现他用帷幕遮住灯火，当时的人赞他是“圣小儿”…………035（四）
祖莹吟咏悲彭城的诗，得到王素赏识，也为彭城王元勰挣回了面子………187（四）
左思要给魏蜀吴三国都城作三都赋，构思十年，终于完成…………219（一）

隋唐五代

安禄山攻睢阳，太守张巡派副将南霁云到贺兰进明处求救。贺不救，南咬下一指给他，说这个是自己来过的信物…………………………………… 307（一）
安禄山喜欢写诗，一次以樱桃为题，给他儿子安庆绪作诗………………… 348（三）
白居易后来写的诗民间俗人都说好，有数千篇在传抄，新罗国商人把诗买来卖给他们的国相，一篇值一金……………………………………………… 086（一）
白居易晚年在庐山香炉峰下和友人共建香山社，赋诗宴集，还画成“香山九老图”………………………………………………………………………… 113（二）
白居易生下来七个月便能识字…………………………………………………… 117（三）
白居易称刘禹锡是“诗豪”……………………………………………………… 137（五）
白居易被贬江州司马，在《琵琶行》诗中有“座中泣下最谁多，江州司马青衫湿”……………………………………………………………………………… 228（一）
白居易自讽迂辛……………………………………………………………………… 301（六）
白敏中考进士时主考官想选拔他为第一，条件是和贺拔惎断绝交往。但他不为及第的事去辜负素交，因此没有被推举…………………………… 374（四）
毕诚被唐宣宗比作廉颇、李牧，担任邠宁节度使……………………………… 344（三）
边镐被人称为“边佛子”“边菩萨”“边和尚”………………………………… 356（三）
岑羲与弟仲翔、弟仲休皆为令，宰相宗楚客称之“江东三岑”……………… 403（六）
柴绍在敌阵前派人奏乐、舞蹈，令对方不自觉停下进攻，他趁其不备，偷袭成功，大获全胜…………………………………………………………… 151（四）
陈继善拜少傅退休在家，开垦一块地，种珍珠，再一颗颗地“收”回，以此为乐………………………………………………………………………… 278（一）
陈陶操行高洁，严撰用小妾试探他，也不动声色……………………………… 141（四）
陈子昂初入京时，无人赏识，正巧一老翁卖古琴，价百万，陈用小车拉来金子买下这琴，众人惊讶。他说这琴和自己的文章比起来，一文不值，当众把琴摔个粉碎……………………………………………………………… 214（四）
崔倕嫡系三代人，一起居住同炊…………………………………………………… 344（一）
崔立之做蓝田县丞，衙内有槐有竹有水流，他又栽了两棵松树，每天在其间吟哦……………………………………………………………………………… 148（一）
崔琳做中书令，两个弟弟做太子詹事和光禄大夫，门前列棨戟，人称“三戟崔家”……………………………………………………………………………… 149（四）

崔琳在玄宗朝拜相，皇上先书其名，用金瓯盖着，太子猜得是崔琳……… 208（六）
崔明信的“枫落吴江冷”一句，在当时非常有名，但其他诗作水平一般 … 021（三）
崔群当主考官，说自己有美庄三十所，即春榜录取的三十名弟子………… 371（二）
崔湜自比东晋王导、谢安………………………………………………………… 398（四）
崔郾在虢州为政宽，而任鄂州时又苛严，这是因为不同地区民风不同…… 226（四）
崔元徽春日遇到几位美人，都是花神，要崔处士做一星幡……………………… 313（一）
大历十才子………………………………………………………………………… 085（五）
道士叶法喜，曾在正月十五于殿前变幻出一座虹桥，请皇上等人由此到了广陵观灯………………………………………………………………………… 194（四）
道士叶静能说张果老是混沌初开时的白蝙蝠精………………………………… 359（四）
道士张绰能用纸剪蝴蝶，吹口气即可成对飞走………………………………… 193（四）
狄仁杰为母亲守丧时，有白雀集群飞来，像驯养的一样温和………………… 071（一）
狄仁杰在并州任法曹参军，一次登太行山，见白云孤飞，不禁触动心肠，思乡情切，徘徊良久才离去……………………………………………………… 090（一）
窦怀贞娶韦后乳母，所谓莒国夫人。世间人称自己乳母夫婿为阿奢。怀贞每奏事，自称“阿奢”或“国奢”……………………………………………… 359（三）
窦禹钧办义学，请名师，广行阴德，为人称颂，他的五个儿子也相继登第………………………………………………………………………………… 071（三）
杜悰拒绝同监军为唐武宗挑选倡女……………………………………………… 368（四）
杜甫善为诗歌，忧时事，世人称“诗史”……………………………………… 193（二）
杜牧诗中的杏花村………………………………………………………………… 156（五）
杜牧以御史身份到洛阳署理，他听说李愿有位名叫紫云的女妓，便请求赐予他………………………………………………………………………………… 309（五）
杜牧作《罪言》讨论对藩镇之策………………………………………………… 318（四）
杜暹藏书万卷，书上题“坠之鬻之皆不孝”…………………………………… 265（四）
杜暹在婺州任满，当地官员送宣纸万刀，他只收百幅作纪念………………… 305（五）
杜佑曾想退休后买个小马，骑着它去看戏，退休后果然遂其志……………… 400（四）
段文昌封邹平公，精于烹饪，家里有老婢掌厨，指授女仆，有九个得法 … 207（一）
段秀实告诫家人不要接受朱泚的馈赠，但家人拒之未成，于是他把朱送的三百匹大绫放起来。后朱谋反，事涉段，他就把这批绫取出，包装封口还是新的……………………………………………………………………………… 351（四）
梵僧难佗，用三枝筇杖幻为三个小尼姑，让她们为张延赏踏歌某曲……… 264（四）

方干缺唇，但工于诗…………………………………………………………… 267（五）
房玄龄还没有发达时，一次病得要死，对妻子卢氏说“你年少，不可寡居”，卢氏居然挖掉了一只眼睛，表示不改信义 ……………………… 283（一）
冯道去拜见契丹王耶律德光，说自己是无才无德又痴又顽固不化的男人 … 110（五）
冯道著书数万言，夸耀自己前后所事四姓君王的官爵和契丹给的阶勋官职，人们以叛国无耻鄙视他……………………………………………………… 128（一）
傅奕不信佛，太宗见到一会发咒施法的胡僧，他说这是邪术，邪不压正。他亲身去验，果真不灵…………………………………………………… 154（四）
高崇文率军平叛刘辟，抚慰百姓，拒绝将其二妾献给皇上，把她们配予没有娶妻的部将……………………………………………………………… 368（三）
高骈一箭射中两只飞雕，后被人称“双雕侍御” ……………………………… 340（二）
高僧明瓒隐居衡山，皇帝派使者征召，他自顾自用牛粪煨芋头……………… 039（四）
高僧沩山给香岩禅师说了一句看似平常的偈语，并不完全说破，香岩多年后才在偶然间忽然省悟，参透其中奥妙…………………………………… 098（二）
高适负气敢言…………………………………………………………………… 246（四）
高太素隐于商山，建有六逍遥馆，并各制一铭………………………………… 339（六）
高孝基素来会看人，称赞房玄龄、杜如晦，后来房、杜皆为贞观重臣…… 374（三）
高宗破高丽时得紫金带，唐玄宗时，高丽使者来朝，想看一眼它，玄宗便命人封好让他拿回去了……………………………………………………… 396（三）
宫人韩翠屏和丈夫于佑的红叶传诗…………………………………………… 108（五）
固怀恩叛变，儿子为部下所杀。他归家，其母亲持刀追逐说为国杀此贼 … 317（五）
顾德玉跟从俞观光做学问，情同父子。俞病死异地，德玉为其收尸，在自己家中收殓，披麻戴孝，并葬于顾氏祖坟每年祭奠…………………… 170（一）
顾况的儿子非熊死后，顾况非常悲痛，冥官叫熊再次投生于顾家，两岁时就能说出在冥间的事………………………………………………………… 183（四）
贯休叫得得和尚………………………………………………………………… 255（四）
郭宏霸拍魏元忠马屁，用手指头沾他的大小便来尝，以判断病情………… 340（三）
郭威为周太祖，亲自跪拜孔子………………………………………………… 366（二）
郭仲翔被蛮人俘虏，蛮人求千缣才肯赎人。吴保安努力经商，十年得缣七百，在都督杨安助的资助下，赎回仲翔…………………………………… 417（四）
郭子仪原从军于沙漠。一个七夕夜，见空中赤光，有美女从天而降，当是织女，郭下拜并祝福。女笑说“大富贵，亦寿考”，祝福郭子仪 ……… 221（三）

郭子仪人称郭汾阳，传说每有升迁，面目会长二寸多，额有光气………… 366（一）
韩滉遭人诬陷，李泌以全家百口保他…………………………………………… 372（六）
韩浦的弟弟说哥哥的文章只可盖草屋，自己的能造五凤楼。韩浦听到，叫人送蜀笺并借此话题诗给弟弟，很是奇妙…………………………………… 123（二）
韩擒虎生病卧床在家，有鬼来迎接皇王。没几天，韩去世，为阎罗王…… 408（三）
韩熙载为严续父亲撰神道碑，他只叙严父谱裔品秩，不说其事业，严续再三请求韩改写，韩就把所赠厚礼返还给了他……………………………… 395（三）
韩休为虢州刺史，该州税赋负担重，他不顾忤逆宰相，一再提议应该与其他郡均等税赋………………………………………………………………… 399（五）
韩愈将自己比作云，把孟郊比作龙……………………………………………… 018（四）
韩愈称自己的诗可“扛鼎”……………………………………………………… 022（三）
韩愈焚膏继晷……………………………………………………………………… 137（一）
韩愈被贬潮州，驱逐走了吃掉老百姓牲口的鳄鱼……………………………… 150（一）
韩愈曾力谏宪宗迎佛骨，极论不应信仰佛教…………………………………… 154（三）
韩愈作《三星行》，说斗、牛、箕，很多一语双关，很是有趣 ……………… 201（三）
韩愈性格光明正大，敏锐………………………………………………………… 232（五）
韩愈《送穷文》说有五穷………………………………………………………… 264（一）
韩愈梦见有人赠给他丹篆一卷，吞之…………………………………………… 343（四）
杭州净慈寺道潜向钱王申请铸十八罗汉，钱王恰巧前日梦见十八巨人随行，就同意建罗汉殿………………………………………………………………… 410（四）
和凝和范质两人进士及第名次、官位都相同…………………………………… 010（二）
红线，薛嵩家丫鬟，一夜往来七百里，到田承嗣那盗一金盒，因此解决了主人之忧……………………………………………………………………………… 312（五）
侯思止诡谲无赖，在武后面前诬陷忠臣，还强词夺理乞求做御史，武后竟然同意了……………………………………………………………………………… 367（二）
侯思止买烧饼吃，必定叫减少葱增加肉，时号“缩葱侍郎”………………… 372（三）
华阳主簿张唐辅搔头，顺手把头巾放在座间文鉴和尚头上，引起纠纷…… 267（二）
怀素家贫没有纸，住处有芭蕉数万株，他就采叶来挥洒练习。后来他草书绝伦，终成大家………………………………………………………………… 130（四）
黄崇嘏女扮男装，被举荐为状元………………………………………………… 296（一）
皇上赐任瓌二宫女，其妻刘氏妒嫉。太宗知道了，赐给她一瓶假的毒酒，说饮了立死，不妒就不饮。她一饮而尽…………………………………… 302（六）

贾岛首创“祭诗”……………………………………………………………… 038（三）
贾郁任仙游令，调走时官吏醉酒，他说再来必定惩治你。后来果然再任，醉酒官吏盗府库钱，被依法处治……………………………………………………… 077（二）
贾直言为救父而被流放，妻子答应不改嫁，并束发明志，称“非君手不解”………………………………………………………………………… 045（一）
江上渔翁论“钓名”……………………………………………………………… 012（四）
蒋乂博学多闻，他为皇上识辨凌烟阁的赞文且背诵了出来，皇上赞叹不已…………………………………………………………………………………… 282（四）
韩会为荆州刺史，好士荐贤，很有名气，李白流落江汉间，上书自荐，开头也借他来表明心迹……………………………………………………………… 100（五）
来护儿从小就很独特，读书时就慷慨说大丈夫要为国灭戎………………… 141（一）
来俊臣犯罪弃市，仇家争吃他的肉………………………………………… 327（二）
来整是来护儿的第六子，为虎贲郎将，群盗害怕他……………………… 418（二）
黎干为京兆尹，遇一老翁，给他展示舞剑，剑时常靠近黎的胡须。黎回家照镜子，发现胡子被截掉一寸多…………………………………………… 390（二）
李白随父来到四川，结交了六位好朋友，人称“竹溪六逸”……………… 142（三）
李白因大醉于采石矶堕水而亡，有人说看到他骑着鲸上天而去………… 175（四）
李白认为郭子仪是奇人，郭有次犯了法，李白出面救了他。后郭也为李白赎罪…………………………………………………………………………………… 372（五）
李白见一位老太太磨铁棒要把它做成针，深受感动，就发奋读书………… 405（一）
李泌的双目像秋水……………………………………………………………… 005（四）
李泌有一次和唐肃宗夜坐，正值他练习辟谷，不吃粮食，皇帝亲自烧了梨赏赐他………………………………………………………………………………… 039（五）
李泌在端午时节没有像其他人一样进献珍奇玩物给皇帝，他说自己所有之物都是皇帝所赐，唯独只剩身体，为君所用…………………………… 081（三）
李泌劝谏皇帝有巧妙的语言技巧……………………………………………… 154（一）
李旦被诬谋反，令来俊臣查，他刑讯逼供。太常寺乐工安金藏大呼“皇嗣不反，吾请剖心明之”，即拔刀刺人，肠子流到地上 ……………………… 212（四）
李德裕每吃一羹，费用约三万，做法十分奢侈……………………………… 190（四）
李德裕得到可解酒肉毒的茶，他叫人煮茶浇到肉上，第二天一看，肉已成水…………………………………………………………………………………… 363（三）
李德裕为浙西观察使时，皇上亲昵小人，大臣很难进见，他就派使者送给

皇上《丹扆六箴》…………………………………………………… 406（五）
李藩把李贺诗歌编辑成集，还未写序，便请李贺表兄前来搜访遗稿。其表兄以改稿为由，拿走所有书稿。他因个人怨恨李贺，把旧稿全部扔到厕所中去了…………………………………………………………………… 371（五）
李封为延陵令，对有罪的人不杖罚，以戴绿头巾辱之…………………… 300（三）
李逢吉阴险多端，勾结党羽有八人，又有八人附会，称“八关十六子”，谁有诉求，先赂八关子……………………………………………………… 326（一）
李皋教习部下以团力为法，多次攻克强敌，威震一方…………………… 081（二）
李固言路遇老妇，称他明年芙蓉镜下及第……………………………… 017（三）
李固言未中进士时，遇到柳神，说用柳汁染了他衣，不久状元及第……… 212（五）
李光弼三度入相，为人孝悌。异母弟李光进同在京，往来欢叙…………… 316（五）
李贺最喜苦吟，每天早晨骑马出门，一小奴背锦囊在后，每得一句就投入囊中…………………………………………………………………………… 161（四）
李勣亲自为生病的姐姐煮粥，不小心烧掉了胡子………………………… 058（三）
李勣向皇上献谄言，不忠…………………………………………………… 251（二）
李勣在并州十六年，令行禁止，民夷怀服，唐太宗称他像长城………… 376（四）
李景达带兵过江攻六合，宋太祖大破之。在此次战争中，太祖佯装督战，看到不卖力的战士就用剑斫其皮笠，后斩杀，因此士兵都不怕死，大破南唐精兵…………………………………………………………………… 347（六）
李靖替龙宫施雨…………………………………………………………… 009（四）
李珏在淮南时，梦到进入一个神仙洞府，石壁上用金书“李珏”，得意时童子告诉他这是江阳的老百姓李珏。原来这人诚实卖米，供养父母，让人称赞……………………………………………………………………… 093（三）
李克用病得要死，给他儿子存勖三支箭，告诫他毋忘父志……………… 419（一）
李揆风度仪态很美，皇上说你当是朝廷羽仪……………………………… 223（一）
李林甫的女婿郑平，当户部员外郎。李见他须发皆白，对他说明日皇上将赐甘露羹，如食用白发会变黑。次日分羹与郑，食后果然如此………… 181（一）
李林甫不认识“杕”字，错把“杕”字读成了“杖”字，询问韦陟诗句“有杖之杜”什么意思 ……………………………………………………… 360（二）
李茂贞为凤翔节度使，赋税苛重，名目繁多……………………………… 185（五）
李密年轻时常乘一头黄牛，携一蒲草垫子，在牛角上挂着《汉书》，一边赶牛，一边读，杨素见到，交谈后知他不凡，大为赞叹………………… 124（五）

李讷性子急，但一下围棋就很宽缓…………………………………………… 147（二）
李潘任给事中，凡是制敕有不当之处，他就在敕后批写意见………………… 356（五）
李峤晚上睡觉，呼吸是从耳朵中出入。袁天罡说这是龟的呼吸方式，一定
大贵而长寿，后来果然如此……………………………………………………… 092（三）
李单父种花有术，宫内人称其为“花师”……………………………………… 359（一）
李涉在皖江遇水盗，盗首审问中知道是李涉，说既然是李博士，不要抢夺，
久闻诗名，赠自己一首足矣……………………………………………………… 224（五）
李晟仰慕魏征，他在朝上也是直谏不隐讳……………………………………… 393（一）
李晟字良器，桑道茂前来拜谒，请以一匹素丝换李晟一件衣衫，并请他在
衣衫上题字，以此做信物………………………………………………………… 418（五）
李朔在夜半乘大雪袭击蔡州，一举成功………………………………………… 111（三）
李义府为人阴险，时称“李猫”。初见唐太宗时，命他作一首题乌鹊诗，
作罢就被封为御史………………………………………………………………… 058（一）
李义府被称为笑里藏刀，时人又称他“李猫”………………………………… 337（一）
李益多猜忌，防范妻妾，人称“妒痴”………………………………………… 265（一）
李廙为人清节，其妹夫刘晏想替他换掉旧门帘，但拿着新的来回到门口三
次，皆不敢开口……………………………………………………………………… 415（五）
李膺不善交接，只以荀淑为师。有一天荀的第六个儿子爽第一次见李膺并
为他驾车，就非常兴奋，因为羡慕之情由来已久了…………………………… 100（四）
李邕名扬天下，时号“翰林六绝”……………………………………………… 322（五）
李祐献马一百五十匹，侍御史温造弹劾他违反敕令规定，把李吓得胆战
心惊………………………………………………………………………………… 396（五）
李愿隐居在盘谷这个地方………………………………………………………… 022（四）
溧阳射鸭堂的由来………………………………………………………………… 135（三）
梁锽写了一篇《傀儡吟》，傀儡就是木偶人 …………………………………… 203（四）
廖凝廉洁自守，任满只携诗卷、酒瓢而去……………………………………… 339（四）
林仁肇为南都留守，有威名，宋军深以为忌惮。宋人想要陷害仁肇，后来
仁肇被南主鸩杀…………………………………………………………………… 391（五）
刘伯玉妻段氏善妒，听到刘在诵《洛神赋》，段氏认为刘独以水神美而看
不起她，当夜就投水而死。相传此水叫“妒妇津”…………………………… 298（二）
刘𬬮赠北方使者茉莉花，说叫“小南强”……………………………………… 320（五）
刘𬬮占据岭南，命令士兵采珍珠装饰宫殿，奢侈至极………………………… 349（五）

刘鋹以鸩毒酒毒杀臣下，后降宋。一天宋太祖赐他一杯酒，他怀疑是毒酒，不敢喝……401（五）
刘蕡在对策文中极力批判宦官奸臣，考官都叹服，但无人敢录用…………128（三）
刘沔跟随李光颜讨伐淮西，多次身受重伤。一次，月黑不知归路，昏昏而睡，梦见有人给他双烛，引导他前行……347（二）
刘仁轨与李义府不和。刘运粮于海上翻了船，李派袁异式去追究，逼刘自决。后刘因功升司空，袁异式吓坏了。刘仁轨拿酒洒于地，告诉他不记旧恶……281（三）
刘仁轨、戴至德为左右仆射，轮流值班。刘温厚，人家喜欢向他投牒……298（三）
刘行全推辞不做将军，请王潮做主。王潮把剑插在地上，祷告说若谁拜剑时它动了，谁就是主将军。结果王审之刚拜下去，剑就跃起……265（三）
刘晏八岁便能献赋，唐玄宗授予他太子正字之职……191（四）
刘晏五更上朝，用袖口包住买的饼就吃……237（三）
刘赞一天早上做梦吞一小龟，自此大有文思……263（四）
刘子翼性格刚直，朋友有错当面斥责，从不背后说人。李百药说“刘四一再骂人，人终不恨”……087（五）
柳浑议论时常说俚语，皇上不喜欢，降为散骑常侍……314（三）
柳俭时称清名天下第一，皇帝赐帛二百匹……250（一）
柳毅遇见龙女在牧羊……243（五）
柳仲郢的母亲用苦参、黄连粉碎以熊胆和为丸，夜晚读书让人含在嘴里，以知勤苦……108（四）
柳宗元《骂尸虫文》说人身上有三尸神……264（二）
娄师德是非常宽容的人……016（二）
卢承庆为司刑太常伯，曾考察内外官。有一官员督运时遭遇大风损失了米，承庆考评，为他改注三次……401（一）
卢储的“试贴”卷子被尚书女儿无意看到，预言说此人必中状元。第二年发榜，他果然是榜首……054（三）
卢怀慎为人简朴，但少才干，与姚崇同居相位，全由姚决断，人称之“伴食宰相”……310（四）
卢杞在虢州除猪患……012（二）
卢仝的儿子名添丁，喜欢用墨涂抹诗书，他由此作《示添丁》一首……051（三）
卢携相貌很丑，但是文章写得好，后来显贵……183（二）

卢肇举进士时，郡守轻视他，后来状元及第，郡守请他看赛龙舟，他就借龙舟作诗，一吐胸臆……128（四）
陆龟蒙不善和亲戚朋友走动，没事就常乘一小舟装上书、茶灶、笔床、钓具等，驾船而游，稍有不适意就回来……087（二）
陆龟蒙住太湖边，驯养一栏会争斗的鸭子……361（五）
陆馀庆善论事而不善判事……267（三）
陆羽精于论茶，撰写的《茶经》，是这个领域的开山鼻祖……152（一）
吕洞宾在襁褓中时，马祖见到他，说此儿骨相不凡……223（二）
吕元膺为荆州刺史，颇著恩信，怜悯囚徒过节不能回家陪亲人，就放其回去，节后囚徒如期而回……389（一）
罗公远有道术，中秋夜侍奉唐明皇赏月，便幻化出月宫，有女子数人在大桂树下舞《霓裳羽衣曲》……194（三）
罗黑黑会弹琵琶，曲子听一遍能全记住……234（四）
罗珦少时贫困，曾在寺庙随和尚吃饭，二十多年后，持节回家……153（四）
罗隐善写诗，少有名声，颇受时人欢迎，性格有傲骨，同时又卑视事物……093（一）
马璘是马援后代，读《马援传》发愤要光继祖勋，后成名将……309（三）
马燧征战李怀光，他前去劝服了李的守将徐庭光，徐率众将投降，李怀光自杀……404（二）
孟浩然受邀到王维内署做客，恰好碰到皇帝到来，不知所措，急忙躲到床下……021（六）
孟浩然学不崇儒家，作文不按古法，人赞他清发……204（一）
孟浩然想求官，唐玄宗令他诵平生得意诗句，他诵“不才明主弃”，玄宗说“朕没有弃你呀，回去吧”……250（三）
苗晋卿举荐元载，李揆反对……272（五）
倪若水为班景倩送行，羡慕他外任……327（五）
聂夷中写的很多诗是中国悯农诗……060（一）
牛宏疼爱弟弟牛弼，牛弼曾醉酒射死他驾车的牛，他很淡定且没有意要责备弟弟……377（二）
牛僧孺任伊阙县尉，传说如果有人能进台阁，县前水中央会出现石砾金沙的滩，有一天忽然出现。他祈祷再出现传说中预示西台宰相的五色水鸟，说完果然出现一只，不到半月，他官拜西台……075（五）
欧阳询北行见古碑，观看良久，回来再看，命人铺席于碑下，三天才走……259（三）

庞严中进士，榜单误写为严庞。有一严姓举子，冒充说是他堂侄………… 252（四）
庞蕴搬家至襄阳，将家中钱财金帛载于一铁舟沉于海……………………… 218（五）
裴度捡到了贵重的犀带，原来是一位妇人为救父，借来用于贿赂当权者的。
他物归原主，相面者说他积了一份阴德……………………………… 067（四）
裴度用皇甫湜为判官。修福先寺，裴度拟求白居易写碑文，皇甫自荐，立
即草成。酬金尚厚，皇甫嫌少，大怒。裴度笑说“不埋没才子，应该足
数”，付千匹缣 ………………………………………………………… 223（四）
裴宽被刺史韦诜看中欲招为女婿，韦诜召集全族人来看，当时裴宽穿青衣，
瘦脊而身高。后来族人叫他“碧鹳雀”……………………………… 320（二）
裴遐性温和，被醉酒发怒的司马推倒在床下，他起身后并没有生气……… 360（一）
彭孙为李宪太尉洗足，彭阿谀奉承，说太尉脚香………………………… 369（四）
齐邱与人交谈，常用一大炉子，画灰为字………………………………… 293（三）
钱镠封吴越王，唐昭宗赐以铁券…………………………………………… 287（五）
钱镠小时候，有看相的说他骨法非常……………………………………… 305（二）
钱镠为了筑海堤挡潮水，边命数百名强弩手发箭射潮头，边祈祷，潮水退
避，堤岸筑成………………………………………………………………… 341（四）
钱镠谥武肃，其所居之城，外面以锦彩装饰，名“衣锦城”……………… 384（二）
钱起参加殿试，拿梦中“曲终人不见，江上数峰青”两句完成题目内容，
被主考称叹“若有神助”……………………………………………… 334（一）
乔知之有妾叫碧玉，善歌舞，武承嗣借去却不还………………………… 309（四）
权德舆为知制诰，居西掖八年，风流蕴藉，为缙绅表率………………… 203（二）
权龙褒不会写诗，自嘲趁韵而已…………………………………………… 304（一）
仁裕著诗万首，人称“诗窖子” ……………………………………………… 162（二）
汝阳王李琎爱酒，自称酿王兼曲（麯）部尚书…………………………… 201（四）
桑维翰是裴皞为礼部时选的进士，桑做了宰相去拜见他，他不行迎送之礼
…………………………………………………………………………… 380（二）
僧一行求师至天台国清寺，稽首请法……………………………………… 222（四）
商则任麖邱尉，性廉洁……………………………………………………… 302（二）
上官婉儿评定宋之问的诗比沈佺期更胜一筹……………………………… 019（二）
邵谒少时贫贱，屈身为县小吏，县令命他为客人铺床，他拒绝后遭到扑打，
摆脱而去。后以诗文名世……………………………………………… 353（五）
沈思能酿十八仙白酒，吕洞宾饮数斗不醉………………………………… 172（二）

石敬瑭为“儿皇帝”……………………………………………………… 258（四）
史家认为唐朝有三位皇帝最好………………………………………………… 015（二）
司空图自己提前建墓圹，朋友来，就引到圹内，赋诗酒酌………………… 088（三）
司空图怕见皇上，佯装衰老，手拿笏就坠地失仪…………………………… 322（三）
司马祯微讥卢藏用，称他的仕途是终南捷径………………………………… 046（三）
宋璟刚正贞清，但他作的赋，清便富艳……………………………………… 216（一）
宋若莘训导诸妹如严师………………………………………………………… 296（二）
苏颋借灶中柴火光读书………………………………………………………… 252（一）
苏味道做事模棱两可，当时人称“模棱手” ………………………………… 196（二）
隋炀帝乘龙舟下江都，文武五品以上坐楼船，大小相接二百多里………… 198（二）
隋炀帝照镜，叹息这个好头颅，不知被谁砍去……………………………… 273（四）
孙思邈医通百家，一次有龙生病鳞甲快掉了，他用针灸治好……………… 245（二）
太子杨勇有天宴客，左庶子唐令则奏琵琶，太子洗马李纲说唐会连累殿下，
后来太子果被废……………………………………………………………… 411（五）
谭峭学仙，经常行走时吟诵一首诗…………………………………………… 144（三）
唐朝一位尊师，人问他，只说“何（什么）何”，因号“何何尊师”……… 255（五）
唐德宗和韦妃一起来翰林院时，韦绶午睡刚睡下，天气大寒，皇帝就把韦
妃的蜀锦袍盖在了他身上…………………………………………………… 129（四）
唐高祖生病时为太子试探徐勣，故意贬降徐勣。徐知其意，连家都不回，
立即赴任……………………………………………………………………… 319（三）
唐临当过大理卿，断狱不冤枉，给自己下评语“形如死皮，心如铁石”，
高宗说断狱就应该像唐临这样……………………………………………… 405（三）
唐明皇友爱兄弟，常在花萼楼上召集兄弟一同宴饮………………………… 157（三）
唐明皇所宠幸的美人王氏，多次梦见有人召她饮酒，皇上说必是术士所做。
她听从明皇的建议，梦中再去时便在屏风上印了一个手印。醒后果然在
东明观中得手印，但道士逃走了…………………………………………… 190（五）
唐穆宗喜欢柳公权书法，问他字怎么才能写得如此之好，柳说用笔在心，
心正则笔正，笔正才可以有法度。皇上认为他以笔为谏…………………… 215（三）
唐穆宗因沉迷于声乐女色而上朝晚，刘栖楚入谏时，用额头叩台墀以惩罚
自己没能及时劝谏，流血不止……………………………………………… 259（一）
唐太宗为避魏征将鹞鸟藏怀中………………………………………………… 004（五）
唐太宗说自己有三面镜子，铜镜可正衣冠；古史为镜，可照见王朝兴旺更

替的原因；以人为镜，可以知道自己的行为对错。魏征就是他的一面人镜…………115（四）
唐太宗命阎立本画功臣的图像，挂在凌烟阁…………182（五）
唐太宗于宫西开馆，其中房玄龄等十八人受宠，常讨论政事、典籍，人称“十八学士”，像成仙一样…………183（一）
唐太宗把得到的三千六百多页王羲之真迹，埋于自己陵墓昭陵…………249（三）
唐太宗作飞白书，群臣来拿，常侍刘洎登上御床抢到字…………262（二）
唐太宗在洛阳围猎，忽窜出一群野猪，唐俭急忙骑马逮猪护皇上安全，太宗高兴，宣布罢猎…………270（一）
唐太宗知道王羲之《兰亭序》真迹在辨才和尚处，派御史萧翼去套近乎，骗到了这真迹…………313（二）
唐太宗问萧后隋主观灯的规模，萧后说殿前设火山数十个，每山浇油焚烧沉香数车…………325（二）
唐太宗在善庆宫大宴，尉迟恭与坐者争尊争长，殴打任城王道宗，眼几乎打瞎…………385（三）
唐太宗攻高丽，薛仁贵身着白衣，所向披靡，全军乘势，击退敌人。唐太宗说自己喜得虓将…………394（四）
唐僖宗即位，政事皆委于田令孜，称他为阿父…………359（二）
唐宣宗焚香洗手读谏疏…………249（二）
唐宣宗时，丞相设宴，座中一人叫蒋伸，斟一杯酒，说在座的有孝于家忠于国的饮这酒。无人应对，独有李景让拿起爵杯…………291（二）
唐玄宗见牡丹盛开，让杨贵妃捧砚，好让李白创作，他便抬笔写下了《清平乐》三章…………131（四）
唐玄宗见花园千叶桃花盛开，摘一枝插于杨贵妃发髻上，说此花亦可解忧，可见恩爱非常…………174（一）
唐玄宗爱听羯鼓，不爱听琴…………198（一）
唐玄宗有次御宴后，叫把所用的金筷子赐宋璟…………296（三）
唐玄宗又称明皇，尊重老师…………366（三）
唐玄宗宴于宫中，叫嫔妃各插鲜花，他亲自放飞粉蝶，蝶飞谁头上，皇上就临幸，称为“蝶幸”…………373（四）
唐玄宗为了押韵，下令把《洪范》“无偏无颇”的“颇”改读为“陂”……375（三）
唐玄宗逃亡四川时，触景生情，痛念贵妃，作《雨霖铃》，命会吹筚篥的人

吹奏……………………………………………………………………… 397（一）
陶谷（穀），字秀实。曾买得党太尉家故妓，叫她捧雪来烹团茶 ………… 189（四）
滕王元婴善画蝴蝶，品种繁多，受人青睐……………………………… 127（二）
田游岩隐居在嵩山，对唐高宗说自己对这里泉石、烟霞的钟爱已病入膏肓
……………………………………………………………………… 152（三）
田游岩被征为太子洗马，但对太子无所规劝教益，于是右卫副率蒋俨写信
责备他…………………………………………………………………… 420（五）
同昌公主有支刻九鸾的玉钗。一天午睡，公主梦见红衣奴说潘妃取九鸾钗，
醒来，钗不见了…………………………………………………………… 289（四）
突厥侵犯并州，薛仁贵奉命督兵攻打他们。当时突厥一看是薛便惊慌失措，
稍稍退去。薛奋击，大破之……………………………………………… 404（一）
吐蕃入侵求和，李晟极言不可以。皇上不听，派浑瑊去订盟……………… 418（三）
王播未做官时，在寺庙随和尚吃饭被嫌弃，他在墙上题诗明志。后官拜宰
相，再回来时，诗句已被人用碧纱笼盖住了……………………………… 153（五）
王勃去看望他父亲，乘舟到马当，遇神风，一夜便到了南昌，在此写下了
流传千古的《滕王阁序》………………………………………………… 179（五）
王勃写文章，人们常送很多金帛作为报酬……………………………… 181（四）
王锷向天呵气，高数丈……………………………………………………… 248（六）
王福畤的三个儿子有才名，杜易简称之“三珠树” ……………………… 274（三）
王珪，一无建树，只取圣旨、领圣旨、得圣旨，人称“三旨相公” ……… 234（一）
王积薪住宿一深溪百姓家，听见婆媳二人各在自己房中手谈下棋。天明请
教，婆婆指媳妇说“她教你一般布局就可以了”，从此王的棋艺大进 … 222（五）
王毛仲深得皇上宠信，百官都依附，宋璟则不然。他嫁女儿，皇上为他召
来宋璟。宋璟中午才到，先拜谢皇上，一杯未尽，称肚子痛而去……… 413（三）
王嗣宗知邠州，烧毁城东灵应庙和旁边的狐穴，终止老百姓的乱祀之风 … 337（六）
王庭凑是回鹘人，为成德节度使，起兵叛乱，皇上派韩愈去宣慰………… 315（四）
王维画艺臻妙，苏轼赞为“诗中有画，画中有诗” ……………………… 031（一）
王维画画不按时令，《袁安卧雪图》里有雪里芭蕉，但他意到笔随，堪称
妙品………………………………………………………………………… 127（三）
王彦章骁勇有力，军中称为“王铁枪” ………………………………… 373（三）
王忠政死而复活，说天帝召他去行雨了………………………………… 337（二）
韦安石的私人花园称“韦曲”，杜佑和弟弟退休后纵游的地方叫“杜曲” … 023（四）

韦澳十年没调动官职，高元裕想推荐他作御史，暗示他来拜见，他说恐怕没有主动巴结的御史……083（三）
韦丹见一渔人把一个大鼋扣桥柱上，鼋伸头四顾。他用骑的驴赎下鼋，投水放生……311（六）
韦景骏先为肥乡令，后升赵州长史，一次路过肥乡，民人稚子都争着饯行犒劳……267（一）
韦述著作很多，他的五个弟弟也很出色，人们称羡，比喻他们兄弟是像杞梓两种好木材一样优秀……062（二）
韦思谦曾经弹劾罢免褚遂良，褚复为相后，把他贬为清水令。有人来吊慰他，他却说立足敢言，需要明目张胆报效天子……415（三）
魏征敢于直谏，太宗说“别人认为魏征粗疏傲慢，我却觉得妩媚可爱”…165（二）
吴兢参与撰写《武后实录》，坚持直笔书写，其中有涉及宰相张说的事件，也不因为他位高而改变原则……063（一）
五代时，跟随唐昭宗的一只猴子号称“供奉”。朱温建立后梁朝，猴子见到他就猛击，后来被杀死……174（四）
武后称帝，天授二年腊月，居然满地百花开……113（三）
武后赐张昌宗集翠裘，让狄仁杰同他赌，狄赢裘谢恩而出……202（四）
武后问狄仁杰“你在汝南，有人诬陷你，想知道吗？”狄仁杰说自己有错就改，诬陷的自己不想知道……228（二）
武后时三月下雪，苏味道说是瑞雪，王求礼说这都是阿谀，三月阳和，寒雪为灾……290（一）
武后听闻萧妃临死的遗言后，下令宫中不许养猫……342（二）
武后时武三思置有一妾，绝色，士大夫都去观看。狄仁杰去时，她躲起来不敢见，说是花月之妖，不可以见狄梁公正人……408（二）
瑕丘卖药有一百多年，人们称之为“谪仙”……064（四）
相士说李藩是“纱笼中人”，能得神仙护佑，以防不测。后来李藩被诬告送到长安受审，皇帝见他，惊讶地说这根本不是恶人……093（四）
萧遘与王铎并居相位。王铎年老，上朝时跌倒殿下，萧遘把他搀扶起来，因为萧不仅仅尊他年老，并且还是他的门生……380（一）
萧颖士非常严酷，每次打跟随他十多年的仆人杜亮都是一百多杖。人劝杜另找主人，他说自己不是不想走，但是太爱慕他的博学了……096（三）
萧瑀及孙子萧遇等共八人皆为宰相，名德相望……357（五）

谢小娥化妆成男人到申家为佣工，斩强盗申兰，擒申春，为父和夫报了仇，后出家为尼…………353（四）
辛公义为岷州刺史，亲自照看生病的人，全境人称他为“慈母”…………364（一）
徐晦和杨凭是好友，杨被贬，只有徐去送，他说因为有知遇之恩。李夷简推举徐晦做御史，说他都不肯负杨凭，怎能会负国家…………121（四）
徐有功因判窦希瑊无罪而被薛季昶诬陷为同党，有功叹息，关门睡觉……269（一）
徐左卿是蜀中道士，传说他有一次外出化成鹤，被唐玄宗射中过…………061（四）
许慎不拘小节，在花圃设宴，不设帷幕，不设坐，只把落花扫拢来铺，叫作花裀垫子…………084（四）
薛逢做巴州刺史，很受百姓爱戴，晚年仕途困厄，常驾病瘦马入朝……120（四）
薛稷是皇亲，为纸封九锡，称楮国公，任白州刺史…………084（一）
薛涛引成都浣花溪水，造信纸笺，染以十色，名“薛涛笺”，文人雅士争相得之…………155（三）
郇模拿竹筐草席大哭于东市，人家问他，他说愿献二十个字给皇上，一字为一事…………280（四）
严安之以治理严肃闻名，玄宗赐宴狂欢时，观看者秩序混乱不堪，其他人都束手无策，他在地上画了一条线，以示警戒，结果无一越界者………123（三）
严武八岁，其父宠小妾而冷其母，他趁机用铁锤击碎小妾头颅。侍从托言孩童无心失手，他却义正辞严，坦言真相，严父不禁称奇…………041（一）
严续与唐镐赌博，以他的狐姬为赌注…………242（一）
颜杲卿怒骂安禄山被断舌…………015（三）
阳城好学，逢饥年，不打扰邻居而自己吃榆叶榆花煮粥，仍和弟弟讲论不息…………107（三）
阳城为道州刺史，治民如治家，不急于征税，却被观察使批评讥讽………186（一）
阳城说如果下旨以延龄为相，他一定会撕毁那张白麻纸…………357（一）
杨崇义的鹦鹉为官家指证东邻家李弇杀死了主人…………355（六）
杨玢退休回长安，老宅多被邻里侵占，他不同意诉讼…………301（二）
杨贵妃将安禄山当作婴儿给他“洗三”…………019（一）
杨贵妃忤旨，皇上把她送归哥哥家。后来皇上后悔了，遣中使去给杨贵妃赐膳，贵妃涕泣，剪下一缕头发献给皇上…………256（五）
杨国忠用沉香木为阁，檀香为栏，麝香、乳香和土为泥而泥墙壁，称为“四香阁”…………384（一）

杨敬之为人公正，逢人常称赞丹徒尉小官项斯，说他人好诗好，清奇雅正，还写诗赠送，项斯由此大显名声…………………………………… 072（四）
杨俊大修宫室，穷奢极欲…………………………………………………… 325（一）
杨汝士在一次家宴中写诗，人评为佳，时元稹、白居易亦在座。他对弟子说，今天压倒了元白……………………………………………………… 198（五）
杨素将徐德言失散的妻子纳为家姬，得知真相后，将妻子还给了他，还赠了礼金…………………………………………………………………… 028（一）
杨炎登相位，三世以孝义旌显，门前树立六座牌坊…………………… 414（五）
杨元琬少年时有一刀，如遇到恶兽盗贼，则刀就锵然有声，似在报警，故名为“警恶刀”……………………………………………………………… 350（三）
叶法善求刺史李邕书碑，不允。夜里，叶把李的魂摄来写成，人呼“追魂碑”………………………………………………………………………… 249（一）
义兴许氏重刻汉太尉许馘碑，碑阴有“谈马、砺卑、王田、数七”八个字，只有徐延休能解释出来…………………………………………………… 393（五）
殷文亮刻木人，会酌酒行觞………………………………………………… 264（三）
鱼朝恩任国子监主管，他手执《易》讲鼎卦……………………………… 312（四）
虞世南博学，太宗出行说，不必装书，有虞在就是秘书监……………… 159（四）
宇文士及随唐太宗歇于树下，太宗很喜欢这棵树，士及便谄媚，对此树夸赞不已……………………………………………………………………… 395（五）
尉迟恭用帖子（条子）资助穷书生五百贯钱……………………………… 265（二）
尉迟恭字敬德，常用矟作战，唐高祖问他避矟与夺矟哪个难，他回夺矟难。高祖就让他与齐王战，他夺齐王三次矟，众人服气…………………… 400（二）
元澹自称是狄仁杰的一剂良药……………………………………………… 010（三）
元德秀淡泊名利，行动洒脱，房琯赞叹道，看他眉宇之间，便让人的名利之心全部都忘记了…………………………………………………………… 036（一）
元延祖矢志不做官…………………………………………………………… 105（四）
元载生活奢华，家里设有南海的紫绡帐，冬暖夏凉，十分神奇………… 129（五）
元载鼻尖有一小虫，说是“酒魔”，致使他闻到酒气即醉，挑出后可饮一斗酒……………………………………………………………………… 355（四）
元稹评杜甫诗“气吞曹刘”，曹指曹植，刘指刘祯，皆“建安七子”……… 199（一）
袁天罡给窦轨看相，其瞳子发红，袁劝诫他少杀人……………………… 235（三）
宰相李德裕被贬西川节度使，就在成都建“筹边楼”，按山川险要画成图… 123（四）

宰相张嘉贞看中了才子郭元镇，想招为女婿，他让五个女儿各执一根丝线，由郭来选，最后得三女儿，人贤且美……………………………… 024（三）
昝君谟箭法了得，其徒弟王灵智企图射死他独称美于天下。当时君谟只用刀挡箭，最后一矢，他张口咬住，吃掉了箭头……………………… 349（三）
张伯偕和张仲偕兄弟，两人样貌极其相似，难以区分…………………… 072（一）
张德生了个儿子，不顾禁令私自杀羊宴请同僚，被杜肃上表弹劾。结果武后拿出杜肃的奏表给张看了………………………………………………… 413（四）
张公艺九代同居，高宗问他和睦相处之道，他请纸笔，书一百个忍字呈上……………………………………………………………………………… 210（一）
张果老隐于终南山，常骑白驴，休息时，折叠如纸。要乘时，水一喷就成驴………………………………………………………………………………… 267（六）
张红红善记曲拍，称“记曲娘子”“辨曲才人”…………………………… 234（五）
张嘉贞每次上朝轿车冠盖马匹都充满街巷，人把他的住处称为“鸣珂里”… 148（三）
张嘉贞想招郭元振为婿，让郭于帷幕前牵一丝线，得第三女……………… 251（四）
张建封未得志前，尚书裴宽退休途中碰到了他，非常赏识，就把整船的钱帛奴婢送给了他………………………………………………………………… 076（一）
张建封镇徐州，有舞伎叫盼盼，住燕子楼。建封去世后，盼盼不嫁，写燕子楼诗三百首…………………………………………………………………… 210（四）
张九龄喜欢养鸽子，常用来传送家书，称之为“飞奴”…………………… 062（五）
张九龄字子寿，风仪秀整，不同于流众…………………………………… 384（三）
张居翰看到庄宗要杀王衍的诏书，他揩去书上“行”字，改为“家”字，因此，只杀了王衍一家人，一千多随行者皆获免……………………… 419（七）
张路斯的九个儿子大胜郑祥远，化成龙而去……………………………… 016（四）
张守珪任瓜州太守，西夏大军进犯，他置酒登楼歌舞，敌方怀疑有诈，退兵………………………………………………………………………………… 262（四）
张彖拒绝巴结杨国忠，并说不过像冰山，太阳一出，就化为乌有了……… 065（一）
张彖登第，为华阴主簿，被守令所抑制，不愿拘于下位，感觉就像置身矮屋，抬不起头来，弃官而去………………………………………………… 371（一）
张旭草书绝佳，被称为“草圣”…………………………………………… 030（四）
张巡带兵不依古法，各大将用各自的方法操练，他说因为胡人骑马突进，不能采用循规蹈矩的方式，应该各自为战，以灵活应对………………… 086（四）
张巡军令如山，部下雷万春脸上中六箭也屹立不动………………………… 091（一）

张巡守睢阳。安史之乱时，尹子奇攻睢阳，每决战，张都登城大呼，牙都咬碎了…………………………………………………………………………… 212（三）
张巡守睢阳，做草人得箭矢…………………………………………………… 330（一）
张延赏看不起女婿韦皋，后韦皋持节四川，取代延赏……………………… 346（二）
张元素上疏力谏唐太宗，罢修洛阳宫………………………………………… 330（四）
张说的母亲梦见玉燕投入怀中，就怀孕生了他。张说后来被封为燕国公 … 195（一）
张蕴古写了一篇《大宝箴》…………………………………………………… 215（四）
张镇周上任的第一件事就是款待亲友、赠予金帛，并告诉他们今后公私会分明对待，后来他治辖内政治清明、肃静…………………………………… 053（二）
张志和回家奔丧后就不再做官，往来于江湖之中，耽于钓鱼之乐，以示归隐之志……………………………………………………………………………… 184（三）
张鷟登进士，员外郎说他的文章像青铜钱，万选万中……………………… 270（二）
长孙皇后好读史书，著《女则》三十卷……………………………………… 297（二）
长孙晟出讨突厥，突厥翻译使来降，称突厥人害怕长孙总管……………… 310（一）
长孙顺德受人赠绢事被败露，皇上决定在朝堂公开赐他绢数十匹，让他知羞……………………………………………………………………………… 300（四）
赵光逢字延吉，时人称其方直温润，谓之“玉界尺” ……………………… 366（六）
赵轨以清苦为名，邻居家桑椹落在他家，他让孩子们捡来送还邻居并告诫他们不可据为己有…………………………………………………………… 237（五）
赵颜得到一个画了美人的缎障，此美人叫真真……………………………… 301（四）
赵昱为嘉州刺史，当地有老蛟危害，他持刀入水，奋力斩之……………… 324（三）
赵知微有道术，一年中秋，忽命童儿备酒果，要到天柱山玩月。既出门，皓月当空………………………………………………………………………… 269（三）
郑谷七岁就能作诗，后来常有佳作，一首《鹧鸪》最脍炙人口…………… 064（一）
郑珏的室外忽然生出一麻，预示着他要承旨拜相…………………………… 153（一）
郑綮为人诙谐，常作歇后诗，皇上赏识……………………………………… 296（五）
郑虔爱读书，却没有纸来抄，就扫柿叶贮存在好几间房子里留用，后来几乎都被用光了……………………………………………………………………… 130（三）
郑熏主考时把一个叫颜标的人定为状元。他以为这颜标是颜真卿的后代 …… 259（四）
钟馗能捉鬼……………………………………………………………………… 260（六）
朱诚以五经教授乡里，遂号“朱五经” ……………………………………… 386（一）
朱泚叛乱，李晟每次与他打仗时都穿锦衣绣帕走在最前面，亲自指挥，安

定军心…………………………………………………………………… 416（二）
朱仁轨教育子弟“终身让路，不枉百步”……………………………… 244（二）
朱遵度避乱，闭门读书，诸学士作文，必向他请教古今首末，时号“幕府书橱”……………………………………………………………………… 279（五）
祝钦明以儒学著名，请命跳八风舞，丑态百出，五经扫地尽矣………… 330（三）

宋辽金

包拯立朝刚毅，羌人俞龙珂归附后，主动要求也姓包…………………… 135（一）
包拯有名望，京师谚曰“关节不到，有阎罗包老”……………………… 356（四）
亳州有豪士修成一座佛庙，穆修作记，豪士欲给穆修五百金以求在记中载其姓名，穆修不受…………………………………………………………… 395（四）
蔡京、童贯专权，人称蔡京为公相，童贯为母相………………………… 258（三）
蔡确养的鹦鹉一听到叩击的响板就叫侍女“琵琶”的名字………………… 156（三）
蔡襄和陈亚酒酣，以联会友，互相调侃，滑稽有趣……………………… 048（三）
蔡襄做福建转运使，叫人制小乌龙茶做贡品，后来这龙片茶成了不可得的珍品…………………………………………………………………………… 057（三）
蔡襄曾记录过唐代樵夫误入闽县东山榴花洞的传奇故事………………… 065（四）
蔡襄当泉州太守，修洛阳桥……………………………………………… 338（一）
曹彬抓周，左手持戈，右手持俎豆，又取一印，众人称奇……………… 051（二）
曹彬奉宋太祖之命下江南讨伐，进兵缓缓，希望南唐后主归降，破城之前，令诸将发誓，不妄杀一人………………………………………………… 221（二）
曹彬生病，皇上来问候，他说两个儿子皆堪为将………………………… 299（三）
曹辅因上疏切谏被带到都堂审问，问官余深说小官怎敢议论大事。辅说官有大小，爱君之心一样。深不能回答，把曹辅编管于郴州……………… 403（二）
陈瓘有一次听到别人赞叹当世的学者程颢，不知何许人，后惭愧不已，作文一篇，问责自己……………………………………………………… 073（一）
陈禾为御史，曾弹劾童贯、黄经的罪恶，还没奏报完，皇上拂衣而起。他就拉住皇上的衣服继续奏报，结果衣服被拉破了，也在所不辞………… 355（二）
陈亮去鹅湖拜访辛弃疾，快到时过一小桥，马不敢跳，三次策马，马退三次。陈亮拔剑怒斩马头，徒步前往…………………………………… 313（四）
陈敏修七十三岁中了进士第三名，皇帝问他有几个儿子，他说还未娶，就

命内府一三十岁姓施的嫁给他…………………………………………… 096（四）
陈敏拒绝为元祐党人立碑，且把所立之碑打碎，挂冠而去……………… 389（六）
陈峤近六十才及第，有读书人就把女儿嫁给了他………………………… 096（五）
陈汝锡幼年颖悟，曾作诗一联，被黄庭坚大为赞叹………………………… 042（四）
陈师道讨厌赵挺之，因为他诬陷苏轼。其妻子向赵借来冬天祭郊要穿的毛皮大衣，他坚决不穿，严词拒绝…………………………………………… 127（四）
陈师道字无己，出行时如觉有诗意，就急忙回家，拥着被子睡在那儿想，如病人呻吟，甚至几天不起来………………………………………………… 404（三）
陈尧咨为荆南守，任期满回家。其母问他政绩，陈说大家佩服他射箭。母亲认为他不教化人民，有辱其父遗训，便用杖打他…………………… 263（六）
程颢任讲官，持己过于庄重，苏轼说他不近人情，经常开玩笑嘲笑他…… 160（二）
程松买一小妾献韩侂胄………………………………………………………… 261（四）
程颐游历到成都，路遇化为箍桶篾匠的隐士，与之谈《易》，交流学识 … 032（一）
程颐于崇政殿说书，每次开讲，气色严厉庄重…………………………… 333（三）
程颐作视、听、言、动四箴…………………………………………………… 219（二）
楚渊材向郭太尉自吹有禁蛇方法，真碰上蛇来袭，却无计可施………… 361（六）
褚渊遵守规矩，拒绝与公主私会……………………………………………… 346（五）
戴献可家财雄厚，死时其子伯简还小，仆人杨忠监护。乡里恶少引诱伯简赌博，杨忠提刀抓住恶少的头头，教训他们，自此他们没敢再来……… 240（三）
狄青征讨广西蛮人所守的昆仑关，到达时正值元宵节，于是大张灯火，和当地人同乐两天，第三天早晨，报告说三更时分已破关……………… 111（四）
狄青征讨邕州，把钱钉在地上，鼓舞士气…………………………………… 330（二）
狄青带兵打仗，名声大振，称“狄天使”…………………………………… 360（四）
狄青死后谥武襄，脸上有墨刑刺字，皇上敕令他用药除去，他为了劝诫军士而拒绝…………………………………………………………………… 365（五）
丁谓贬谪海南，托人设计春宴，并写了一个请求回到内地的报告，放入信封，故意放在知府位置上，代他向中使求情。后来他得以移迁至广州… 341（一）
丁文果喜卜，善射覆…………………………………………………………… 246（一）
洞庭湖上的诗翁……………………………………………………………… 013（一）
窦俨善于推演天数，曾推算说在丁卯年，五星将在奎宿相聚，寓意天下太平，后来果然应验……………………………………………………… 068（四）
窦仪见宋太祖掀着头巾不太注重礼节，劝谏他要以礼昭示天下。太祖接纳

其建议……………………………………………………………………… 368（一）
杜镐博闻强记，人称“杜万卷”……………………………………………… 291（五）
杜衍知乾州，未满期时上级因见到他政绩调他代理凤翔府，两地群民在交界处相争，一处不让他走，一处要他即来……………………………… 303（三）
范纯仁运五百斛麦子回姑苏，路遇石曼卿，把麦子和船都给了他，帮他渡过了难关…………………………………………………………………… 016（五）
范纯仁谪永州，夫人不满，老骂章惇小人捣鬼。他们的船在橘子洲遇险，得救，在百姓家烤衣服，范对夫人说，这也是章惇干的吗……………… 281（四）
范纯仁说他平生所学，就“忠恕”二字……………………………………… 304（五）
范镇因论新法与王安石不合，就退休了。苏轼前去祝贺，说他名声更大了。范说是为了天下，不是为了获得名声…………………………………… 378（二）
范仲淹被贬饶州，举朝人只有王质扶病去饯别，他说范先生是天下的贤者，能成为他的朋党，就是范公的厚赐了………………………………… 122（一）
范仲淹二岁时父亡，随母改嫁长山朱氏，改姓朱。大中祥符间举进士，恢复本姓……………………………………………………………………… 189（二）
范仲淹镇守延安，西夏人不敢来犯，说小范老子胸中有十万甲兵………… 225（一）
范仲淹年轻时去长白山读书，每天煮小米二升作粥，凝固后划分为四块，早晚吃……………………………………………………………………… 285（五）
范仲淹赠狄青《左氏春秋》，狄青认真读它 ……………………………… 399（三）
范仲淹任选监官，把各原班部中认为无才能者一笔勾销，不予任用，全部罢免……………………………………………………………………… 401（二）
范仲淹和吕夷简不和，贬至饶州。欧阳修写信责问谏司高若讷，若讷怒，将信交上去，欧阳被贬至夷陵…………………………………………… 420（四）
丰稷为人廉而且直，为左司谏时，他弹劾杨王、荆王一事，与赵屼同时进殿对奏。赵听了他的话，直汗流浃背………………………………… 396（六）
佛印手扪蒋颖叔脖子上的大瘤……………………………………………… 336（一）
傅霖自小与张咏交好，张请他为僚吏，三十年未答应。后来傅主动造访，张奇怪，傅说自己来送别。一个月后，张咏卒……………………… 327（四）
歌女琴操和苏轼在游西湖时，戏说参禅，结果她在诗中悟得禅机……… 019（四）
巩申趋炎附势，王安石过生日，他放飞大鸟，说“愿公一百二十岁”…… 278（二）
顾宪之为建康令，上任重审盗牛案，案破，盗牛者伏罪………………… 395（二）
关澥在南徐与一朝官对话，称自己为皇后骑牛钓鳖，以与对方“太子洗马”

等对仗……………………………………………………………………………… 273（二）
郭功甫提刑到山中视察，白云端禅师作偈题献给他以表感谢……………… 191（三）
郭昱心胸狭隘而多诡僻，一次上书赵普，自比巢父、许由………………… 398（五）
韩琦做宰相切直敢言……………………………………………………………… 016（一）
韩琦赠送的芍药有祥瑞之兆……………………………………………………… 017（二）
韩琦做谏言官时，打算把积存的奏疏烧掉，后从中选出七十多篇，集结成书，作为建议有理、采纳意见诚恳的代表………………………………… 038（二）
韩琦是忠臣，安抚陕西，但仍心系王室………………………………………… 384（五）
韩琦说苏轼有很大的才能，他日当为天下用，朝廷要好好培养…………… 391（一）
韩世忠用一种强弩抗击金人，十分厉害，被称之为“克敌弓”…………… 023（二）
韩世忠反对议和，罢免后骑驴游湖，口不言兵……………………………… 272（二）
韩侂胄有四妾，皆称郡夫人……………………………………………………… 253（五）
韩亿以教子严肃著称。有次在宴席上儿子们惹怒韩亿，韩欲用杖打他们，众宾力劝，方停止…………………………………………………………… 387（二）
韩忠彦举进士，徽宗时，他上疏陈述四件要紧事，皆受重用……………… 406（四）
何昌寓为吏部尚书时，一闵姓人向他求官自称是“子骞后人”…………… 334（四）
何休说话木讷，但博通三坟五典、阴阳算术、图谶古谚，时人称为“学海”… 279（四）
河阳和尚法尝，嗜酒，还有一番对酒的精妙评论，每天朗诵……………… 151（五）
洪皓是个忠臣，宁死也不奉侍刘豫……………………………………………… 177（三）
侯仲良学于程颐，未悟道，后去问学周敦颐。程颐叹息周善于启发……… 326（六）
胡安国调教顽皮的侄子成大器…………………………………………………… 038（四）
胡厉知道弓手侵扰百姓后，就打破规矩取消了安排弓手这事。后来他仍不听流言，下令撤关，也平安无事………………………………………… 389（二）
胡铨上疏请求先斩秦桧，再扣金使。金人得其疏书，大惊，因为这戳破了金人遣秦桧回朝的密谋……………………………………………………… 411（四）
胡寅向宋高宗进献了七条非常实用的建议，称为“七策”………………… 026（三）
怀丙僧巧思，人称“巧丙”……………………………………………………… 301（五）
黄庭坚的儿子向苏迈的女儿求婚，纳吉的时候用红彩缠缸………………… 024（四）
黄庭坚的僧友隐士“晦堂老子”，用仲秋时节熟悉的桂花飘香，简洁地向他传达了孔子“吾无隐乎尔”的精髓……………………………………… 098（一）
黄庭坚沉酣于经史，曾说三天不读书，对镜则面目可憎…………………… 222（三）
黄庭坚为子求婚于苏轼之孙女，定亲时以红彩缠缸………………………… 251（五）

黄鎰七岁还不会说话，他祖父一直教他说话。一天到池边，他忽然开口说话，对出对联下文…………………………………………………… 205（四）
黄致一初进考场十三岁，拿《腐草为萤赋》请教大家，人家认为他小，说了许多并不相干的典故，他记住了，居然被录取了…………… 292（三）
贾似道不理朝政，每天在他“半闲堂”里斗蟋蟀…………………… 270（四）
贾似道建有一个半闲堂…………………………………………………… 328（三）
贾似道少年时游手好闲，每日纵游诸妓之家，最宠妓女潘称心……… 407（二）
江湛为吏部尚书，不置财产。一次皇上召见，他正洗衣服，无衣可换，称病多日……………………………………………………………………… 268（五）
蒋惟吉品行不肖，皇上教训了他一顿，从此改正…………………… 305（六）
金兀术率兵数十多万侵犯和尚原，吴玠、吴璘率精兵把金兵打得大乱，兀术中二流矢，马上剃其髯才得以逃遁………………………………… 418（一）
景焕隐居于玉垒山，著有《野人闲话》一书，书中记载后蜀孟昶曾立戒石碑廿四句内容……………………………………………………………… 192（四）
孔道辅与范仲淹等向皇帝进谏，没讲完殿门关了，孔扣门环大呼大叫…… 244（三）
寇准八岁就能吟华山诗，老师说将来怎不得做宰相…………………… 076（三）
寇准入朝为相，他的诤友张咏说《霍光传》不可不看，读到“不学无术”，寇准恍然大悟，原来这在暗示他，学术可以再精进…………………… 077（五）
寇准因斥责佞臣丁谓被贬，经公安，向神明祷告若无负朝廷，当看到祠前枯竹复活，一会儿果然如愿………………………………………………… 163（四）
寇准用人不讲资历，坚持选用贤能，将官员的资历簿子丢到一边………… 170（四）
寇准居官四十年，无田园邸舍…………………………………………… 295（一）
蒯鳌有一块龙尾砚，朋友想要但没说。这位朋友不辞而别，他知道后随即追去送砚……………………………………………………………………… 350（五）
李安期拜见王淮，与之对弈，王反复悔棋，李则把棋盘推掉，拂衣而去 … 380（六）
李侗被朱熹赞为完粹……………………………………………………… 232（六）
李傅曾为钦宗侍读，钦宗即位后赐水晶斧以旌其德…………………… 322（一）
李纲是南宋重臣，金人都很畏服他，御史张浚却极力排挤，使他最后未能得重用……………………………………………………………………… 160（三）
李沆为真宗朝宰相，四方报祥瑞，他压着不告皇上，而有灾异，他再三上奏。同朝王旦不解。李说皇上年轻，须以不如意事来挫折，使他心不骄 … 274（一）
李沆被外人议论是一个无嘴的葫芦……………………………………… 343（三）

李沆谥文靖，宋太祖说他丰度端凝……………………………………………… 384（四）
李沆为真宗时宰相，常读《论语》，终身学习 …………………………………… 399（二）
李骥出知河南，他在府署后面种松竹梅，自说加上他这个老夫就是“四友”，
于是题号衙署为“四友堂” …………………………………………………… 289（一）
李居仁与郑辉是好友，李年老，郑年少，李摘去白胡须后被郑讥诮为“一
婆婆” ………………………………………………………………………… 344（五）
李纶提举广东，堂兄李维当恩平太守，兄弟酌别江上，互勉以清白……… 302（四）
李若拙尚气节，官阶多年未升，作《五知先生传》一篇，表明人要知时
知进退……………………………………………………………………………… 043（二）
李守忠出使琼州，路遇长寿之家…………………………………………………… 042（二）
李昙因其儿子习妖术，充军岭南。家仆王达慷然追随。几天后李自缢，王
达为其料理丧事…………………………………………………………………… 240（二）
李孝寿知开封府，有个举子被仆人欺凌。举子开玩笑弄一个判词，要打仆
人二十大板。仆人告到李知府那儿，李说“秀才所判，正合我意”，如
数杖打……………………………………………………………………………… 277（一）
李邺出使金国，回来被讽为“四如给事” ……………………………………… 233（五）
李章到邻家赴宴，主人把大鱼放自己面前左边。李问主人，常见人写苏字
不同，鱼字或左或右，到底在哪边？主人说不拘一体，改位置从心所欲，
李就移鱼到右边…………………………………………………………………… 273（三）
梁红玉初遇韩世忠，见他身形像老虎…………………………………………… 014（二）
辽使来宋，出对联刁难宋人，被苏轼折服……………………………………… 308（三）
林逋隐居西湖二十年，屋四周全种梅，整日观看不倦………………………… 075（一）
林可山自称是林和靖七世孙……………………………………………………… 334（三）
刘安世任谏官，在朝堂上直言不讳，以至于皇帝发怒，也不改初衷，被人
称为“殿上虎” ………………………………………………………………… 037（二）
刘敞博学经史，欧阳修写信问他许多史实细节，他一一作答。刘私下里说
“好个欧九，可惜不怎么读书”………………………………………………… 236（四）
刘逌和丁谓关系甚好，一天写诗“他时驾鹤游沧海，同看蓬莱岛上春”赠
丁，暗示丁谓将贬于海南………………………………………………………… 337（四）
刘概生性慷慨，常登山凭栏静立或手拍栏杆慨叹……………………………… 319（一）
刘焕为颍上令，刚正不阿，挂官去隐于庐山，作《骑牛歌》 ……………… 400（五）
刘几作文喜欢奇险语言，但考试官欧阳修不喜欢，他就化名“刘煇”，没

想到一举夺魁……………………………………………………………… 089（三）
刘琦屡胜西夏，西夏小儿闻名不敢啼哭…………………………………… 256（四）
刘少逸巧对联诗被称神童…………………………………………………… 009（一）
刘式为朝廷掌管钱财十多年，死后家徒四壁，留给儿子们数千卷遗书…… 162（三）
刘蜕把所作文稿掘土埋之，叫“文冢”…………………………………… 306（五）
刘无言十七岁在太学时称俊才……………………………………………… 292（四）
刘豫贪生，投降金人，宋高宗下诏指责他的罪行，传达到了六军………… 160（四）
刘挚被当时人比作包拯、吕诲……………………………………………… 344（四）
留正为避祸要告老，故意上朝时，仆倒在地……………………………… 254（五）
柳开夜宿驿馆，得知临淮令女儿被家里的仆人逼迫嫁给他，柳核实情况后，斩杀了贪婪的仆人，煮了他的肉同县令一起吃了…………………………… 276（五）
柳开少年时轻狂，应举时把文章投于主考窗前，多至千轴。而有一个张景，袖中一篇文，拔为优等……………………………………………………… 291（六）
娄道字守坚，宋仁宗出生，啼哭不止，娄道摩他的顶，遂停……………… 336（二）
鲁宗道刚正敢言，因为他姓鲁且骨鲠，贵戚们称他“鱼头参政”………… 401（四）
陆九渊省悟“宇宙”……………………………………………………… 329（四）
陆秀夫背负帝昺溺海而死…………………………………………………… 276（二）
吕端病故，旧宅子已典卖给别人，皇帝将其赎回………………………… 366（四）
吕公弼治蜀，政令宽。一营卒犯法当杖罚，请求用剑刺死。吕公弼说杖罚是国法，剑刺是自请，于是就先杖罚再用剑刺死………………………… 288（一）
吕晦反对重用王安石………………………………………………………… 273（六）
吕惠卿被贬谪，由刘贡父起草制诏………………………………………… 331（三）
吕蒙正在夹囊中分门别类记下各地人才，以备朝廷选用，用人没有不当的… 170（五）
吕蒙正为宋太宗拟了去朔方的名单，他举荐的这些人没有不称职的……… 254（三）
吕蒙正向宋真宗举荐侄儿吕夷简…………………………………………… 299（二）
吕蒙正没有及第，随意漫游到一个县里，县宰的儿子叫胡大监，待吕很刻薄，听到客人举吕蒙正警句“挑尽寒灯不成梦”，他笑称吕是瞌睡大叔。次年，吕中状元，特意传话给胡，说那个渴睡汉中状元了………………… 310（五）
吕琦为漳浦县令时，作诉状告庙神，胜诉………………………………… 295（五）
吕夷简有四个儿子，他设法测试他们，发现公著可成大器作宰相………… 242（三）
罗从彦专程徒步访学杨时，说不来学，就是虚度一生……………………… 327（一）
毛惜惜拒绝为反贼荣全佐酒，骂贼致死…………………………………… 330（五）

梅询有洁癖，窦元宾则不修边幅，不洗澡洗头…………………………… 275（二）
梅询当过侍读，但晚年脚病不便，去当了许州知州。他原指望升官的，不禁摸摸脚说，这里有鬼吗…………………………………………………… 311（二）
米芾想以画换蔡攸收藏的王右军帖，蔡不同意，米便以跳江相逼，蔡便给了他………………………………………………………………………… 368（六）
米芾字元章，为涟水守令。他收集了许多奇石，每个赋诗以命名………… 405（四）
苗振及第时第四名，中央馆阁要从新晋进士中召考任用，晏殊劝他温习一下，他不以为意，后未入选，晏殊讽他………………………………… 291（四）
欧阳修四岁丧父，他的母亲亲自教育他，用荻草杆画地为字，教他读书 … 108（三）
欧阳修小时候被和尚相面，说他名满天下，但会受诽谤………………… 235（二）
欧阳修见到苏轼文章，说“放他出一头地” ……………………………… 393（三）
潘谷精于制墨，有一次饮酒三天，大呼狂叫，跳入古井，人们下去看他，身体还柔软，手上有念珠子，怀疑他已成仙。后世多称为“墨仙”或“墨隐”………………………………………………………………………… 122（三）
潘阆因卢多逊案牵连获罪，隐居潜山，入山谷寺为僧行者……………… 189（三）
彭觉范认为弟弟论诗很牵强，但羞于说服他………………………………… 032（二）
彭渊材喜爱文人学士，称平生五恨之一就是曾巩不能写诗……………… 105（一）
彭渊材见到狄青画像，叫人来剃修眉毛，学狄青的眉…………………… 290（四）
契丹来犯，寇准建策，请宋真宗御驾亲征至澶渊，果然士气大振，杀敌勇猛非常，使得契丹停战请和………………………………………………… 119（三）
钱昆十分喜爱螃蟹，被问到对任官职的要求，他表示有螃蟹而没有常常和州官争权的通判官就行……………………………………………………… 034（三）
钱颉为侍御史，上疏弹劾王安石，被贬，人称“铁肝御史” ……………… 321（三）
秦桧有“门客”“娇客”“吊客”等十客……………………………………… 253（四）
秦桧之妻向显仁太后献青鱼………………………………………………… 271（一）
秦桧为相时，堂左庑有一颗石榴树，他默记果实数量。一天发现少了两个，便要假装砍掉此树，有亲吏说这石榴好吃，砍了可惜，秦便说是他偷吃了。从此小吏不敢作弊……………………………………………………… 395（六）
邱良孙常盗用名家的文章，如欧阳修、令狐挺……………………………… 304（二）
仇万顷未出名时，拿着牌子卖诗……………………………………………… 414（六）
曲端因为和众人政见不合，最后被诬陷并设计杀掉了…………………… 099（四）
曲端为军事家，用信鸽传指令调动部队，五个信鸽即可调动全军。张浚见

后又惊讶又忌恨……………………………………………………………… 236（一）
曲端统兵，有叔父为偏将，战败，曲端杀了他……………………………… 320（四）
任末十分勤学，夜晚无月光就点蒿草自照…………………………………… 139（四）
茹孝标献芝草，被仁宗批评，但免罪………………………………………… 253（一）
邵康节写了一首诗给儿子看…………………………………………………… 381（三）
邵雍在洛阳听见杜鹃鸟叫，因鸟能先得地气，洛阳此前并无此鸟，他由此推断天下将大乱…………………………………………………………………… 197（二）
邵雍安贫乐道，把自己居处称为“安乐窝”，自称“安乐先生”………… 339（五）
沈伦呵斥仆人驱蚊，不让杀生………………………………………………… 308（二）
沈义伦清廉节俭超过常人……………………………………………………… 010（四）
石介大胆写文抨击奸臣，大家称赞他狂直非常……………………………… 058（四）
石延年喜欢豪饮，和他一起喝酒的人都叫苦不迭…………………………… 106（二）
石延年性格豪放，不参与世务，工于诗……………………………………… 142（四）
石延年死后自称为仙，主芙蓉城……………………………………………… 246（三）
史弥远权势煊赫，无耻之人投靠他钻营升官。一次宫宴，伶人戏谑他，结果被驱逐出境………………………………………………………………………… 308（五）
司马光向宋仁宗进言“五规”，被嘉许 ……………………………………… 026（四）
司马光用“警枕”督促自己读书……………………………………………… 030（二）
司马光被封温国公，藏书万余卷，十分爱惜………………………………… 188（一）
司马光病重，但勉力上朝。辽国人听说了，下文给边吏，说中国用司马光为相，不要轻易生事…………………………………………………………… 309（六）
司马光罢官居洛阳，建一别墅，名独乐园…………………………………… 328（二）
司马光砸缸的故事……………………………………………………………… 369（一）
宋朝沿袭唐朝习惯，未中举的人穿长袍戴大帽子，出门就随身带着。有个李巽老考不中，人说李秀才何时席帽离身呀。不久就及第……………… 323（五）
宋徽宗、钦宗被金人掳去，金人要立异姓皇帝，宰相张邦昌接受了任命，后来被高宗诛杀……………………………………………………………… 160（五）
宋徽宗显仁皇后用象棋占卜知康王必得天位………………………………… 260（二）
宋徽宗到道观宝箓宫打醮，道士许久才来，问他们，说是正逢奎星奏事。皇上问奎星什么神，回说是本朝苏轼………………………………………… 287（一）
宋徽宗封赐他所爱的马为“龙骧将军” ……………………………………… 342（一）
宋郊和宋祁两兄弟都中了状元………………………………………………… 018（一）

宋理宗为去世的朱熹恢复名誉并赠其为太师…………………………… 329（二）
宋祁的姬妾争相送他手臂护套，他心生怜爱，为避免厚此薄彼，宁可胳膊忍冻，一个也没用……………………………………………………………… 044（一）
宋祁主修唐史，大雪天，围绕大火炉写字………………………………… 253（二）
宋仁宗时河北大水，一武官奏事，酸文假醋，仁宗下诏，上殿直说……… 248（四）
宋仁宗问管师复不肯做官什么感受，他说“满岛白云朝不卷，一川明月钓无痕”……………………………………………………………………… 269（二）
宋仁宗时契丹使者来求割地，皇上不同意，富弼自请回访契丹，反复辩论，契丹人看了胆怯……………………………………………………………… 315（三）
宋仁宗病，吃药没有效果，召草泽医士用针，从后脑刺入，针刚拔出，他就清醒了………………………………………………………………………… 388（二）
宋神宗朝开始翰林学士佩戴银鱼袋………………………………………… 051（五）
宋神宗问苏轼当今政事，苏轼说陛下天纵文武，就怕追求天下大治太急，听言太广，提拔人太快…………………………………………………… 280（三）
宋守约为殿帅，让十多个军校轮流去捕蝉………………………………… 335（二）
宋太宗曾夸赞大臣吕端小事糊涂，但是大事不糊涂……………………… 058（五）
宋太宗命僧赞宁任史馆编修，年纪已八十四……………………………… 263（一）
宋太祖每宴群臣，其好友王审奇因为不喝酒故只拿一个空杯，太祖心中不快，硬灌他喝，但他回家后仍滴酒不沾………………………………… 294（四）
宋太祖要改年号为“乾德”，宰相赵普称赞。卢多逊说这是后蜀的年号。太祖令查史料，果然，就用笔涂黑赵普的脸………………………… 316（六）
宋太祖对弟弟光义很友爱。光义曾有病，他亲为其灼艾，光义觉痛，太祖取艾自灼以分痛……………………………………………………………… 389（四）
宋太祖御笔亲书刻石，告诫子孙不要用南人为相，不能杀谏臣。后来王安石等人变法，皆南人，最终导致大乱……………………………………… 414（二）
宋真宗封禅泰山，枢密陈尧叟留守。皇上亲自取下头上戴的一朵牡丹，为陈戴上……………………………………………………………………… 321（一）
苏轼是宋代的文豪，封“翰林学士”时，宣仁太后说，先帝每次读到他的文章，都称“奇才！奇才！”…………………………………………… 074（四）
苏轼听说弟弟身体瘦，写诗戏谑他，嘲笑他吃得少，辜负了肚腹………… 090（三）
苏轼给李公择写信说，自己五十岁才知道做什么事大体要抠，不能挥霍 … 112（五）
苏轼因乌台诗案，被贬黄冈………………………………………………… 161（一）

苏轼说自己平生没有什么痛快的事，只有写文章，世间乐事，没有超过它的…………215（二）
苏轼问客自己这肚皮里是什么，大家奉承，苏说是“一肚子不合时宜”…259（五）
苏轼荐范祖禹“言简而当”…………300（一）
苏轼因诗案入狱，临行，妻子皆哭，苏对妻说希望她们学习杨璞妻作诗送他…………334（五）
苏轼作《黠鼠赋》…………345（五）
苏轼贬谪岭南，此地产蠓，他非常喜欢…………347（五）
苏轼出任杭州知州，在逃税的制扇人的扇子上写字画画，因此每把扇子以千钱售出，帮他还了欠的税…………348（五）
苏轼当主考，封一书信令人送方叔，却被章持、章援偷看了，这正是考试题。两人都中举，方叔竟下第了…………354（四）
苏轼说唐人无文章，只有韩愈有《送李愿归盘谷序》而已，想要效仿此作，但笑着说比不上他，让他独步…………393（二）
苏轼字子瞻，他去钱塘赴任时，捉到逃税人南剑州乡贡吴味道。听了吴逃税原因后，他熟视良久，令人给货品包装换上新封衔。第二年味道及第来谢…………420（一）
苏舜钦好饮酒，以斗计算，在舅家读书，每至精彩处，则惊呼或感慨，此时必痛饮一大白，极尽酣畅…………124（四）
苏舜钦邀请馆阁中的名宿点评人物，参与者中有个王直写“欲倒太极遣帝扶，周公孔子驱为奴”，因此惹怒皇帝，馆阁为之一空…………346（三）
苏易简中进士第一名，皇帝写“玉堂之署”四个飞白大字赐予…………126（二）
苏云卿终年穿草鞋布袍，以种花为生，宰相张浚请他做官，他逃走了……187（二）
孙抃推荐了未曾谋面的唐介和吴敦做御史，二人后来以刚直耿介闻名……083（二）
孙长孺家中建楼藏书，人称“书楼孙氏”…………200（五）
孙昉为太医，说粗茶淡饭饱即休，补被遮寒暖即休，三平二满过即休，不贪不妒老即休，号“四休居士”…………210（二）
孙复家贫不娶，前任宰相李迪力劝，答应娶李家女…………285（三）
孙河做转运使，性格苛严急躁，但一看古文字就忘了工作，州县人害怕他检查工作，就找来古拓本，放在驿馆中…………147（三）
孙琏家贫，爱书爱吟诗，但不去参加科举，就织草鞋糊口，活到了百岁…097（四）
孙山应试，排名最后，有参试者打听，他就说解名尽处是孙山，贤郎更在

孙山外……………………………………………………………… 291（三）
孙奭在经筵为宋仁宗讲《论语》……………………………………… 333（四）
谭惟人字子钦，读书过目不忘，曾黑地里用手摸祥符寺的一块碑文，将其记下，黎明对照，一字不差………………………………………… 406（三）
唐介直言动天下………………………………………………………… 103（四）
唐埛、唐肃、唐询、唐介、唐淑问五人，相继为御史，人称“一门五豸”……………………………………………………………………… 095（四）
陶谷出使南唐，住钱塘驿，韩熙载命妓秦弱兰充驿站使女，求陶作歌辞。李后主设宴，命歌此辞，陶无地自容…………………………… 210（三）
陶谷梦见几个小吏拿着符节来换眼睛………………………………… 307（二）
陶谷为尚书，本姓唐，避五代后晋（石敬瑭）讳而改………………… 391（三）
陶宗仪喜著述，到田地耕种，有心得就写下来，著述成书，取名《南村辍耕录》……………………………………………………………… 184（四）
滕达道为人豁达疏放…………………………………………………… 170（三）
滕达道寄居庙中读书，偷了人家的狗杀了吃。郡守听说他能文，说写一篇盗犬赋就放了他……………………………………………………… 284（三）
滕元发、郑毅夫二人为王安石所讨厌，视滕为屠夫，郑为酒商……… 275（三）
田登知汴州，让州人避讳他的名字，所以人们都说“灯”为“火”……… 391（四）
汪立信听说宋军大败，叹息“我今天还能死在汉家土上”，扼吭而卒 …… 306（六）
王安石给儿子选启蒙老师十分慎重，他说这是因为教育有“先入为主”的缘故……………………………………………………………… 040（四）
王安石性格犟强，为政坚定己见，当时人称他“拗相公”……………… 196（一）
王安石不爱洗澡，衣服也脏，上朝时有一虱子爬到了他的胡须上……… 390（四）
王安石，人称拗相公。徽宗三年，辟雍（即太学）初建成，诏称他应该配享孔子，位次于孟轲……………………………………………… 417（一）
王德带十六骑直攻入隆德府，逮住金国守臣姚太师，献于朝。姚说被逮时只看见夜叉，因此人称“王夜叉”…………………………………… 360（五）
王黼为相，谄事徽宗，称徽宗为尧舜…………………………………… 386（二）
王鸿字翼道，考试未中，隐归山中，曾作《困铭》……………………… 387（五）
王伦出使金国议和……………………………………………………… 006（四）
王沔善读，总能迎作者的辞而有感情地朗读，听者忘倦……………… 381（一）
王奇年轻时做县吏，偷偷续上了县令在屏风上的题雁字诗，绝妙非常，后

来被真宗偶见，赏他功名…………………………………………………… 123（一）
王钦若相貌疏瘦，脖子短粗，举止像山野之人，曾遭人蔑视。有相术人说他是人中之贵，后来果然做了宰相…………………………………… 090（二）
王钦若宅后有一厅堂，取名“三畏”，杨亿说可改四畏。王问，杨说兼畏夫人………………………………………………………………………… 241（三）
王钦若每次奏事，准备好几份奏章，只拿出一二份，其他的藏着………… 312（三）
王钦若从宰相位退下来守杭州，遇一老军官，攀谈后乃知是同年及第者，心生怜悯，就上书陈奏，特诏改任京职，这军官以诗答谢……………… 379（一）
王全斌伐蜀，时汴京大雪，太祖解下自己的貂裘和帽，遣中使飞驰西去赐全斌………………………………………………………………………… 296（四）
王韶被派至边地，郭逵为防止地方变乱，把治理边境的相关资料写在牒子上。这惹怒了王韶，把牒撕碎。后来王韶用计得到皇帝宠信……… 341（二）
王佑亲种三棵槐树在庭前，说子孙一定有位列三公的，后来儿子王旦果然拜相，建“三槐堂” ……………………………………………………… 071（四）
王禹偁九岁能文，甚是敏赡机灵………………………………………… 222（二）
王曾铲除奸臣丁谓………………………………………………………… 007（四）
王曾乡试、廷试都是第一，别人说状元试三场，一生吃不完，他说自己平生的志向不在温饱………………………………………………………… 107（二）
王曾有伟度，即使忤旨，也辞直气和，王旦说他会有很大的名望和功业 … 391（二）
王仲冕于南剑州吟雷……………………………………………………… 290（二）
魏野在东郊架草屋居住，号草堂居士，环境清幽无比，多次征召不去…… 173（一）
文天祥宁死不屈，元帝感慨说，可称真男子……………………………… 166（四）
文彦博在洛阳搞了“耆英会”，请来当地公卿德高望重的十三人，并画了画像悬挂在堂中……………………………………………………………… 113（一）
文彦博在朝堂上端庄威严，契丹使者见到不禁称赞说，真是天底下的异人………………………………………………………………………………… 166（三）
文与可善画竹，苏轼说画竹者必先得成竹于胸中………………………… 321（四）
吴简言以知道许多杂学而中科举………………………………………… 093（二）
吴文英的词集被称为《梦窗词》，周密的词集叫作《草窗词》…………… 023（五）
鲜于侁字子骏，司马光称他为“福星”，他治理之地都深得百姓欢喜 …… 387（一）
向敏中欲向皇上弹劾女婿皇甫泌，才说名字，话未讲完，皇上误以为求官，说“甚好，甚好”，皇甫泌官升二级 ……………………………………… 242（四）

谢翱曾倾家赴难，支援文天祥，事败后隐匿，有《晞发集》…………………134（二）
谢泌考选举子，许多未选中的人藏着砖头等他出来后给他点颜色看，他知道后改走其他路，躲了几天……………………………………………………………262（三）
谢良佐与程颐分别一年后又来见面，程问他有什么心得，他说“但知去得一‘矜’字耳”……………………………………………………………………392（三）
谢逸曾作蝴蝶诗三百首，多有佳句，人称“谢蝴蝶”……………………063（五）
辛弃疾做官拥有节钺仪仗，但很快退隐，家事交给儿子们时写了《西江月》来交代，表达对清爽自在生活的追求…………………………………………124（三）
徐大正与苏轼等结交，后筑堂于北山之下，人称他为“北山学士”………186（二）
许及之去给韩侂胄祝寿，晚到了，就从门下爬了进去…………………………315（五）
许叔微治病救人被神人预测功名…………………………………………………009（三）
薛奎议事正直，或有所论不为采纳，回来就慨叹，也不吃东西……………286（六）
颜延之官金紫光禄大夫，依旧简朴如故。其子颜峻建府第，他又说“好好干，不要让后人笑你拙”………………………………………………………301（一）
晏敦复刚直敢言，任左司谏才两月，就驳论了二十四件事，自比生姜肉桂，老而更辣……………………………………………………………………………213（二）
晏殊曾在海陵做官，手植牡丹一株，有诗并刻石。范仲淹后来也到此做官，题有一绝，引得后人题咏不断，成为风流雅事……………………………………134（四）
杨长儒变动官职，余有俸禄七千缗，全部用来替当地贫苦户交租税………083（五）
杨戬能变成虾蟆……………………………………………………………………359（五）
杨时和游酢有一次中午去拜访老师，正好碰到他午间打盹，于是便站在门口等待，等老师醒来，门外的雪已一尺多深了…………………………………033（二）
杨亿生下来像小鹤，被丢到河里后蜕变成婴儿，家人捡回来一个月，身上的紫色羽毛才落掉……………………………………………………………………078（二）
杨亿好几岁不会说话，一天，家人抱他登楼，不小心碰头，他就能吟诗“危楼高百尺”……………………………………………………………………………205（五）
杨亿被言官攻击，他作谢罪表呈上………………………………………………228（三）
杨仲希正颜厉色拒绝少妇挑逗，后中了状元……………………………………054（二）
耶律德光死后，国人剖其腹，腹中充满数斗盐，载之北去，成了干尸，晋人称为“帝羓”……………………………………………………………………358（一）
尹焞在金人攻洛阳时全家遇害，但他死而复生，拜程颐学《易传》，居处叫“三畏斋”……………………………………………………………………289（二）

隐士陈抟，喜欢酣睡，常一百天不起，大概被传授了蛰伏之法…………… 101（四）
隐士童参，瓯宁人。仁宗时，他 103 岁，皇帝赐敕慰问…………………… 221（四）
莹娘喜画眉……………………………………………………………………… 257（一）
应用会写小字，在一个钱上写《心经》………………………………………… 370（一）
雍存隐居不仕，住城南，号南郭先生………………………………………… 186（三）
有位老宦官认为夏竦有才能日后必受重用，就拿出吴绫手巾，请他题诗 … 195（四）
余玠设计除掉武官王夔………………………………………………………… 028（三）
余良弼作诗一首勉励儿子不断进取…………………………………………… 039（一）
虞允文尽忠为公，皇上把他比拟为裴度……………………………………… 392（六）
喻汝砺反对宋金议和，自抚膝说“不会让你屈下”………………………… 311（一）
元昊侵犯渭州，将哨鸽放于银盒密封，丢在路边以放哨，任福因此全军
　覆没………………………………………………………………………… 335（一）
袁韶为临安太守，大治，人称“佛子”……………………………………… 306（二）
袁枢分修国史，宁可得罪邻里相亲，也不隐瞒史实，有古代良史之风…… 063（二）
袁绹是宫廷供奉歌手，自说苏轼命他唱《水调歌头》并为之起舞………… 346（四）
岳飞尽忠报国…………………………………………………………………… 003（二）
岳飞曾向周侗学习射箭，周侗死后，每到初一十五，岳飞必买酒肉到其坟
　上祭奠……………………………………………………………………… 169（四）
岳飞谥武穆，宗泽赞其为“将材”…………………………………………… 372（四）
岳飞忽梦两只狗对谈说话。这个梦和他被秦桧所害有关…………………… 413（二）
曾公亮知郑州，管辖之地无盗贼，乃至夜不闭户…………………………… 388（五）
张霭见宋太祖在后园射鸟，故意请入奏事。太祖听到所奏皆非急事，大怒，
　打掉他的门牙，张慢慢地捡起来…………………………………………… 247（一）
张安道十三岁向人家借三史，十天就能详细看完…………………………… 379（三）
张邦昌成立伪政权，国号大楚，后因罪被贬。朝廷遣殿中侍御史马绯来赐
　死，宣诏后张犹徘徊。执事者催他登楼，忽见“平楚”二字，长叹就缢
　……………………………………………………………………………… 397（四）
张方平年少聪颖，借读《史记》《汉书》《后汉书》，十天左右表示已详细
　看过。他写文章也从不打草稿……………………………………………… 078（一）
张九成八岁多点就能诵六经，通大旨………………………………………… 379（四）
张浚在兴远考察官吏，询问杨用中可举荐的人，杨赞叹说“杨仲远可以为
　师，雍冲可以为友”………………………………………………………… 044（五）

张浚不太懂兵事，一次调军，岳飞抗命，他生气说“我就知道，非你不可”。岳飞上表守丧，上了庐山 …… 236（三）
张齐贤在旅店看到强盗打劫后聚饮，他上前说想在他们这儿蹭饭，取大杯饮，切下肘子大吃 …… 314（一）
张齐贤字师亮，宋太祖至西都，他进呈十策，不畏太祖，坚持说十策都好，后来被重用 …… 382（五）
张舜民参加春试，赋中押错字，但因内容论策佳，主试官冯京把错韵改掉，拔置优等 …… 381（二）
张威作战时精神振奋，两眼通红，时人号“张鹘眼” …… 401（三）
张无垢谪居处有小窗，每日黎明于窗下借晨光读书 …… 252（二）
张孝基娶了同乡富家女，富人因为儿子不学无术而逐出家门，把家财都赠给了他。后来他见富家子沦为乞丐不忍，就引导他去种菜、管仓库，最后把家财都还给了他 …… 076（二）
张咏斩杀偷拿库房一文钱的小吏 …… 043（五）
张咏殿试时对仗不工，未中状元。他不服，撕裂儒服，要去学道 …… 235（四）
张咏为益州知州，宋真宗传旨说他在四川，就不担心西边了 …… 278（六）
张咏为益州知州，有小吏违令，用枷锁了。小吏生气说枷容易，脱就难了，张咏说有何难，就在枷上斩首 …… 288（二）
张咏临死时上疏需斩杀贼臣丁谓，皇帝叹息其忠心 …… 386（五）
张知白迁京东转运使，依旧陈述人君治道之要，心志在朝廷 …… 384（六）
张子野年八十五还买妾，苏轼写诗嘲笑 …… 285（二）
章惇是奸臣，他认为司马光是奸邪之人，主张除掉。陈瓘说这会使天下失去希望，导致复辟，一定误国 …… 081（五）
章惇字子厚，诬陷苏轼，谪苏为雷州司户，处处整他。后来得到报应，同样被贬到雷州，百姓不租给他房子住 …… 397（三）
赵抃不畏权贵，是铁面御史。他回四川做官时，有一琴一鹤相随 …… 059（三）
赵鼎威震金国，被秦桧贬谪后，上表谢恩说丹心永不移，秦说他倔强如故 …… 060（四）
赵茂德是宗室，夏天穿内裤上班 …… 310（三）
赵普沉默忠厚，但手不释卷，尤其《论语》，研读最深。他曾说可以半部佐太祖定天下，以半部佐太宗定太平 …… 082（二）
赵普不同意皇上宽恕犯法的幻术师，说“陛下不杀，则乱天下法” …… 257（二）

赵普在两京都有门第，不设正屋，但后苑的亭榭华丽。宋太祖看到嘲笑他“终究不纯”…………………………………………………………………… 299（一）
赵普后为韩王，有一军官与他生辰一样，但命运不同…………………… 379（二）
赵师择谄事于韩侂胄，有次为了取悦韩，他模仿狗叫…………………… 382（三）
赵彦彬的座右铭“俸薄俭常足，官卑清自尊”…………………………… 387（四）
甄龙友寄居庙申，和尚养了一只老母鸡，他请求杀了吃。和尚让他作篇《鸡赋》就不吝惜 …………………………………………………………… 284（四）
郑思肖于宋亡后改名思肖，爱画兰，随画随毁，不给贵要之人……………… 321（五）
郑侠做东京安上门监守，见到因干旱造成的许多流民，他请画工描摹其饥寒困苦之状，进呈皇帝，引来善政…………………………………………… 064（三）
郑獬字毅夫，颇自负。主考官为了报复其出言不逊，凡看到像毅夫写的文章，辄斥逐。等到看试卷时，却是毅夫第一…………………………………… 354（五）
钟离瑾在女儿出嫁前买回一婢女，原来是前任县令的女儿，便和自己的女儿一起找个婆家出嫁……………………………………………………………… 027（四）
周敦颐喜爱莲花，每至花期都去观看，作《爱莲说》，成千古名篇 ……… 115（一）
周仁轨性巧诈，觊觎米芾的古砚，故意吐口水用之试墨，有洁癖的米芾果真丢弃了它，后来周如愿拿走了………………………………………………… 368（五）
朱浚字深源，每有上奏札子禀告事情，必称“万拜” ……………………… 268（二）
朱寿昌七岁时，父亲把母亲另外嫁人，他长大后弃官不做，刺血书写文告，到处寻母，分别五十年后，终于在蜀中找到…………………………………… 085（二）
朱熹著述六经，编定四书，集诸儒之大成，发先圣之要密，人称得洙泗正学之传……………………………………………………………………………… 074（三）
朱熹入朝奏议，有人提醒他皇上讨厌正心诚意之说，朱说自己平生所学就这四个字……………………………………………………………………………… 295（二）
朱熹患足疾，被一道人治好，厚谢，并赠一首诗夸他。但过几天足疾大发，比以前更厉害，他便一心想要人把诗追回来，害怕那道人拿着这诗到处骗人。他的善念感动上天，足疾痊愈…………………………………………… 365（一）
宗泽是抗金名将，曾大败金军，十三战皆捷，死前依旧心系抗金事……… 126（三）
宗泽正在下围棋，传金兀术抵近，大家惊骇。他选精锐五千在敌归路上设伏，金人大败……………………………………………………………………… 262（五）
邹浩因上疏被贬新州，路上见到田昼就哭了。田昼责备他，说正直之士，要做的还不止这些………………………………………………………………… 403（一）

元 明 清

常遇春臂力过人，归顺朱元璋，攻打采石矶时，由于船身距岸三丈多远，不能登岸，常遇春驾一小船飞到，听从太祖指挥，应声挺戈跃出，最终获胜……352（五）
陈谔刚毅果断，奏事时嗓门大，皇帝叫他“大声秀才”……239（四）
陈铭是故城的县丞，揪住内官就打……323（四）
陈献章教人以主静为先……392（二）
戴浩知巩州，州府这年大灾，将边防贮粮三万七千石用于赈贷，深受百姓爱戴……399（四）
敌人攻城，金铉拜别母亲去视察，见城已陷，就扑入御河淤泥中，死……408（四）
方叔邵有一天牙痛难忍，就整理好衣冠坐在棺材里，并在上面提笔写了首诗……100（一）
冯恩弹劾汪鋐，皇上大怒，令汪会审冯。人们看到他被审的行为后，叹息道他的膝、口、胆、骨皆铁，称其为“四铁御史”……305（四）
高启题了一首宫女图诗，被认为是犯忌，判了死刑……024（二）
郭子兴起义，明太祖向伽蓝问卜，大吉，于是投奔郭子兴……410（五）
海瑞上疏，皇上大怒，说别让他逃了。左右告诉皇上说他带着棺材来的，不会逃走……244（四）
弘光帝逃走，百官星散。有一乞丐在百川桥下题诗，投河死……247（三）
胡广、解缙一起在文渊阁工作，皇上说胡广生个女儿当嫁给解缙的儿子。后解缙遭谗言诽谤，胡想让女儿悔婚，胡女以刀切了一截耳朵，誓不悔……282（五）
胡居仁学忠信为本，以求放心为要……295（三）
胡惟庸谋反，邀太祖去他家看甘泉，云奇拦住车马。太祖怒其不敬，打得他右臂将断。云奇忍痛手指胡家，摇手。皇上忽悟……402（四）
黄洽说做人五不欺（不欺亲，不欺君，不欺天，不欺地，不欺鬼神）……262（一）
蒋南金、王大用元旦去寺庙游逛，各摘得桂花一枝，童谣说这是今后仕途的好兆头，后来果真应验……113（四）
邝露是南海人，清兵南下，广州城破，他抱琴而死……408（一）
况钟为苏州知府，人称“况青天”……279（一）
冷谦隐于瓶中……385（二）

黎淳性耿介，门生寄送他云布，他斥责之，说不用妖服…………………… 303（二）
李春芳少时读书于句容崇明寺，后拜相，留下玉带于寺中，寺人架楼藏之称玉带楼……………………………………………………………………… 208（五）
李东阳少年被称神童，皇帝召见时，机智妙对数联…………………………… 042（三）
李言吉眼眶长一瘤，母舅崔尧封把他灌醉，剖去瘤子飞出一黄雀………… 286（一）
李远庵为人廉介，一生只收过门生郑澹泉送的一双鞋子…………………… 300（五）
李自成把明怀宗崇祯的棺木弃于东华门外，李国桢至棺前痛哭，被逮住，要他投降。他以三件事为条件让李自成全都照做后，自缢而死………… 383（一）
廉希宪爱读书，忽必烈召见时他仍揣着《孟子》一书，后来称他“廉孟子”………………………………………………………………………………… 325（三）
廉希宪礼贤下士……………………………………………………………………… 415（六）
刘基给自己的文集取名，表面意思是盖酱缸的纸…………………………… 022（二）
刘基（伯温）随朱元璋战陈友谅于九江，刘大呼“难星经过”命令快给朱换船。旧船即被击碎……………………………………………………………… 276（一）
刘吉为相，为人奸猾，屡被弹劾，但还升官，人称“刘棉花”……………… 372（二）
刘瑾欲得皇上专宠，就购请各种杂耍艺人让皇上玩乐，趁皇上玩得高兴时，他呈上大堆奏章请皇上裁决。皇上沉迷玩乐，任由他代理批复………… 416（四）
刘理顺在李闯王率大兵快入城时，酌酒自尽，随后其妻妾仆奴全都自缢 … 316（四）
刘斯洁清廉正直，不求媚于他人……………………………………………… 378（一）
陆时雍为郡学生，同管膳食的商量，自己少吃一餐，省下一餐供母亲…… 326（五）
马绎廷试时，以幼时梦中所听“雨打无声鼓子花”对皇上的“风吹不响铃儿草”………………………………………………………………………………… 334（二）
梅传知登封县，万历戊申，岁大旱，麦枯死，他接受了一隐士的劝告，让村民种菜，赖以充饥…………………………………………………………… 351（二）
明成祖燕王即位，令方孝孺草诏，他大书“燕王篡位”四字，遭灭十族 … 373（一）
明成祖还是燕王时，举兵南下，反抗者铁铉被逮捕，拒不面对燕王。燕王命人割下他的耳鼻，将其肉煮烤，塞给他吃。铁铉说忠臣的肉是甘的，后被杀死………………………………………………………………………… 412（四）
明初燕王南下，胡广、解缙和周是修相约同死于此次兵难。胡广却关心家人是否喂了猪，他和解缙都无意于死…………………………………………… 278（三）
明神宗误把《论语》“色勃如也”的“勃”读作“背”，张居正在旁厉声纠正，皇上因此害怕他…………………………………………………………… 375（二）

明太祖令孔庙去掉孟子配享，并说谁谏用箭射杀谁。钱唐拉着棺材进宫进谏，袒胸受箭……247（二）
明太祖灭陈友谅，有人把陈的镂金床进献给他，太祖认为奢侈，命人毁了它……371（四）
莫廷韩到袁履善家，见桌上有礼帖，错把“枇杷”写成“琵琶”，惹人大笑……360（三）
濮真征伐高丽，被俘。高丽王劝他投降，不从，抽刀剖心，示于众人而死……402（五）
秦起宗的父亲削柳枝为木片，写字教他……285（四）
沈练曾作三个偶像，写上李林甫、秦桧、严嵩三人名字，用箭射之。严嵩父子知道此事后，诬陷他，后被杀死……381（五）
盛时泰字仲交，狂放不羁，御史张有南称其为“狂生”……343（一）
史天泽把已经白了的髭髯全部染黑，因为怕尽忠的日子少了。皇上知道后大喜……290（三）
史忠字廷直，自号“痴翁”，题称自居楼叫“卧痴”……342（五）
汤文琼见崇祯皇帝的棺木，恸哭触石而死……247（四）
田尔耕、许显纯、孙云鹤、杨寰、崔应元五人作恶多端，王守谦弹劾他们，称为“五彪”……338（五）
汪怜怜因涅古伯死而削发为尼，乃至自毁其容，断绝公卿大夫之妄念……330（六）
王敕有道术，一天看见白云一片，急派人追，在白云落处掘得一石，称为云母，可煮食……243（四）
王琎自奉俭约，一天见馔里有鱼羹，便怒骂妻子，命人撤下埋掉，人称“埋羹太守”……378（六）
王省任德州教谕，当燕王起兵南下德州时，他在讲台上伐鼓召集学生，说当今君臣之义何在，头撞柱而死……407（五）
危素降于明朝。一天太祖听到东阁有拖鞋声，知道是危素后就把他贬为和州太守……317（二）
魏忠贤专权窃柄，有监生陆万龄请以魏忠贤配享孔子，其父配享启圣公。朱之俊居然奏请批准……417（二）
夏寅官至山东右布政使，曾对人说君子有三可惜，世传为名言……411（一）
徐达有大功绩，封魏国公，皇上命相关部门为其建府第，题门坊曰“大功”……366（五）

徐孟凌去岭南，途经鄱阳湖，刚要升帆，舟人急令祭宗三爷，说他在湖中作祟，不祭就有翻船溺水之患…………………………………………… 412（二）
许衡七岁上学时就问老师读书干什么，与师交谈后，师感到很惊奇。后成为理学名儒，称鲁斋先生…………………………………………………… 419（六）
轩輗力请退休，皇上召问他是否是行李只有一个竹箱子的浙江廉吏……… 284（二）
薛瑄辨冤获罪，在狱中诵读《易》以自娱………………………………… 334（六）
燕王入金陵，景清未殉节仍上朝侍奉，目的是刺杀皇帝。后来刺杀未遂，被杀………………………………………………………………………… 381（六）
杨继盛弹劾严嵩有十大罪、五大奸，惹怒皇上，被绞死………………… 411（三）
杨一清因父亲葬在丹阳，便居住在这个地方，并建有石淙精舍………… 023（一）
姚广孝在靖难之役中有功，成为太子少师。回家看望姐姐，被拒之门外 … 317（四）
姚康不屑功名仕途，专注读书，文章非同凡响，七十岁时给自己题碣墓联，颇有陶渊明遗风………………………………………………………… 099（五）
姚涞苦读，一美女送他“玉髓丸”………………………………………… 322（二）
叶宗人被称“钱塘一叶清”………………………………………………… 233（一）
元明善曾作副手出使交趾，不受礼金。交趾王说“你们长官都受礼了”，他回答说“长官受礼，为使你们安心，我不受礼，是保全我大国的体面”………………………………………………………………………… 212（二）
元顺帝以贾鲁为总治河防使，诏令开挖黄河故道，发动兵民十七万，兴工五个多月。后来汝颍之兵民起义…………………………………… 356（二）
袁珙善看相，曾在酒家见到文皇（成祖），他拜称太平天子。后文皇登基要封他官，他说只要不缺吃的有好酒足够了，文皇赐金牌，书“过库支钱，过坊饮酒”等语…………………………………………………… 287（六）
袁珙给僧人道衍看相……………………………………………………… 405（六）
赵璧被称为“秀才”，元世祖问他如何治国，他说先杀了近侍诸臣中尤其不善的。元世祖说他浑身是胆啊…………………………………………… 239（三）
周新为御史，弹劾不避权贵，人称“冷面寒铁”………………………… 321（二）
朱元璋口占《虹蜺》诗一首……………………………………………… 005（三）
朱元璋将周颠仙人关到缸里，下以薪柴烧煅…………………………… 332（三）
卓敬十五岁读书于宝香山，一次风雨之夜归家，见一物似牛，便骑着回去。入门一看，却是一只虎…………………………………………………… 068（五）

神仙怪异传说故事

伯乐名叫孙阳，善于相马，千里马视伯乐为知己…………………………… 209（一）

卜姓人叫妻子做条像以前裤子一样的裤子，妻子做好后，把新裤凿了许多洞………………………………………………………………………………………… 316（三）

长安有张氏，独居一室，见有鸠自外入，暗说“要是为我送祝福就飞入我怀中”，鸠飞入其怀，得一金带钩。其后子孙昌盛 ……………………… 394（一）

称颂老僧道行深厚，常用“弥勒同龛”这个词………………………………… 220（二）

承阳人李增，路过一大溪，看见水中两条蛟，引弓射中其中一个，即死，在回家的路上自己也暴死……………………………………………………… 345（三）

楚国昭氏妻善辩…………………………………………………………………… 275（四）

楚王夫人于夏日纳凉时抱铁柱，遂怀孕产一铁，楚王令莫邪铸为双剑…… 374（六）

楚之先出于颛顼，其裔孙叫陆终，娶鬼方氏，是谓女溃，从其左右肋各取出三男…………………………………………………………………………………… 409（四）

传说李白骑驴过华阴县，县令不准，他就洋洋洒洒写文，说自己在宫廷内的优待……………………………………………………………………………… 054（五）

传说长安有个妓女，叫曹文姬，字写得“关中第一”，号“书仙”………… 127（一）

崔山入山时遇仙女为妻，有次他被人追赶，妻子掷一五色巾为桥让他渡过，追的人进不去………………………………………………………………… 375（五）

邓仁凯性贪婪，鞋坏了，就偷小吏的……………………………………… 289（六）

邓绍在华山看见一童子取露，说是赤松先生用之明目………………………… 361（三）

丁令威学道，据说后来变化成鹤，聚集在辽东的一只华表上鸣叫………… 109（四）

东海麻姑的神话故事……………………………………………………………… 056（一）

东桑生小时遇异人教他修炼之术，不娶妻生子，闲居一室，数十年，修炼完成，画鹤于地，跨飞而去……………………………………………………… 354（二）

董斋好学，在山泽中游学，嫌图书太重，拾树叶以代书简………………… 288（三）

度朔山上神荼、郁垒在桃林捉鬼，用苇茭捆绑送给老虎吃。后来各地在除夕都饰桃人苇茭，画虎于门上以辟邪…………………………………………… 246（七）

《法苑珠林》记载，洛阳有人施舍给僧人一只聪慧异常的鹦鹉，僧人就教它诵经…………………………………………………………………………… 194（二）

负局先生在吴市街中磨镜且给人治病，一年爆发瘟疫，不收分文，救活很多人，吴人乃知他是真人………………………………………………………… 377（一）

傅说星在箕尾这个地方，象征着王者子孙是否兴旺，如果入了箕尾，则预示着“天下诅咒”……………………………………………………… 025（二）
高辛小女嫁给了狗，生六男六女………………………………………… 364（三）
古以借书为馈酒一瓻，还书时赠酒一瓻………………………………… 261（二）
故事见唐朝袁郊的《甘泽谣》。圆观和尚与李源友善，游峨眉时见一怀孕三年的孕妇，圆观说“我将成为她的儿子，三天一笑为信。十三年后中秋月夜，杭州天竺寺相见”。后来皆应验 ………………………… 183（五）
顾光宝善画，为患疟多年的陆溉画了一只灵异狮子，挂其庭外。家人虔诚祈祷，竟治好了陆的病…………………………………………………… 358（四）
广汉有个阳翁伟，能听到鸟兽说话。一次，他乘一个普通的驽马到野外，听到他的马和田中的马吵骂起来………………………………………… 413（一）
海上有人喜鸥，每天随之游乐，有时集数百个。他父亲听说，叫他逮一个给他玩。第二天去，鸥只在飞舞，一个也不落下来…………………… 205（二）
汉章帝元年大雨，有一青龙堕宫中，令烹之，赐群臣龙羹各一杯………… 383（五）
汉昭帝时，钓白蛟长三尺，命太官做成鱼鲊，味道鲜美………………… 383（四）
杭州定慧寺虎跑泉的由来………………………………………………… 133（四）
黄粱美梦……………………………………………………………………98（四）
晋朝一位参军，养了一只鸲（八哥），它向主人揭发了管家偷东西一事…… 355（五）
精卫填海的故事…………………………………………………………… 055（五）
九华真妃餐食霞…………………………………………………………… 361（四）
据《论语谶》记载，孔子说尧率舜等游首山，看黄河，有五位老者游于河渚，各自展示了对未来的预测………………………………………… 144（一）
夸父逐日…………………………………………………………………… 286（三）
昆仑铜柱下有鸟叫希有…………………………………………………… 292（五）
冷谦隐于瓶中……………………………………………………………… 385（二）
黎邱这个地方有奇鬼，常变成人家子弟的样子………………………… 243（二）
临濑西北有庙，寺僧智通居住在此，夜半来一人，经证实，此人乃是山中大青桐树变的……………………………………………………………… 382（一）
刘纲与妻皆有道术，还以此相斗………………………………………… 248（二）
柳融拿杯子念咒成龟，煮了可食………………………………………… 241（六）
栾巴有道术，一次皇帝赐酒，他不喝却含酒朝西喷，说家里县城东部有火灾，所以喷酒来救。几天后有人来报，果然如此…………………… 132（一）

"梦兰"被称为是怀孕或生子的典故 …………………………………………… 109（一）
模跌国人混填，得到神弓，打败扶南国女王，自立为扶南国王………………… 238（三）
南方有人叫尺郭，早上吃恶鬼三千，晚吃八百………………………………… 260（五）
南天竺达摩大师，至嵩山少林寺，在山洞里面壁而坐，九年后，以佛法传
慧可……………………………………………………………………………… 220（一）
齐攻鲁，一妇人舍弃了自己的孩子而带领哥哥的孩子逃跑。齐将得知后认
为鲁国人行义，退兵…………………………………………………………… 275（五）
齐国有人想要金子，天刚亮就从卖金子的人那里拿走了金子，被官吏逮住
时，说当时只看见金子没有看见人在，故拿走了……………………………… 402（三）
秦吉了是一种鸟，传说曾有夷人买它，它说"我是汉禽，不入夷地"，惊恐
而死……………………………………………………………………………… 174（三）
秦始皇廿六年，有十二个大汉子，身穿外族服装，出现在临洮，天警戒说
这是灾祸的预兆………………………………………………………………… 042（一）
塞翁失马………………………………………………………………………… 163（二）
《三字经》疑为宋元人作，后来得到一本，有聊城傅光宅侍御史为之序，
且把十七史写成十九史，知是出于明人………………………………………… 191（二）
沈晦梦骑大鹏，抟风而上，于是作《大鹏赋》，名满天下 ……………………… 135（二）
首阳山有晚虹化为美女，魏明帝召入宫中，令左右拥抱她，她化为霓虹飞
上天了…………………………………………………………………………… 237（二）
《拾遗记》载，秦始皇的刻工烈裔，刻了两只栩栩如生的玉虎，另外的刻
工点睛后，立马就飞走了……………………………………………………… 070（四）
蜀女为马皮所裹，栖于桑树，变化为蚕（又叫马娘）………………………… 410（一）
四十岁的谈生与女鬼结为夫妻，因谈生没有遵守承诺，妇人同他永别，担
心儿子贫寒，给了一件珠袍，后来卖了十万钱………………………………… 349（二）
宋国一田夫野地里晒太阳，他要把太阳的温暖献给君王……………………… 248（五）
宋建隆初，王师下湖南，澧水那儿的人民见到骆驼很惊讶，并且下跪拜它 … 352（三）
宋人骑马赶路，其马不肯前进，就把马投之溉水，反复多次………………… 393（六）
宋元丰中，秦州人偶然拾得一只干（乾）的螃蟹，样子恐怖，鬼见了也感
到害怕…………………………………………………………………………… 352（二）
苏秦游说赵王讲"鹬蚌相争，渔翁得利"的故事……………………………… 065（五）
苏州一郡中，湖很多，其中震泽西南有一湖，形似莺脰，就叫莺脰湖…… 133（三）
孙忭初名贯，曾对人说梦见进士榜上无孙贯，而第三名是孙忭，醒后便把

名字改了……………………………………………………………………… 383（三）
台州民人姓王，能听懂蚂蚁在说话………………………………………… 314（五）
唐朝宫女被皇帝临幸，以桂红膏印臂上，印文为“风月常新”…………… 351（一）
唐朝开元年间，一个囚徒善于跳绳，双足离地便逃出了牢狱…………… 390（三）
天龙和尚竖一手指给俱胝和尚，俱胝和尚大悟，说他得天龙一指头禅…… 364（五）
田螺姑娘的传说……………………………………………………………… 239（五）
外藩十二州沿用旧制，每州各设刺史，任命后要关心和审察全境的六件事 … 342（四）
王良星旁边的天驷星如果四星并排，五颗星像策马前行的样子，就预示着
天下将要有兵乱战争……………………………………………………… 025（一）
王延寿说他写的梦赋读以驱鬼……………………………………………… 299（四）
魏国大夫周宣精确地预测了太史三次关于刍狗的梦境，都应验了………… 024（一）
文子是个道士，常作黄散（粉剂）赤丸卖于都市，治活了很多人………… 376（五）
吴地在除夕日，小儿上街叫卖，喊“卖呆”……………………………… 293（五）
武都沿江有石室，叫梦穴。传说有人请船夫载他，过崖时吐了一口唾于船
上，下崖走了。船公生气，再看船上唾，全是黄金……………………… 216（四）
武都有丈夫化为女子，美而有姿色，乃是山精。蜀王纳其为妃，因水土不
服，没多久就死了………………………………………………………… 382（二）
萧至忠打猎…………………………………………………………………… 412（一）
谢生拜檎……………………………………………………………………… 403（四）
匈奴单于小女，姿容甚美，嫁给了狼，后滋盛为高车国………………… 364（四）
许彦相挑着鹅笼在山中，遇见一书生要求寄住在这鹅笼子里，一段奇遇 … 240（一）
杨玠娶崔季让的女儿，几年读遍崔家万卷图书，幽默地说书被盗光，全都
装在他肚子里了…………………………………………………………… 406（二）
杨子华善画，天下号称“画圣”…………………………………………… 358（五）
冶鸟在深山大树上作巢，自鸣“咄咄去，明日便宜飞上树”…………… 345（四）
叶迁韶避雨时救了雷公，雷公给他一张墨写的篆文，从此他可按符致雨 … 337（三）
一佝偻驼背人逮蝉时专心致志，目中只有蝉翼，所以捉蝉就像用手捡东西
一样快……………………………………………………………………… 340（六）
义阳有个朱詹，家贫，以吞纸充腹………………………………………… 415（一）
有扶乩请仙，出一诗，后书“鄂”字，知道是岳飞……………………… 287（二）
有个神仙叫桂父，常吃桂及葵……………………………………………… 304（三）
有一个穷人，家存一瓮，想卖了买两个，高兴得手舞足蹈，不经意间瓮被

打破了……………………………………………………………………316（二）
有一狂夫披发提壶，狂呼渡河，妻子未能追上去制止他，他就堕河死了。
妻子鼓箜篌而歌，曲终，亦投河而死……………………………………397（二）
有只母猕猴，其幼子被鸢杀了，母猴从厨房拿了一片肉，放在头上，引诱
鸢，鸢果真上当，母猴趁机杀了它，报仇雪恨……………………………398（三）
元顺帝时，枣阳有张氏生一怪童，周岁时身长四尺，大腹便便，像个布袋
和尚……………………………………………………………………243（三）
臧和谷一起放羊，但羊都逃走了。臧说他在读书，谷说在做游戏。做的事
不一样，但是丢失羊是一样的………………………………………………163（三）
战国时魏国一农夫在田野得一玉尺，被邻居诈骗而得手。邻人将其献给魏
王，由此得千金，食禄上大夫…………………………………………402（二）
张审通梦见泰山府君召他为录事，令一鬼在他额上安一耳，听力特殊……294（二）
张侍郎为郓州令，此地虎为害，他让官吏拿着他的符逮虎，虎果真听从他
的话离开了，化为石……………………………………………………395（一）
赵国人琴高，入涿水说是去取龙子，一会儿骑赤鲤而出……………………197（四）
甄明从湖神那得到如愿这位女婢后，家里大富。后来一年元旦，如愿因起
晚了遭甄明鞭打，她逃入畚箕中，家里从此就贫穷了……………………407（一）
郑国一樵夫，打死一只惊逃的鹿，一时拿不走，藏于地垄沟，上盖蕉叶柴
草。等打柴回来，忘了地方，自以为是一梦………………………………205（三）
诸葛元逊砍老桑树煮龟……………………………………………………335（三）
颛帝有三子，一居江水为疫瘟之鬼，一居若水为魍魉，一居人宫室，善惊
吓人家小孩子………………………………………………………………409（三）